Easter Eggs

Rätsel

Geheimbotschaften

Die Besonderheiten,

in einer Computerwelt zu leben!

von

Klaus-Peter Rothkugel

Der Spieler Klaus-Peter Rothkugel,
der in dieser Computersimulation lebt,
hat sie entdeckt, die verborgenen Ostereier.

Lesen Sie, wo der Computer diese, wie und warum versteckt hat!

Attention!

Artificial Reality!

Vorsicht Singularität!

**Das Leben in einer simulierten Wirklichkeit
Überleben in einer
Computerwelt**

oder

Wie die Asimovschen Gesetze umgangen werden

**Science Fiction-Roman
mit eingefügten
Fakten
und
Informationen**

von

Klaus-Peter Rothkugel

Easter Eggs

Diese Computerwelt hat
kleine, große, lustige, spannende, militärisch/geheimdienstliche und sonstige
Easter Eggs für einen Spieler zu bieten,
die man finden und recherchieren kann

Dies hat der Autor dieses Buches als Player unter anderem versucht, zu tun!

Ostereier
versteckt in Film und TV,
ob in ARD und ZDF, im Kino,
auf DVD, im Netz

Easter Eggs

- ob lustig
- ob ernst
- ob Botschaft
- ob Information
für einen Player

Was will diese Computerwelt einem Spieler mitteilen?

Warum wird ein Spieler in diesem Spiel manipuliert,
desinformiert, für dumm verkauft?

Wer dem Player
Klaus-Peter Rothkugel
bei seinem frei-, oder unfreiwilligen „Spiel"
in dieser Computerwelt helfen möchte,
sollte dies unbedingt tun!

E-mail PeterRedhill@outlook.com

Aus dem Inhalt:

Easter Eggs bei:

ARD "Schimanski"

ZDF: "Matula", "Ein Fall für Zwei"

ZDF: "Der Alte"

Produktionen von Alfred Hitchcock

Solipsistische Simulation?

Klartraum

Nur ein, oder mehrere Spieler?

Logik der Maschinen!

Hat diese Logik noch menschliche Züge oder ist sie für Menschen unlogisch und tödlich? Gesunder Menschenverstand, ade?

Diese Welt, eine Lektion oder tot ernst?

Eine Kriegswelt, oder die Reste davon?

Perfide Computer-Strategien, um weltweit seine Einflusszone zu erweitern?

Kopie einer Kopie, die jeweils abgeändert und für einen Player individualisiert wird?

SF-Story als Beispiel für die Gefahr, die von KI ausgehen kann:

Vorsicht Singularität! Die Maschinen haben die Macht auf Erden übernommen!

Prolog

„Fliegst du mit der „Nevada Airline", mit einer 737 von Janet in die Nevada National Security Site, oder schickt dir die Air Force ein Sonderflugzeug?", fragte Major Michael Gavlin neugierig.

„Wie es sich für einen Offizier der USAF gehört, fliege ich natürlich mit einer „Citation" zum Treffpunkt, Mike!", grinste Major Peter E. Redding amüsiert. „Als alleiniger Fluggast, betreut von einer hübschen, heißen Stewardess!"

„Träum weiter! Jetzt beginnt als dein großer Tag . . . ?"

„Wahrscheinlich an die drei Tage! Also etwas mehr als 60, gar an die 70 Jahre . . . !", überlegte Maj. Redding etwas nachdenklich.

„Dann gehst du als alter Mann aus der Sache heraus?"

„Höchstwahrscheinlich. Wenn ich es bis dahin schaffe!"

„Also bis in die 20 Jahre des 21. Jahrhunderts, gemäß Sim?"

„Right!

„Alone?"

„Right. Solisism, you know!"

„Allein unter Wölfen!", lachte Major Gavlin.

„Right! Ich hoffe, einige Helferfiguren sind schon darunter, unter den NPC!"

„I am one of them, you know?"

"Mike, the Non Player Character . . . !", grinste Peter. "Dann bekommst du endlich mal richtige Intelligenz, zumindest dein Avatar!"

„Nur hochgradige A.I.!", schmunzelte Mike. „Ich werde eine Figur in der Nähe deines Wohnortes kurzzeitig, für unsere Treffen, für unsere „Jour Fix", übernehmen . . . !"

. . .

„Ah, mein alter Schulfreund aus besseren Tagen . . . !", begrüßte Peter den freundlichen Herrn am Schreibtisch, der bei einer großen Bank tätig war.

Nach einem nicht allzu langen Gespräch bekam Peter den gewünschten Kredit zu äußerst günstigen, geradezu einmaligen Konditionen.

„Hätte nicht gedacht, dass es so einfach werden würde . . . !", freute sich Peter frohgemutes.

Außerdem hatte man ausgemacht, sich einmal die Woche für ein, zwei Stunden zu treffen, da der Schulfreund in der gleichen Stadt wohnte, wie Peter selbst.

Bei diesen Treffen konnte Peter, der gerne über sein Hobby berichtete, einige interessante Dinge erfahren, von denen er zuvor noch nie gehört hatte.

Dies sollte Peter für noch in der ein oder anderen Weise von Bedeutung sein . . .

Hat das U.S. Militär mittlerweile, Stand 2023, die gesamte Welt aus dem All „gescannt"? Sowie alles was sich auf der Welt an Autos, Flugzeuge, Menschen, Gebäuden, Landschaften, Gebirgen, Flüssen, Seen usw. befindet?

Sodass man in U.S. Action Filmen ganze Städte virtuell in Schutt und Asche versinken lassen kann?

Ist dies eine Grundlage für diese Simulation, wo der Autor KPR gerade dieses Buch geschrieben hatte?

Insert

Auszug aus Wikipedia über „Non-Player-Character", Nicht-Spieler Figuren:

„Nick Montfort, Professor für Digitale Medien am MIT, definiert NPCs in Computerspielen als **computergesteuerte Charaktere**, die innerhalb der Spielwelt simuliert werden, nicht komplett der direkten Kontrolle des Spielers unterstehen und nicht lediglich erwähnt werden. NPCs haben oft eine vor allem narrative Funktion:

Mit ihnen kann der **Spieler beispielsweise Gespräche** führen, Handel treiben . . . Andere **NPCs wiederum stehen ihrerseits dem Spieler als Unterstützung** bei Kämpfen zur Seite.
…
Außerhalb der Computer- und Rollenspiele sind NPC-ähnliche Anwendungen von gesteuerten Rollen möglich:

In **Computersimulationen** (z.B. für Massenverhalten) werden derartige Figuren auch **virtuelle Agenten** genannt, wobei jeder dieser Agenten einem NPC entspricht, d.h. jeder NPC besitzt **seine eigenen Routine, einschließlich eigenem Verhalten** . . . "

Anmerkung:

Wobei bei der Erläuterung auf Wikipedia der Schwerpunkt auf Kämpfe in einer Computersimulation liegt und hier in der Klartraumsimulation vordergründig der Alltag auf einem, wie auch immer gearteten - fiktiven - Planeten/Erde dargestellt wird.

Diese Welt ist durchaus kriegerisch aufgebaut, wobei sich der „Krieg" auch auf den Alltag und den Normalbürger ausdehnt, der Kampf ums Überleben, für den einen mehr, für den anderen weniger.

Geheime
Militärische Agenda

Da diese undurchsichtige Computerwelt (falls es eine ist und eine Wirklichkeit existiert), in der der Spieler KPR agieren muss, eine, wie auch immer gearteten Simulation darzustellen scheint, bzw. möglicherweise ein Sammelsurium verschiedener Simulationen auf verschiedenen Ebenen und mit unterschiedlichen Themen, Spielverläufe, die nicht nur für den Spieler KPR gedacht zu sein scheinen.

Rätsel, Botschaften diverser Natur, die nicht nur KPR betreffen. Krieg bzw. Kriege in allen nur erdenklichen Formen, die seit Jahrzehnten permanent anhalten. So könnte man als Spieler den Rückschluss ziehen, dass diese, unsere/meine solipsistische künstliche, komplexe und geheimnisvolle Welt ein Produkt einer bestimmten Computertechnologie unter einer militärischer Federführung eines bestimmten Staates ist, der die Macht und Ressourcen besitzt, solch ein Experiment überhaupt durchführen zu können.

Wobei ein solipsistischer, also nur ein einzelner „Player" im gesamten Spiel gegebenenfalls ein Militärangehöriger ist, der zu einer geheimen militärischen Einheit, Special Ops und dergleichen gehören könnte, um sich in dieser künstlichen Welt unter anderem „zu bewähren".

Das „Kernthema" in dieser Computersimulation scheint eine so genannte „Verschwörung" im Hintergrund zu sein (die Verschwörung als die handelnde Programmierung, der Algorithmus, die KI, die über allem und jedem „wabert"), wo sich alle Nationen der Erde, zumindest die drei großen Weltmächte, hier USA, Russland und China genannt, einig sind, bestimmte Verhältnisse auf Erden zu erschaffen, von denen der Normalbürger (der Player, als auch die allermeisten, vorprogrammierten und deshalb unwissenden Computerfiguren) nichts wissen dürfen.

**Eine unblutige Herstellung besserer Verhältnisse in dieser Welt
scheint dagegen <u>nicht</u> die Ausgangsbasis des Spieles zu sein.**

Was zu denken gibt, da man dem Spieler, also dem Autor dieses Buches, keine schöne, heile Welt bietet, sondern Krieg und Verderben, ja sogar seinen frühzeitigen Tod mit einkalkulieren vermag!

Die Herbeiführung einer Neuen Weltordnung mag also auf dieser Welt durch Gewalt geschehen. Was auf eine negative Ausrichtung des Spieles, dieser Simulation hindeuten kann!

Siehe hier die Recherche des Autors über bestimmte Luft- und Raumfahrtgeräte, die dieses Spiel durch gedungene Figuren, ob sie Bücher verfassen oder in den Medien auftauchen, permanent seit Jahrzehnten negieren und so tun, als gäbe es solche Flugobjekte nicht.

Dies ist, zumindest für einen Spieler mit freiem Willen, wie KPR, zu auffällig, dass sich niemand auf der Welt seit Jahrzehnten hergibt, etwas Substanzielles, Wahrheitsgemäßes darüber zu berichten. Ein schönes Indiz und Bestätigung für eine künstliche Welt, die die Wahrheit andauernd, aus spieletaktischen Gründen unterdrücken muss.

Und wie gesagt, diese Kunstwelt ist auf Tod und Verderben ausgerichtet. Wobei nur der Spieler stirbt (Hirntod), da alle anderen „Bewohner" der Computerwelt ja nur virtuelle Figuren sind und nicht sterben können, da sie ja nicht einmal leben (dies kennt jeder, der schon einmal ein „Ballerspiel" gespielt und zig Computerfiguren „umgenietet" hat. Kein Mitleid, keine einzige Träne für das „vergossene Blut" von Figuren aus dem Computer).

Durch einen globalen Krieg könnte, gemäß Erkenntnissen des Spielers KPR, in dieser Simulation eine spezielle, gewollte NWO installiert werden.

Der Autor hat ja darüber schon einige erfolgreiche Bücher, die er gegen die allgegenwärtige Propaganda und Manipulation anschrieb, veröffentlicht. Die interessanterweise zu gut wie gar nicht in die öffentliche Wahrnehmung eingeflossen sind und kaum Reaktion aus dem (künstlichen) Publikum hervorgerufen haben!

(An alle, die außerhalb, in der Wirklichkeit meine Bücher als echte Menschen gelesen haben, wie war ich, wie gut habe ich Recherchiert, wie viele Punkte habe ich gemacht?)

Die Wahrnehmung der Computerfiguren scheint bei bestimmten Themen eingeschränkt zu sein. Wozu der wahre Verlauf des Zweiten Weltkrieges gehört, als auch die „Wahre Raumfahrt", ggfs. sogar Zeitreisen und A-Kausalität.

Man lässt den Spieler im Unklaren, was die Agenda dieser möglichen Militärwelt angeht:

Beispiel für eine Kriegssimulation, die langsam aber sicher in den Medien für einen Spieler aufgebaut wird:

Ist der Krieg, die Militärstrategie, die Taktik, dazu die Begleitinstrumente wie Manipulation, Desinformation und Propaganda, in seinen vielen Facetten und Auswüchsen (auch psychologisch, um einen Spieler zu verunsichern und permanent in Angst und Schrecken zu versetzen) ein Hauptstrang der Simulation hier auf dieser Computerwelt?

Zitat aus einem Internet-Artikel zur Entwicklung eines Krieges in Europa, respektive in der Ukraine, betrifft den Januar 2023 auf dieser „Welt":

Panzer für Ukraine?
Russlands Parlamentschef warnt vor "Katastrophe"

„Der russische Parlamentschef Wjatscheslaw Wolodin hat für den Fall von Kampfpanzerlieferungen an die Ukraine vor einer möglichen **"Tragödie weltweiten Ausmaßes**" gewarnt.

"Die Lieferung von Angriffswaffen an das Kiewer Regime führt zu **einer globalen Katastrophe**", schrieb Wolodin am Sonntag bei Telegram.

Russland werde noch „mächtigere Waffen" einsetzen, falls die USA und die Staaten der Nato Waffen an Kiew lieferten, die dafür genutzt werden könnten, Gebiete zurückzuerobern.

Der Chef der Staatsduma machte deutlich, dass Russland Angriffe auf
die von eigenen Truppen besetzten ukrainischen Gebiete Luhansk,
Donezk, Saporischschja und Cherson als <u>Attacke gegen sein
Staatsgebiet ansehe.</u> . .
...
„Unter Berücksichtigung der technologischen Überlegenheit der
russischen Waffen sollten die Politiker im Ausland, die solche
Entscheidungen treffen, begreifen, dass dies **in einer Tragödie
weltweiten Ausmaßes enden kann, die ihre Länder zerstört"**, sagte
Wolodin weiter. „Die Argumente, dass Atommächte in der Vergangenheit
keine Massenvernichtungswaffen eingesetzt haben in lokalen
Konflikten, sind unhaltbar", meinte Wolodin. (AFP, 22.Januar 2023)"

In einer Sendung im manipulierten TV mit dem Titel „Anne Will" vom Sonntag, den 29.
Januar 2023 wird eine interessante Festsstellung von der Publizistin Marina Weisband
geäußert:

„Weisband reagierte: "Ich möchte gar nicht, dass Olaf Scholz
Wasserstandsmeldungen gibt und jede Konferenz verlautbaren lässt.
Was ich möchte, ist, dass er seine Strategie sagt, seine
Zielsetzung." Bei Estland und Polen sei anhand der Pro-Kopf-
Lieferungen an Panzern klar erkennbar, dass sie wollen, dass der
Krieg so schnell wie möglich endet. **"Ich kann nicht sagen, dass das
Ziel der USA und das Ziel von Deutschland ist"**, sagte Weisband. Sie
vermute, dass die Strategie eher sei, **dass der Krieg möglichst lang
andauere.** "Vielleicht um Russland zu schwächen, ich weiß es nicht."

Anmerkung:

Immer wieder stößt man als Spieler auf die „Indifferenz" des Spiels. Es gibt seine waren Ziele
nicht zu und verschleiert andauernd!

Auf was wartet Putin und die Russen, welches Ereignis in der Zukunft wird ggfs. ein „Game-
Changer" sein?

Siehe auch die diversen Hinweise in den Medien über den „Long War", als eine Strategie der
Weltherrschaft (zumindest in dieser Computer-Simulation)!

Vielleicht will man den jeweiligen Aggressor, hier Russland, dazu verleiten, (Taktische-)
Atomwaffen als letztes Mittel der Kriegsführung Russlands einzusetzen?

So, wie Nazi-Deutschland willig für eine Gruppe bestimmter - rechtsgerichteter -
Angelsachsen nach Ende des Zweiten Weltkrieges ab 1945 bis circa 1955, die sich aus
rechten, konservativen Kreisen der U. S. Administration, der amerikanischen Wirtschaft,
Justiz, Polizei, Militär und Geheimdienst zusammensetzte (und ggfs. noch heute
zusammensetzt), helfen wollte, „Operation Unthinkable", einen Angriffs- und
Vernichtungskrieg gegen die Sowjetunion anzuzetteln und willig mit Waffen und Soldaten zu
unterstützen.

Im Westen, bei der alliierten Koalition hat man, was Waffenlieferungen betrifft, durchaus
Vorbehalte gegenüber der ukrainischen Führung und des Militärs. Und nicht erst seit
Ausbruch des Krieges im Jahre 2022. Man glaubt, dass die Ukraine bestimmte Waffen auch

zu einem Angriff auf Russland (im Auftrag gewisser „Imperien") und die Krim verwenden könnte.

Was den Wunsch bestimmter Hardliner befeuern könnte, endlich den erträumten Dritten Atomaren Weltkrieg lostreten zu können, würde Russland sich mit taktischen, gar strategischen Atomwaffen wehren.

So schaltet sich auch der Vatikan, bzw. Papst Franziskus ein, der feststellte, dass der Krieg in der Ukraine nicht nur von Interessen Russlands, sondern auch von denen mehrer „Imperien" gleitet wird.

So sagte der Pontifex:

. . . , der Konflikt werde von „imperialen Interessen angetrieben, nicht nur des russischen Imperiums, sondern auch von Imperien andernorts".

Neben Russland seien mittlerweile **alle Großmächte der Welt in den Krieg verstrickt und verfolgten dabei eigene Interessen.** Die Gefahr eines **Dritten Weltkrieges** sei dementsprechend unvermindert hoch, fügte das Oberhaupt der Katholischen Kirche noch hinzu.

In den 1930 und 1940er Jahren hatten wir, gemäß Simulation, etwas Ähnliches! Was ja der Autor versucht hatte, in seinen Büchern als Beweis für seine erfolgreiche Recherche, darzulegen.

Ein korrupter, williger Staat wird nach Ende des Ersten Weltkriegs zur Diktatur und Kriegsnation aufgebaut, wobei Staaten und „Imperien" aus dem Hintergrunds großes Interesse an einer Militarisierung dieser Nation haben.

Durch militärische Hilfe, auch und gerade was die neueste Technologie an Waffen, Ausrüstung usw. betrifft, bis hin zur neu aufkommenden Anwendung der Atomforschung, alles wird dieser willigen Nation, dieser Diktatur und deren Helfer und Handlanger zur Verfügung gestellt.

Um an einem gewissen Punkt in der Lage zu sein, die am meisten hochgerüstete Atommacht in Europa (Nazi-Deutschland) zu werden, das große Sowjetreich anzugreifen, um dieses, in Koalition mit den Angelsachsen, allen voran den USA, zu besiegen, zu vernichten und zu unterwerfen.

Gegen Ende des Zweiten Weltkrieges, im Jahre 1945 war diese korrupte Nazi Nation in der Lage, mit Hilfe diverser atomarer, ob mit taktischen, oder strategischen Nuklearwaffen, die Sowjetunion nicht nur aus Deutschland zu vertreiben, sondern mit Hilfe bestimmter Kreise aus dem angelsächsischen Raum auch die gesamte Sowjetunion nieder zu ringen.

Alles war bereit, diesen Angriff auf die SU durchzuführen.

Sozusagen „1 Sekunde vor Zwölf" wurde alles abgebrochen.

Zumindest hier in dieser Computersimulation, in der der Autor KPR agieren muss.

Warum?

Ob an diesem Punkt die Simulation neu gestartet wurde? Und statt eines atomaren und globalen Dritten Weltkrieges ab Sommer 1945 bis mindestens 1955, fanden stellvertretend solche Ereignisse, wie der Kalte Krieg, der Fall der Mauer und aktuell, Stand 2023, der Ukrainekrieg statt.

Die „Reste" des beginnenden Dritten Weltkrieges ab 1945 als übrig gebliebene Spuren in dieser Kunstwelt konnte der Autor/Spieler anhand frei verfügbarer Informationen am Beispiel der Luft- und Raumfahrt, bzw. Luftfahrthistorie in seinen diversen Büchern nachweisen!

Warum wurde die Simulation ab 1945 umprogrammiert? Gar umkopiert?

Weil sonst der Autor KPR nicht geboren worden wäre und nicht diesen geplanten Atomkrieg recherchieren konnte?

Wird diese aktuelle Simulation und der zu erwartenden Tods des Autors, weil sein Avatar hier im Klartraum (nicht sein Gehirn, das ab Beginn der Simulation gegenwärtig möglicherweise nur 2 Tage und 15 gealtert ist) nun mit dem Dritten Atomkrieg beendet?

…

Allerorten wird in letzter Zeit viel über KI, Maschinenlernen, „Chat-GPT" usw. in den Medien gesprochen.

Der Autor zumindest, der ja auch unmittelbar mit Computerfiguren in Berührung kommt, ob er will oder nicht, hat manchmal den Eindruck, einige Figuren besitzen einen „Verstand", der über den einer Amöbe, eines Einzellers nicht hinaus kommt!

Wie passt dies zusammen?

Zum einen hochgradige, hoch gezüchtete Intelligenz, den echten Menschen bald weit überlegen.

Dann eine Computerwelt mit Figuren, geradezu „Abziehbildern" von simulierten Menschen, die dümmer nicht sein können.

Also absichtlich so „unintelligent" programmiert?

Welches Ziel verfolgt diese – kriminelle, korrupte, kriegerische ausgestaltete – Welt gegenüber einem Computerspieler, also einem echten Menschen mit Freiem Willen und Gesunden Menschenverstand?

Eine Erkenntnis, die der Autor KPE somit bereits gewinnen kann, lautet:

Um Macht auszuüben braucht man die Dummheit!

Nur gegenüber dummen Menschen, dem dumm gehaltenen Volk, den „bildungsfernen" Schichten, dummen, nicht intelligent geführten, kriegerischen Staaten, Vasallenstaaten, „Tributpflichtigen" ect., kann ein Macht besessener Apparat, ein Staat, ein

„Imperium" seinen Stempel der „Power", der Macht, der Unterdrückung, der Manipulation und Desinformation aufdrücken.

Deshalb hat auch das Land, in dem die meisten Leser dieses Buches wohnen, kein Interesse, dass sein Volk zu schlau und damit zu aufmüpfig, rebellisch wird.

Auch nicht mit Hilfsmitteln aus dem Internet, wie die „Universalbibliothek" „Wikipedia".

Dieses Medium ist hochgradig manipuliert und enthält auch jede Menge Desinformation, Manipulation und Propaganda. Oder gewisse Sachverhalte werden einfach „vergessen", weg gelassen. Weil jeder unkontrolliert seinen - verfälschten - „Senf" dort hinterlassen kann!

Wird „Chat GPT", zumindest in dieser Simulation besser, intelligenter, ehrlicher, klarer und wahrer sein, oder auch nicht?

Erste Überlegungen eines Verbotes zur Anwendung von Chat-GPT in gewissen Staaten gibt es bereits!

Von wem wurde das System entwickelt?

Und wem dienen die Entwickler?

Der Allgemeinheit oder den Mächtigen, das heißt, der Programmierung dieser „Welt"?

Dem Allgemeinwohl oder den Interessen Weniger?

Der Autor dieses Buches wartet noch immer auf bestimmte Tantiemenzahlungen von Amazon, aufgrund versehentlicher Zahlendreher.

Dies, dem vollautomatisch, auf Algorithmen basierendem Verwaltungssystem von Amazon klar zu machen, ist sinnlos.

Denn die dort eingesetzten Algorithmen sind natürlich so - dumm - programmiert, dass sie im Sinne, der auf Profit orientierten Eigentümer handeln. Also Geld einnehmen und nicht herausgeben. Eine detaillierte Buchprüfung wird es bei dem U.S. Konzern Amazon nicht geben, wahrscheinlich nur eine pauschale.

Wie viele automatisch ablaufende Arbeitsverläufe in bestimmten Firmen gibt es aktuell in Deutschland? Bestimmt einige, wie solche, die aus der Versicherungswirtschaft kommen.

Erkennen kann man dies, dass Algorithmen eingesetzt werden, daran, dass, ob aus Unkenntnis oder Absicht, den virtuellen „Sachbearbeitern" ganz bestimmte Fantasienamen verpasst wurden, die man, zumindest als Spieler erkennen kann. Und man somit erkennt, dass es eben Algorithmen sind, und nicht „echte Menschen", da man sie auch am Wochenende oder sonntags ansprechen kann, und die Automaten am gleichen Tag antworten!

Computerwelten, die das Machtprinzip verinnerlicht haben, basieren nicht auf Intelligenz für jedermann, ein schönes Leben für alle, oder so schöne Slogans, wie „Freiheit und Frieden", „Nie wieder Krieg" ect.

Sonder auf all die Machtinstrumente, die die Menschheit (in der Hauptsache dem dominierenden Homo sapiens sapiens im Vergleich zu anderen Humanoiden, wie Neandertaler usw.?) seit Jahrtausenden bereits hinlänglich erprobt und erfolgreich angewandt hat:

Kriminalität, Korruption, Profit und Macht!

Dieses Spiel geht bis heute und darüber hinaus munter weiter.

Dies wird auch eine selbst lernende KI mittlerweile erkannt haben und wohl auch erfolgreich umsetzen. Zumindest in dieser kriegerischen Simulation. Ob in der Wirklichkeit ein Filter einprogrammiert wurde, der kriminelle, korrupte Handlungen einer KI unterdrückt, wer weiß?

Siehe diese Welt, in der der Autor lebt.

Es ist keine Simulation des Paradieses.

Sondern eine Simulation von Chaos, Krieg, Tod und Verderben, dem Untergang, Jahrzehnt für Jahrzehnt!

Es sei denn, die Simulation spielt in einer Zukunft, wo die Menschheit in der Wirklichkeit ihr jahrtausende altes - negatives - Leben überwunden hat und nun eine bessere ist.

Aber auch eine Vorwegnahme zukünftiger Ereignisse könnte diese Simulation durchspielen. Da sie, z.B. aus den 1980er Jahren kommt. In diesem Jahrzehnt programmiert wurde und somit heute, Stand 2023, eine Welt simuliert wird, die eigentlich keiner haben will. Zumal eine K.I. aus den 1980er Jahren heute, im Jahre 2023 immer „unschärfer" wird. Da auch eine K.I. keine Zukunft kennt, die vorhandenen Daten von damals keine Rückschlüsse mehr auf eine ferne Zukunft zulassen und eine K.I. nun zu „halluzinieren" anfängt.

Also eine Simulation, in der man den Leuten in simulierten Spielabläufen die Gelegenheit bietet, zu erfahren, wie es damals, in den dunklen Jahren der Geschichte der Menschheit so auf Erden zuging.

Dies, dass die Zukunft der Menschheit eine bessere sein könnte, ist aber nur eine optimistische Annahme des Autors, den der Homo sapiens sapiens (zumindest hier in der K.I.) ist ein durch und durch korruptes, kriminelles Wesen und wird sich wohl nie ändern, ob im realen Leben oder in der Simulation.

Um einen Computerspieler, wie der Autor KPR, auch hier in dieser, ggfs. stark an die „Wirklichkeit" angelehnte Computerwelt, zu dominieren, ihn zu verführen, braucht diese Simulation genauso die Dummheit unter der Spielfiguren, wie im „echten Leben", um den Spieler klein zu halten, ihn zu kontrollieren, ihn nicht zu Wort kommen zu lassen, ihn kaltzustellen.

Der Autor versucht dagegen zu halten!

Übrigens: Das gesamte Buch wurde **_nicht_** mit irgendeinem KI-Computerprogramm verfasst!

Sondern nach besten Wissen und Gewissen von einem echten Menschen, mit all seinen Fehlern, Ängsten und Wünschen, Hoffnungen.

Das könnte der Unterschied in der Zukunft sein:

Hier noch Bücher, die von Menschen geschrieben wurden, die Fehler behaftet sind.

Dort Bücher und andere Schriften, die Computer mäßig voll „durchgestylt" und absolut perfekt sind.

Hier sei an die „Fuzzy Logic" erinnert. Nicht 100 Prozent, sondern „nur" 95 Prozent und alles wirkt sympathischer. Ob dies die KI auch lernen wird?

Dieses Buch ist nicht „stromlinienförmig" nach Computer- und Programmiergesichtspunkten durchgeschwafelt, wie es die Algorithmen gerne hätten und umsetzen. Sondern von einem echten Menschen, mit freiem Willen und Gesunden Menschenverstand erdacht und niedergeschrieben!

Ist diese spezielle Computerwelt eigentlich „nachbehandelt", so zusagen „Photo shopped"?

Ist diese Computerwelt viel „schöner", „heller", „vielfältiger", „fantastischer" als die Wirklichkeit, so zusagen „nachcoloriert", aufgehübscht?

Ein Hauptstrang des Spielverlaufs einer geheimen, simulierten Militäragenda zeichnet sich, nach Erkenntnissen des Spielers KPR nun wie folgt ab:

Seit spätestens gegen Ende des Ersten Weltkrieges wird im Hintergrund dieser Welt eine geheime, internationale (militärische) Raumfahrt gigantischen Stils durchgeführt, an der alle Nationen der Welt in irgendeiner Art und Weise beteiligt zu sein scheinen.

Ob dieses Weltraumfahrt-Unternehmen militärisch oder „privat", also militärisch „ausgelagert" organisiert ist, gar in Verbindung zu Zeitreisen steht, ist unklar.

Was die Kriterien zur Teilnahme an dieser geheimen „Wahren Raumfahrt" angeht, ist ebenfalls, zumindest dem Spieler KPR nicht bekannt.

Es könnte also in dieser fiktiven Computersimulation eine Gruppe internationaler Raumfahrer seit mehreren Jahrzehnten nicht nur unser Sonnensystem, sondern darüber hinaus bereits weite Teile des Universums kolonisieren und fremde Welten erobern und besiedeln haben.

Diese weltraumfahrenden Kolonisten, die Siedler auf fremden erdähnlichen Planeten sind bei uns auf der Erde so gut wie unbekannt.

Das heißt, diese Leute können sich nicht, zum Beispiel durch eine „Konfettiparade" in NYC öffentlich feiern lassen, da niemand auf der Erde weiß, wie der tatsächlich technologische Stand der „Wahren Raumfahrt" fortgeschritten ist.

Für die Raumfahrer, bzw. deren Vorfahren, die ja alle einst von dem Mutterplaneten Erde abstammen, ein unhaltbarer Zustand.

Es müsste also auf der Erde eine Situation entstehen, wo die „Wahre Raumfahrt" allen Menschen auf Erden öffentlich bekannt wird.

Dies scheint man aber hier im Hintergrund, bei den „Mächtigen" (der K.I.) zum jetzigen Zeitpunkt nicht zu wünschen!

Eine Lösung wäre nun, die eine Menschheit, die alte, nicht raumfahrende Weltbevölkerung durch die „Wahre Raumfahrt" und deren Mitglieder zu ersetzen, auszutauschen.

Gemäß hiesiger Simulation wohl durch Gewalt!

Etwa durch einen globalen, nuklearen Krieg.

Und siehe da, davon, von „Operation Unthinkable" und einen atomaren Krieg, der ab 1945 bis 1955 dauern sollte, davon berichtet der Autor KPR in seinen Veröffentlichungen.

Um „Operation Unthinkable", also die Mission, dass angelsächsische Kräfte, wie England und in der Hauptsache die USA überhaupt in der Lage versetzt werden konnten, das sowjetische Riesenreich anzugreifen, brauchte man erst einmal einen Grund, um überhaupt in Europa Fuß zu fassen.

Dazu müsste man einen bösen „Schurkenstaat" erfinden, die Einwohner als „Herrenmenschen" indoktrinieren und „Ami-Marionetten" an die Führung, an die Spitze des manipulierten Staates setzen.

Siehe das negative Beispiel der 1.000 Jahre: Nazi-Deutschland.

Im Jahre 1945 konnten sich die USA als „Befreier" von Europa und Nazi-Deutschland weltweit feiern lassen, die letztendlich ihre eigene Kreation, das böse Hitlerreich und die Nazis erfolgreich besiegt hatten.

Europa, und allen voran das bevölkerungsreichste Land auf dem Kontinent, war - und ist - nun amerikanische Einflusszone.

Dabei sollte es im Laufe der Jahre nicht bleiben und die Grenzen des „Imperialismus/Kapitalismus" wurden immer weiter nach Osten, an die Grenzen des wahren Kriegsgegners der USA, nach Russland verschoben.

Verkauft wurde die angelsächsische „Eroberungspolitik", die Erweiterung des Einflusses der Amerikaner in Europa durch div. Propagandamärchen: Die Guten, die Demokratie, „Frieden und Freiheit" und jeder, der der NATO beigetreten ist, hat dies „aus freien Stücken" getan.

Wehe, man stellt sich gegen die USA, dann hat man verloren. So wie „Putzi" Hanfstengel, wohlmöglich ein Spezialagent der USA, der in den 1920er Jahren Adolf Hitler indoktrinierte und zu dem zukünftigen „Führer" der „Herrenmenschen" wohlwollend meinte, dass man nur an der Seite der USA jeden Krieg in der Welt gewinnen kann. Stellt man sich gegen die USA, hat man verloren.

Dies gilt heute umso mehr!

Wer denkt sich so ein „Narrativ", so ein schlechtes Computerspiel aus?

Algorithmen, eine perfide KI, die auch noch angelsächsisch, anglophil geprägt ist? Wurde also diese Simulation ggfs. von angelsächsischen, U.S. amerikanischen Programmieren aus der Taufe gehoben? Oder warum das Übergewicht auf den Hegemon USA? Aus Spiel taktischen Gründen?

Auf einer anderen Simulationswelt dagegen könnte der Dritte Weltkrieg im Jahre 1945, im Sommer ausgebrochen sein. Und solche riesigen Festungsanlagen, wie im Eulengebirge, im Jonastahl oder in Nieder-Österreich wurden fertig gestellt und waren einsatzbereit. Während hier auf dieser Welt die Anlagen nur noch als Ruinen sichtbar sind, um die sich allerlei Legenden ranken. Die unter anderem auch das Öffentlich Rechtliche Fernsehen, das ZDF immer mal wieder durch „History" Sendungen befeuert!

Gemäß Spielverlauf wollte man, mit Einverständnis der Russen, die Welt in einen nuklearen Abgrund stürzen. Wobei die Weltbevölkerung geglaubt hätte, dass das Ziel, dass der Westen die Sowjetunion besiegen würde, aufgrund des weltweit vernichtenden, aus dem Ruder gelaufenen Atomkrieges, der die bekannte Welt zerstört hätte, gescheitert ist.

Ein ähnliches Spiel-Szenario könnte sich heute, Stand Januar 2023, wieder abspielen!

Ein, unter Führung von Präsident Putin vom Westen, der NATO, von den kapitalistisch eingestellten Angelsachsen bedrohtes Russland, nimmt präventiv zuerst die Krim und dann den Rest der Ukraine ein.

Die Ukraine als Bollwerk gegen den aggressiven Westen, der immer noch Russland in seine kapitalistischen Machtstrukturen einverleiben möchte.

Die Ukraine wird vom Westen, der Nato, von Europa und den USA militärisch mit immer schwereren Waffen aufgerüstet, bis Putin sich gezwungen sieht, taktische, nukleare Gefechtsfeldwaffen einzusetzen.

Dazu die Kriegsgefahr aus dem pazifischen Raum und China.

Plus all die Nationen (BRIC-Staaten) die die USA als alleinige Weltmacht ablehnen und den alten, globalen Status Quo, wie auch immer, beenden möchten.

Der Westen, das Transatlantische Bündnis antwortet mit Nato-Truppen, die in der Ukraine am Boden und in der Luft gegen die Russen eingesetzt werden.

Der Konflikt schaukelt sich auf, bis Interkontinentalraketen, ICBMs gegen die wichtigsten Städte und diverse Militäreinrichtungen in der westlichen und östlichen Welt starten und durch einen Zweit- oder Dritt-, gar Viertschlag die Welt in einem globalen Atomkrieg zu Grunde geht.

Dazu gesellt sich der Konflikt mit China und Taiwan, der ebenfalls eskaliert und die USA in einen Zwei-Fronten-Krieg verwickelt, der letztendlich nicht zu gewinnen ist.

Das anvisierte Ziel, neue Verhältnisse auf Erden herzustellen, ist letztendlich, wenn auch mit Gewalt, erreicht.

In zukünftigen Geschichtsbüchern wird darüber berichtet, dass durch fatale Entscheidungen, Fehleinschätzungen, durch den üblichen militärischen Automatismus es schlussendlich nicht zu verhindern war, dass ein globaler Atomkrieg unvermeidlich das Ende der alten Welt bedeutete.

Eine alte Welt, die nun wieder neu, besser und schöner unter neuer Führung, der „Wahren Raumfahrt" im ewigen Frieden in Zukunft erstrahlen wird.

Die damalige Diplomatie der alten Welt hatte versagt, da alle Kriegsparteien auf ihren ideologischen und militärischen Standpunkten beharrten und keiner zu entscheidenden, Frieden fördernden Kompromissen bereit war.

Alles eine abgekartete Sache (Teil der Spiel-Programmierung)?

Der Geheimdienstmann Putin müsste sehr genau wissen, dass zum einen, es bereits 1945 von Westalliierter Seite aus Bemühungen gab, die Sowjetunion atomar durch die Nazis aus Deutschland und den USA anzugreifen, als auch das Wissen über eine Beteiligung Russlands an der „Wahren Raumfahrt".

Außerdem, eine Atommacht wie Russland kann keinen Krieg verlieren!

Verlieren werden alle auf dieser Welt.

Ist das ein möglicher Spielverlauf in dieser Computerwelt?

Und wenn dieses Szenario nicht kommt, was soll ein „Player" aus der „aktuellen, globalen Gemengelage", Stand 2023, lernen?

Insert

Aus der Luftfahrthistorischen Recherche von Autor KPR:

Beispiele, die die atomare Kampfkraft der Nazis im Zweiten Weltkrieg aufzeigen, sowie den Spielverlauf in dieser Computersimulation, die der Spieler KPR aufgrund seiner Recherchen herausgefunden hat:

Abb.:

Eine am Platzrand des „Grand Central" Airfields nahe Glendale, Kalifornien, USA nicht weit von Lockheed in Burbank bei L.A., abgestellte Messerschmitt Me 262 HG II mit 35 Grad Pfeilflügeln.

Zitat aus einem Schreiben aus 1982 eines Zeitzeugen, der als junger Mann beim RSHA, Außenstelle Frankfurt/M. „Zeppelinfeld" tätig war und auch den Fliegerhort zur Besonderen Verwendung, ZbV Eschborn/Ts. betreute:

...

„Vom 1. bis 4. April 1945 wurden alle Hangarbunker noch einmal von uns überprüft, dass alle Sicherheitseinrichtungen und technische Funktionen auch 100% funktionierten.

Am 6. April 1945 kamen die ersten Maschinen dort (Eschborn, Anm.d.A.) an.

Es handelte sich um 4 **Jagdmaschinen vom Typ Messerschmitt <u>PF</u> 262-1a,** das erste Düsenflugzeug der Welt. Diese Maschinen wurden in den Hangars N1 und 2, O1 und O4 von uns selbst versiegelt . . .

(Anmerkung: Siehe sehr schön die Verschleierung in diesem Computerspiel für den Player, denn der Zeitzeuge hätte auch PF: Pfeilflügler ausschreiben können!)
...

Wir erhielten gleichzeitig den Befehl, dass alle 9 Maschinen am 10. April 1945 voll aufzutanken sind und mit Munition geladen werden müssen.

Diese Arbeit wiederum habe ich selbst mit Oberleutnant Franke überwacht.

Der Befehl lautete weiter, dass die Staffel am 16. April 1945 morgens um 10,00 Uhr startklar auf der Rampe zu stehen hat. Das Flugpersonal sollte um 10.30 Uhr eintreffen und um 10.50 Uhr war Startzeit."

Anmerkung:

Gemäß offizieller historischer Darstellung gab es keine einsatzfähigen Messerschmitt Me 262 HG II oder gar HG III.

Hochgeschwindigkeitsjäger, HG mit entweder 35 oder 45 Grad Tragflächenpfeilung sind gemäß der Darstellung der Luftfahrthistorie nicht gebaut worden. Es gab nur beginnende Designarbeiten und erste Holzmodelle im kleinen Maßstab zur Erprobung im Windkanal.

Wie obiges Bild, als auch weitere Fotos, die zumindest für einen Spieler frei verfügbar sind, von Neubaurümpfen, die besser verarbeitet und hoch glänzend poliert waren, dazu ein Foto von den Heckleitwerken, sowohl der HG II, als auch der HG III Version, beweisen dagegen etwas ganz anderes!

Sehr schön auch in diesem Computerspiel <u>die Inszenierung</u> des obigen Fotos mit der Pfeilflügel-Messerschmitt!

Der Strahljäger ist von der Seite, Steuerbord, aufgenommen. Die Triebwerke sind bereits demontiert, sowie auch die Slats, Vorflügel.

Wer nicht genau, oder flüchtig hinschaut, kann die 35 Grad Pfeilung der Tragflächen und Höhenruder glatt übersehen.

Außerdem wären wohl Schub stärker Triebwerke montiert gewesen, die andere, als die übliche Treibwerksverkleidung, aufgewiesen hätten. Ein Spezialist würde dies sofort erkennen. Deshalb fehlen diese bei dem – „frei gegebenen" – obigen Foto!

Auf einer Internetseite über deutsche Luftwaffenflugzeuge nach dem Krieg kann man interessanterweise zwei Fotos vergleichen, wobei das eine Foto eine „reguläre" Me 262 mit der üblichen 18 Grad Pfeilung aufzeigt und gleich darunter wurde die Pfeilflügelversion mit 35 Grad

abgebildet.

Also ist sehr gut der Unterschied der Pfeilung der Tragflächen für einen - aufmerksamen - Betrachter/Spieler zu erkennen.

Siehe weitere, von der K.I. inszenierte Fotos und Filmausschnitte in den Büchern des Autors.

Interessant übrigens, wo man die geheim gehaltenen Flugzeuge und die Beweise für ihre tatsächliche Existenz finden kann: auf U.S. amerikanischen Internet-Seiten oder amerikanischer (Militär-) Literatur! Nicht in Deutschland oder anderswo in der Welt. Nur bei den Angelsachsen, die dieses Spiel, bis jetzt, dominieren!

Beide Düsenjäger weisen zudem die gleiche U.S. Registrierung „T2 4012" auf, die aus Gründen der Vertuschung gleich zweimal ausgegeben wurde.

Ein schwacher Versuch, einen wissenden Forscher/Player davon abzuhalten, nicht den Unterschied auszumachen!

Es hat sie also einsatzmäßig gegeben, die Me 262 PF, die in der Luftfahrthistorie seit Jahrzehnten vertuschen und geheim gehaltenen Pfeilflügler!

Beide Versionen!

Und alle, die davon wussten, haben nie darüber gesprochen. Und alle, die bis heute Bücher über die Me 262 verfassten, haben diesen Umstand ausgelassen, ob aus Unkenntnis, oder Absicht? Warum ist nur der - solipsichtische - Autor KPR in der Lage, diese Maschine zu erkennen und darüber zu recherchieren und zu schreiben?

Weil eine, bzw. alle anderen Computerfigur dazu nicht programmiert wurden?

Und diese Hochgeschwindigkeitsjäger, basierend auf der Grundversion der allseits bekannten Me 262, kamen gegen Ende des Zweiten Weltkrieges zum Einsatz gegen die Alliierten!

Als Atomwaffenträger in Eschborn bei Frankfurt und in Langendiebach bei Hanau als Sprühflugzeug für Giftgas!

Um gegen Ende des Krieges, im April 1945 Einsätze mit nuklearen Werfergranaten, atomar WG 21 und aWG 42, gegen sowjetische Bodentruppen vor Berlin zu fliegen!

Siehe hier wieder das Schreiben aus 1982 von Helmut B.:

„Auch lagerten am 12. April 1945 im Südbunker A-3 noch ca. 5.000 bis ca. 10.000 Sprengköpfe vom Typ **AG 42**."

Anmerkung:

Siehe auch hier die Verschleierung für den Computerspieler! Denn „Atomgranate" wurde nicht voll ausgeschrieben. Dies muss man als wissender Spieler in dieser Simulation irgendwann herausgefunden haben!

Wobei „AG 42" „Atomgranate 42", eine Abwandlung der Werfergranaten 21 und 42 ist, vormals angedacht als eine ungelenkte Rakete, eine Abstandswaffe für Jagdflugzeuge der deutschen Luftwaffe, die erstmals im vollen Einsatz über Schweinfurt 1943 gegen alliierte Bomberströme erprobt wurde.

Umgewandelt nun als Luft-Boden Rakete mit circa 40-50 kg Atomsprengstoff hätten diese Atomgranaten, abgefeuert von schnell fliegenden Me 262 Pfeilflüglern, die Rote Armee vor Berlin nuklear vernichten, verdampfen sollen.

So, wie man auch von Langendiebach bei Hanau mit Me 262 PF und untergehängter Giftgasmunition ebenfalls die Roten Horden vor Berlin kampfunfähig gemacht hätte.

Was aber 1945, zumindest in dieser Simulation, wo sich der Spieler KPR aufhält, der erst Jahrzehnte später geboren wurde, nicht geschah.

„Operation Unthinkable", ein global geführter Nuklearkrieg, der von 1945 bis 1955 andauern sollte, wurde aus irgendwelchen (Spielgründen) abgeblasen damit der Spieler KPR die Möglichkeit bekam, einerseits die damaligen Verhältnisse zu recherchieren, als auch die - friedensmäßigen - Bedingungen für eine Recherche zu erhalten, bis einer neuer Atomkrieg ausbricht.

Gibt es im Jahre 2023 aufwärts eine Neuauflage der Vernichtungspläne der Menschheit auf Erden, da nun, auch aufgrund des Alters des Avatars des Spielers KPR, das Computerspiel sich langsam dem Ende neigt?

...

Diese Welt, eine Computersimulation mit virtuellen Agenten, die ein eigenes, ggfs. der Wirklichkeit angepasstes Verhalten an den Tag legen, verführt einen Spieler erst einmal in vielerlei Hinsicht. Und sie will ihn von der Erkenntnis, dass er sich in einer Simulation aufhält, ablenken:

Ob eine gewollte Ablenkung durch schöne Frauen und schnelle Autos (oder umgekehrt?), mit Drogen, Alkohol, Ideologien, Verschwörungen, dem „schönen Leben" (Willst du eine schöne

Frau oder ein schönes Leben?), mit einem „Null Acht Fünfzehn" Lebenslauf, also Kindheit, Schule, Ausbildung, Beruf, Karriere, Heirat, Familie, Kinder, Haus, Rente, Lebensabend . . . und so weiter, und so fort.

Ablenkung mit falschen Freunden, in falsche Kreise geraten, Kontakte zu Kriminellen, der OK, zur korrupten Politik, Wirtschaft, Wissenschaft usw. Die Welt drängt vordergründig darauf, dass man in eine, wie auch immer geartete Falle tappt und sich ins Abseits begibt, alles auf den ersten Blick natürlich selbst verschuldet.

Verschwindet man von der Bildfläche, ob z.B. als Krimineller im Knast, begibt sich in falsche Kreise, aus denen man nicht mehr herauskommt, wird es schwer, selbstständig, oder mit Hilfe der „Unsichtbaren Hand" oder eines NPC herauszufinden, was der Autor dieses Buches recherchieren zu versuchte:

Das man ein echter Mensch ist.

Eine Freien Willen besitzt.

Soll man in diesem „Game" Punkte gut machen?

Denn, es wäre denkbar, dass, wenn man nicht ein gewisses Kontingent an Punkten in diesem „Spiel", der „Tour of Duty" erreicht, im eigenen Limbus, tief im eigenen Unterbewusstsein der Klartraumwelt Endstation ist. Man verstirbt und wacht aus dem Koma nie wieder auf, obwohl man in Wirklichkeit beispielsweise erst 25 Jahre alt ist und sein ganzes Leben noch vor sich gehabt hätte!

Gigantisches
Luft- und Raumfahrt Projekt

„Mister Bennet . . . ?"

„Right! David W. Bennett, Engineer for Air- and Space Technology!"

„Sie sind unser neuer Kandidat für unser Programm . . . Right?"

„Excactly!"

„Dann skizzieren Sie mal, was Sie sich so vorgestellt haben. Ich notiere mir alles und versuche Ihre Wünsche so gut es geht umzusetzen . . ."

„. . . Oder sogar noch besser zu machen . . . !", grinste Bennett.

„Right! Ja, Sie haben recht. Ich kann Ihnen Dinge herbeizaubern, da können Sie noch nicht einmal von träumen!"

„Let us beginn!"

Nach einer Woche stand Bennett vor einer der gigantischen Flugzeughangars. Dieser war ca. 1.500 m lang und an die 750 m breit. Davon gab es fünf solcher riesiger Hallen.

Dazu zwei fünfstöckige Gebäude mit riesigen Rechenanlagen und neuesten Computermodellen.

Ein riesiges Flugfeld mit mehreren großen Hangars, ob über- als auch unterirdisch, dazu U-Anlage, Bunker, Krankenhaus und diverse Werkstätten wurden ebenfalls für Bennett und seine Mannschaft errichtet.

Eine ganze Büroanlage stand, schön eingefügt im Grünen für die Ingenieure für spezielle Design-Arbeiten zur Verfügung. Dazu „Recreation Areas", Sport- und Freizeitanlagen, Luxushotel mit Spa und Bars mit angeschlossenen Vergnügungseinrichtungen.

Alles wurde getan, um Bennett mit seinem großen Mitarbeiterstab den Aufenthalt und das Wohlgefühl, auch die Motivation, Großes zu leisten, in der großen Flugzeugfirma zu ermöglichen und die Arbeitszeit und Freizeitgestaltung für die nächsten Jahre (Tage) so angenehm wie möglich zu gestalten.

Alles in allem, umgerechnet, eine mehrere 100 Millionen Dollar Investition, um neue Fluggeräte und Raumschiffe zu konstruieren, zu erproben und einsatzbereit zu machen.

Nach nur fünf Tagen war Bennett wieder zuhause bei seiner Familie.

Der Luft- und Raumfahrtingenieur war stolz, innerhalb dieser Zeit einige bahnbrechende Erfindungen geleistet zu haben, die nicht nur seine Karriere förderte, sondern die Menschheit weiter vornan brachte, ob auf der Erde oder im Weltall.

Technologische Singularität

Begriffserklärung, wie man die Technologische Singularität auf dieser Computerwelt definiert, wobei dies auch für die Wirklichkeit gelten könnte:

In nicht all zu ferner Zukunft (auf dieser künstlichen Welt vermutlich im Jahre 2045) wird es aufgrund des exponentiellen Wachstums in allen, der Informationstechnologie unterliegenden Bereichen des Wissens und der Wissenschaften zu einer technologischen Singularität kommen.

Es wird ein derart explosionsartiger Zuwachs an Wissen und Möglichkeiten entstehen, dass momentan (Stand 2022) nicht genau festzustellen ist, welche positiven oder negativen Konsequenzen sich aus diesem Ereignis für die Menschheit ergeben.

Dies macht einem zumindest dieses Computerspiel weis!

Ist dem tatsächlich so?

Oder hat man in der Wirklichkeit dies erkannt und gegengesteuert?

Einen dieser möglichen Wege der Singularität und den daraus erwachsenen Konsequenzen versucht eine kleine SF-Kurzgeschichte in diesem Buch dem interessierten Leser näher zu bringen!

Dies ist aber nur eine Möglichkeit und basiert auf der Annahme, dass man den Computern, den Robotern, den „Silizium-Herrschern" so viel Freiraum gewährt hat, dass diese künstlichen Intelligenzen die Welt beherrschen und die Möglichkeit erhielten, die Herrschaft über die Menschen zu übernehmen.

Jetzt ist aber diese Welt, in dem der Autor auch und gerade dieses Buch schreibt, bereits eine künstliche, Computer generierte Welt, die eine bestimmte Absicht, einen speziellen Spielverlauf verfolgt.

Eine Möglichkeit wäre, dass diese Simulation ein militärisch angehauchtes Experiment darstellt und in einem unterirdischen Geheimlabor, vergleichbar Montauk oder der „Area 51" stattfindet.

Ist die „Singularität" in der Wirklichkeit je eingetreten?

Oder soll sie ggfs. hier, auf dieser Welt simuliert werden, nach dem Motto „What if"?

Der Leser wird diese Frage schwer beantworten können.

Denn nach Annahme des Autors könnte diese Welt eine individualisierte Computer-, „Klartraumwelt" darstellen, in der, außer dem Autor, sich gar keine anderen, echte Menschen, oder deren Avatare aufhalten! Also nur „NSC" nach vorprogrammierten Mustern agieren.

Dies weiß aber der Autor mit Sicherheit nicht, aber viele Indizien deuten darauf hin!

Es stellt sich unter anderem für den Autor heraus, dass eine Absicht dieses (Militär-) Experimentes sein könnte, die wahre Natur dieser Simulation, des „Computerspiels" zu verschleiern, damit der „Spieler" im Unklaren gelassen wird, wo er sich befindet und was der Sinn und Zweck des Spieles darstellt.

Siehe hier, sehr schön von der K.I. in dieser Simulation „vorgekaut", „Simulacron-3" oder „13th Floor", wo genau dass bereits vor Jahrzehnten, also aus sicht der Recherche des Autors KPR im Vorhinein bereits als Information in diese Simulation eingestreut wurde und jetzt, im Nachhinein als die Information erkannt zu werden, das man in einer künstlichen Welt leben muss!

Ein Prinzip des Vor- und Nachhinein, was unter anderem auch in einigen deutschen Krimifolgen von der K.I. praktiziert wurde. Siehe weiter unten in diesem Buch!

Wer also meint, ein echter, lebender Mensch aus Fleisch und Blut zu sein, der sich ebenfalls in dieser Computer generierten (Militär-) Welt aufhält - ob freiwillig oder zwangsweise, ob temporärer oder für längere Zeit - der sollte sich unbedingt mit dem Autor in Verbindung setzen.

Ein Jahr
im Klartraum
ist
eine Stunde
in der Wirklichkeit?

Eine weitere Beobachtung und Schlussfolgerung als Spieler in diesem Experiment, in dieser, wie auch immer gearteten Simulation ist, dass die Zeit in Relation zur Wirklichkeit unterschiedlich schnell abzulaufen vermag.

Oder man sich nicht die gesamte Dauer des „Spielens" in dieser Kunstwelt aufhält.

Logisch wäre, wenn man ein bekanntes, durchschnittliches Menschenleben von mittlerweile 70 bis 80 Jahre zugrunde legt, man nicht diesen gesamten Lebensabschnitt in einem Computer generierten Spiel verbringt.

Geht man davon aus, dass ein Spieler in der Wirklichkeit sicherlich nicht vor einem „Window" sitzt oder „Data-Goggles" trägt, sondern ruhig gestellt, sich in einer Art Koma auf einer Liege befindet, dann liegt man dort sicherlich keine achtzig Jahre lang unbeweglich und wird künstlich von medizinischen Geräten versorgt.

Wie in gewissen Computerspielen, die ggfs. auch ein Leser, ein NSC kennt, könnte eine Beschleunigung, „Time Acceleration" der Zeit den Ablauf eines Spiels in bestimmten Spielsituationen verkürzen helfen, wo es nötig ist.

Ein realistischer Gedanke wäre, dass ein Jahr in dieser Computerwelt, eine Stunde in der Wirklichkeit abbildet.

Geht man davon aus, dass diese Simulation eine „klassische" Variante ist, also ein „grauer Kasten" mit Platinen und Schaltkreisen, mit den üblichen „Nullen und Einsen", gar eine Weiterentwicklung, eine moderne Variante davon, könnte man bsw. eine Art Haube auf dem Kopf tragen oder einer bestimmten EM-Strahlung ausgesetzt sein, die das Gehirn von Innen steuert und manipuliert.

Dann befindet sich der Spieler in seinem tiefsten Unterbewusstsein, im so genannten Limbus, dem „Vorhof zur Hölle" und erhält alle Sinnesreize von Innen, direkt in die jeweiligen Regionen des Gehirns, die für bestimmte Wahrnehmungen jeweils verantwortlich zeichnen.

Also, statt von außen, wo man z.B. mit den Augen seine Umgebung wahrnimmt, erhält man die Bilder direkt aus der Hirnregion, die für die Umsetzung der Sehreize von den Augen zuständig ist.

Oder Hunger und Durst. Da der Spieler KPR also möglicherweise im Koma liegt und nur durch Lebenserhaltungsmaschinen versorgt wird, aber in dieser Simulation beispielsweise Hunger auf ein Steak verspürt, kommen die gesamten Sinnesreize, wie jenes Stück Fleisch riecht, schmeckt usw. von Innen, direkt in die entsprechende Gehirnregion projiziert, sodass das Bedürfnis, der Hunger gestillt werden kann.

Wenn man nichts isst oder trinkt, dann verdurstet und verhungert man genauso, wie in der Wirklichkeit und ist im schlimmsten Fall sogar tot!

Also könnte man sich z.B. drei Tage im Koma aufhalten und in dieser Simulation bei 72 Stunden, 72 Jahre alt werden. Obwohl ein Spieler in der Wirklichkeit möglicherweise gerade einmal in einem Alter von 25 Jahren in eine künstliche Ohnmacht, in eine kontrollierte Bewusstlosigkeit gelegt wurde.

Wobei der Avatar des Spielers in dieser Simulation den Alterungsprozess mitmacht, dieser simuliert wird, aber das Gehirn des Spielers bei 72 Jahren im Spiel nur drei Tage gealtert ist.

Wenn also ein Spieler in einem Alter zwischen 20 und 30, oder zwischen 30 und 40 Jahren ins Koma gelegt wird, dann ist nur der Avatar um z.B. 72 Jahre in der Simulation gealtert, nicht aber sein Gehirn, das nur 72 Stunden älter geworden ist.

Dies ist nicht die Wirklichkeit Definitiv!

Die Welt in der ich mich befinde, ist nicht die Wirklichkeit!

Dies kam man alleine schon aus den Recherchen und den daraus veröffentlichten Publikationen, den Büchern, die der Autor KPR im Laufe der Jahre geschrieben hat, einwandfrei schlussfolgern.

Die Wahrscheinlichkeit dafür ist hoch, sehr hoch.

Bestimmte Gegebenheiten, Umstände, Vorgaben usw. deuten eindeutig darauf hin!

So gibt es kein freies Spiel der Kräfte und bestimmte Dinge sind nicht machbar oder können nur in einer solipsistischen Welt halbwegs rational erklärt werden.

Da aber in einer Wirklichkeit Millionen, gar Milliarden von Bewohnern unterschiedlichster Menschen einen Planeten bevölkern, können bestimmte Hinweise, Rätsel, Propaganda Storys, der wahre Ablauf der Raumfahrt oder des Zweiten Weltkrieges kaum zu nahezu 100 Prozent vor so vielen Leuten über Jahre und Jahrzehnte geheim gehalten werden. Machenschaften zu verstecken, ohne dass irgendein anderer, schlauer und aufmerksamer Mensch, ob aus Berufsgründen (Journalist, investigativer Reporter usw.) oder aus Neugier zu den gleichen Schlüssen kommen würde, wie der Autor selbst.

Auch diese künstliche Welt ist - zumindest vordergründig - nach menschlichen, logischen Gesichtspunkten aufgebaut. Höchst wahrscheinlich nach den Naturgesetzen der Realität und der Schöpfung. Mal angenommen, die Realität sieht ähnlich aus, wie hier in der Simulation.

Falls nicht die „Realität" auch nur virtuell ist und es gibt gar kein materielles Universum, worauf auch einige hinzudeuten scheint!

Die unglaublichen, vielfältigen und nahezu unbegrenzten Möglichkeiten eines menschlichen Gehirns bilden höchstwahrscheinlich die Plattform, die Projektionsfläche für diese Simulation. Wenn man eine „klassische" Simulation in Betracht zieht.

Somit ist auch nicht unbedingt ein Supercomputer mit fantastischen Rechenkapazitäten von Nöten!

Das menschliche Gehirn stellt, vollzieht und bildet wirklichkeitsnah einfach aufgrund seiner atemberaubenden Möglichkeiten, was die gesamte belebte Natur, der restliche Universum und das menschliche Leben betrifft, alles 1:1 nach.

Aufgrund der menschlichen Erfahrungswerte gehorcht auch das Gehirn des Autors als Plattform für diese Simulation gewissen universellen, allgemein gültigen Naturgesetzten.

Somit kann man in dieser künstlich herbeigeführten Klartraumsimulation unzählige Naturgesetze ableiten, um eine allgemeingültige Physik und viele andere Wissenschaften zu entwickeln. Sodass nach diesen Naturgesetzten bestimmte Anwendungen, wie im technischen Bereich erfolgen, die zu einem technologischen Fortschritt zum Wohle der gesamten Menschheit führen können.

Dies geschieht auch - als „Rest", als „Überbleibsel" anderer, spezifischer, wie technischer Einzelsimulationen - in unserer aktuellen Simulation, über die der Autor schon einige Bücher aus der geheimen Welt der Luft- und Raumfahrt und der „Verschwörung" berichtete.

Siehe hier z.B. die diversen U.S. amerikanischen Patente aus dem Bereich der Luft- und Raumfahrt über bestimmte Luftfahrzeuge oder (Fern-) Raumschiffe.

Interessanterweise werden alle diese daraus resultierenden Fluggeräte und Raumschiffe, die das elektromagnetische Spektrum als Antrieb nutzen, in unserer Simulation geheim gehalten und vehement in der Öffentlichkeit, in diesem Spiel also gegenüber einem Spieler vertuscht.

Die Propaganda verkauft diese technischen Neuentwicklungen als „Ufos", als „außerirdische Raumschiffe".

Daraus kann man schon ableiten, dass dies keine „Ingenieurswelt" ist, sondern unter anderem eine „Rätselwelt".

Weitere Schlüsse, die man aus den „Resten" früherer Einzelsimulationen (die alle hier in diesem Spiel zusammengefasst worden sein könnten) ziehen kann, sind beispielsweise unter anderem Simulationen über Wetter/Klima, Überbevölkerung, Kriege unterschiedlichster Art, Atomforschung, Verhaltensmuster von Humanoiden, also z.B. den modernen Menschen, des „Homo Sapiens". Das Gruppenverhalten ganzer Bevölkerungen, Manipulationen mehrerer Völker, gar der gesamten Menschheit, unterschiedliche Regierungsformen und die Konsequenzen daraus. Ausbreitungen diverser Krankheiten, weltweite Seuchen und deren Bekämpfung, technologischer Fortschritt jeglicher Art und wie sich dies positiv oder negativ global auf die Menschheit auswirkt.

Wobei man hier, in unserem speziellen Fall beobachten kann, dass bestimmte Entwicklungen in „Zehnerschritten", in Dekaden" konzentriert ablaufen, die in der Realität und eines gewissen „Status Quo" einen wesentlich längeren Entwicklung unterliegen könnten.

Siehe hier die weltweiten Nachkriegsentwicklung, was die 1950, 1960-90 Jahre, der Jahrtausendwechsel, die „Nullerjahre" der 2000er usw. betrifft.

Von den „Verbrennern", den Autos der 1950er Jahre bis zu „rollenden Computern", E-Autos der 20er Jahre des 21. Jahrhunderts.

Wobei „High Tech" Fahrzeuge, wie von Tesla, die mehrere Kameras besitzen, um nicht nur den Fahrer, sondern auch die unmittelbare und erweiterte Umgebung auszuspionieren, sowien auch alle Handgriffe und Entscheidungen der Insassen protokollieren und an eine Zentrale in den USA weiterleiten, damit das eigene Auto den Fahrer bei Verkehrsüberschreitungen „hin hängen", verpfeifen kann.

Solch eine speziell programmierte Simulation, die unter anderem eine totale Manipulation der Menschen beinhaltet, dazu weitere Maßnahmen, wie div. „Überwachungseffekte", das Ausschalten des Freien Willens, eine „Gleichschaltung" der Menschheit im Sinne von „Mind Control", die Überlegenheit einer Macht-Elite, die mit technologischen Mitteln und „per Knopfdruck" den Rest der Menschheit beherrschen, unterjochen, nach deren Sinne manipulieren möchte. Um selbst Freiheit, Macht, Wohlstand usw. im Überfluss genießen und ausleben zu können. Auf Kosten der restlichen, unfreien und geknechteten Menschheit.

Zum Stichpunkt Überwachung, was das Leben in diesem Land, wo die meisten Leser dieses Buchs sich aufhalten, hier ein kleiner Erfahrungsbericht des Spielers KPR:

Bekannt wird noch sein, wie die Geschichte dieses Landes der letzten hundert Jahre ablief, darunter auch solche Stichworte wie „Nazi" oder „Stasi".

Auch aktuell wird in diesem Land die Bevölkerung zu 100 (und mehr) Prozent überwacht und kontrolliert!

Es ist immer schön, wenn sich jemand verplappert oder absichtlich in einem Nebensatz etwas „heraus lässt" (verstecktes „Osterei").

Gibt es einen Datenschutz in Deutschland?

Vielleicht auf dem Papier!

Aber wohl kaum in der Praxis.

Es scheint mittlerweile einige Institute, auch und gerade staatliche zu geben, die haben auf alle Datenbanken, auf alles, was digitalisiert wurde, uneingeschränkten Zugriff. Was auch der Autor in einem bestimmten, persönlichen Fall erstaunt feststellen konnte.

Wo ist die Pressefreiheit, dies solche Skandale aufgreift?

Wie viele Firmen alleine in diesem Lande gibt es, die keine Mitarbeiter mehr beschäftigen, dafür aber Algorithmen und KI für eine Sachbearbeitung, Stichwort „Arzoo Kapoor"?

Warum berichtet darüber niemand? Es gibt doch keine Pressezensur in diesem Land, oder?

…

Alles oben Genannte ist hier in dieser Welt, gemäß unabhängiger Beobachtung des Autors KPR simuliert, weil solche schweren Eingriffe in der Realität wahrscheinlich nicht möglich und erwünscht sind, erst gar nicht zugelassen werden, weil es in der Realität so etwas, wie ein „freies Spiel der Kräfte" gibt! Wenn man optimistisch annimmt, die echte Menschheit sei besser, als die in dieser Simulation.

Dass nämlich, wie hier in der „K.I.", keine, in Relation kleine Clique von Abzocker, Verräter, Despoten, „Eliten", Kriminellen, Mafia, ein verbrecherischer Überwachungs- (Stasi) Staat usw. die Oberhand über den Rest der Menschheit gewinnen können.

Nur hier, in dieser speziellen Klartraumwelt scheint man alles Negative zusammengeballt zu haben, konzentriert in einer „Alptraumwelt", um eventuell aufzuzeigen, wie man es *nicht* machen soll und wie man einen Spieler damit herausfordern kann!

Es gibt aber auch positive Aspekte:

In einer Klartraumwelt, wo das menschliche Gehirn ein wesentlicher Faktor, *die* „Plattform" zur Darstellung einer Computersimulation darstellt, kann z.b. ein Ingenieur aus dem Flugzeugbau eine gigantische Flugzeugfabrik, samt riesigem Konstruktionsbüro „hingestellt" bekommen, um in seinem eigenen, Computer unterstützten Klartraum, Flugzeuge oder Raumschiffe nach Herzenslust zu konstruieren und zu testen. Oder, die nach gewissen Vorgaben zu konstruieren, zu bauen und auf Tauglich- und Einsatzfähigkeit auszuprobieren sind.

Dafür hat ein ausgewählter Ingenieur als Klarträumer „alle Zeit der Welt".

Denn, in einer Klartraum-Simulation könnte, rein nach logischen Schlussfolgerungen, die Zeit wesentlich schneller ablaufen, als in Wirklichkeit. Ein menschliches Gehirn soll durch bestimmte Organe des Gehirns in der Lage sein, eine „Einstein-Rosen-Brücke", ein „Schwarzes Loch" bilden zu können, das man nutzen könnte, um einen schnelleren, beschleunigten Ablauf der Zeit in einer Computer-Simulation vornehmen zu können.

Siehe dazu einen Hinweis in dem Buch weiter unten im Roman.

Sodass eine realistische Annahme bedeuten könnte, dass, wenn ein Jahr in einer Klartraum-Welt vergeht, erst eine Stunde in der Wirklichkeit abgelaufen ist.

Sodass unser Luftfahrt-Ingenieur mehrere Jahre in Ruhe sein Projekt durchziehen, ein entsprechendes Patent, gar ganze Patentreihen erstellt, die man in der Wirklichkeit ausdrucken kann. Um hernach die Erfindungen des Ingenieurs praktisch im „wahren Leben" in Form neuer Flugzeuge oder Raumschiffe umzusetzen, die tatsächlich auf Anhieb funktionieren und einsetzbar sind.

Die Kosten dafür sind praktisch Null!

Man kann im Klartraum, der durch einen Computer unterstützt, stabilisiert und der Realität nahezu eins zu eins angepasst ist, jede nur erdenkliche Fantasie realisieren.

So auch eine virtuelle gigantische Flugzeugfabrik mit zig virtuell talentierten und einprogrammierten Ingenieuren, Computeranlagen, riesigen Fertigungsbereichen, unbegrenzter virtueller Materialzufuhr und alle nur erdenklichen Möglichkeiten, um die erdachten, am Reißbrett konstruierten Flugzeuge oder Raumschiffe einer gründlichen, virtuell im Computer simulierten Erprobung, Verbesserung, ect. zu unterziehen.

Das sagt übrigens auch „Simulacron-3" aus, hier die Berechnung bestimmter Rohstoffe in 20 Jahren, und diese Vorausschau wird ggfs. sogar in dieser Simulation simuliert und ungesetzt.

Siehe hier außerdem den U.S. amerikanischen Spielfilm „Inception" mit Leonardo DiCaprio, oder 13th Floor, Matrix, gar die britische BBC Serie „Live on Mars" mit John Sim. Beispiele, wie diese Welt einem Spieler gewisse Hinweise, zumeist durch die Medien zuschanzt.

In dem U.S. amerikanischen Spielfilm „Inception" wird im Film angedeutet, dass der Hauptdarsteller mit seiner Frau, in deren beiden synchronisierten Klarträumen ganze Städte, Häuser, neue Architektur erschaffen können, wie sie lustig und in der Lage sind.

Und das alles, ohne Kosten riesigen, unbezahlbaren Ausmaßes zu produzieren!

Dies scheint auch auf dieser Welt, wo sich der Leser dieses Buches befindet, praktiziert zu werden. Beziehungsweise ist ein Überbleibsel einer Programmierung einer anderen, speziellen Simulation, die man mit hier hingepackt hat!

Die Resultate sind unzählige Patente, und das nicht nur aus der Welt der Luft- und Raumfahrt stammen. Sondern aus zahlreichen Bereichen des menschlichen Lebens, die hier in der Simulation generiert wurden, oder aus einer anderen Simulation übrig geblieben sind.

Das wird in diesem „Spiel" natürlich vertuscht!

Denn dieses „Computer-Spiel" scheint einen anderen Zweck zu erfüllen.

Siehe hier die Zitate aus dem Buch „Die Rätsel des Universums – Gelöst!" von Jim Elvidge, Mosquito Verlag, Immenstadt, 2015:

Wobei man immer, wenn es solche Sprüche gibt, wie „Die Wahrheit über . . ." oder Rätsel „gelöst", man in diesem Computerspiel sehr, sehr vorsichtig sein muss, denn ein Spielmodus ist die „Verarsche" des Spielers. Und das Allenthalben, jeden Tag auf neue!

Hier also ein Zitat aus o.g. Buch, wobei es sich um ein „Körnchen Wahrheit" handeln könnte:

Seite 274 in o.g. Buch unter der Überschrift: „Morgendämmerung in einer neuen Wirklichkeit":

„Die Virtual-Reality-Spiele, die wir kennen und lieben (wer liebt das Abschlachten, ein „Ballerspiel/Ego-Schooter", Kriegszenarien?, Anm.d.A.) lassen sich mithilfe zweier verschiedener Programiergattungen modellieren. Im ersten Fall – dem von mir so bezeichneten **solipsistischen Programm** – bin ich die **einzige Person auf der Welt**, die über ein **echtes Bewusstsein** verfügt. Jeder andere ist ein NSC (Nicht-Spieler-Charakter) bzw. ein programmiertes Wesen.

Dieser Sachverhalt stimmt selbstverständlich vollkommen mit der Philosophie des Solipsismus überein, daher auch der Name."

Anmerkung:

... Die einzige Person auf dieser Welt, die über ein echtes Bewusstsein verfügt . . .

Diese Beobachtung und Erkenntnis hat der Autor dieses Buches, Klaus-Peter Rothkugel, über die Jahre, die er sich in dieser merkwürdigen Computer Simulation aufhält, in der Tat feststellen können!

Es scheint nur einen Spieler zu geben,
nämlich Klaus-Peter Rothkugel,
der klar denken kann, ein gewachsenes, natürliches Bewusstsein mit einem gesunden Menschenverstand besitzt (das auch Jahrmillionen langer Entwicklung der Evolution hervorgegangen ist), unabhängig jeglicher Programmierung ist, nicht durch eine Vorprogrammierung beeinflusst wird und Dinge erkennen kann und diese wahrnimmt, die außer ihm niemand erkannt hat,
weil jeglicher Computerfigur die nötigen Voraussetzungen,
Programmierungen, Routinen usw. fehlen!

„Keine Menschenseele ließt das Buch" gilt nur unter der möglichen Annahme, dass „Silizium-Herrscher", Computer und Roboter in der Wirklichkeit auf der Erde die Weltherrschaft übernommen hätten und kein echter Mensch mehr auf Erden weilt, der überprüfen kann, was der Autor dieses Buches in diesem möglichen (Militär-) Experiment in einer Computer-Simulation herausgefunden hat.

Diese, die so genannte „Singularität" könnte auch eines der vielen absichtlich gestreuten „Horrorszenarien" in diesem Spiel als reine Ablenkung sein, die selbstverständlich auch in der Publikation, dem Buch von Jim Elvidge auftaucht und vertreten wird. Aber das Buch als Rätsel, als Hinweisgeber, als „Sprachrohr" des Computerspiels könnte, wie viele andere versteckte Hinweise dazu dienen, dem Spieler Klaus-Peter Rothkugel einerseits etwas „vorzukauen", ihm aber anderseits versteckt etwas über diese künstliche Welt zu erklären.

Unter bestimmten „Spielregeln":

Siehe hier die einfache Faustregel, die für alles in dieser Welt zu gelten scheint:

80 zu 20

oder 90 zu 10

Zu deutsch:

80 Prozent zum Beispiel in o.g. Buch von Jim Elvidge ist „Gequatsche"!

20 Prozent dagegen stimmt, ist halbwegs die Wahrheit.

„Ablenkung" ist in diesem Computerspiel „Programm", so zusagen Alltag, weil das Programm (die „Verschwörung") seinen „Spiel-Charakter", den Simulations-Auftrag gegenüber dem Spieler verschleiern soll oder muss, um nicht gleich auf den ersten Blick als unwirklich, künstlich zu gelten, also „aufzufliegen". Somit wird man weltweit keine einzige Publikation, keinen einzigen „Menschen", nämlich keine, wie auch immer geartete Computerfigur ausfindig machen, die es ehrlich mit einem meint und die ganze Wahrheit am Stück aufzeigt.

Nur Puzzle-Steine, Andeutungen, einige „Broken werden einem hingeschmissen", den Rest, das Gesamtbild muss man als Spieler selbstständig erarbeiten und recherchieren! Was eben einen Teil der Aufgaben eines Spielers ist, herauszufinden wo er lebt und warum diese Welt eine Simulation darstellt.

Interessant festzustellen ist, dass die Wahrheit gerne in ein Lügengebäude, in „Verschwörung" und dergleichen „verpackt", angedeutet wird.

Man bekommt die Wahrheit, um was es wirklich geht in diesem „Computerspiel", nicht auf dem Silbertablett serviert, sondern verklausuliert, zum Beispiel in absichtlich gestrickten, „verwässerten" Verschwörungsmärchen.

Wobei die Propaganda- und Desinformations-Märchen so aufgebaut sind, das sie - zur Rechtfertigung - ein „Hintertürchen" offen lassen.

Sprich, sie, die Verschwörungsgeschichten - aber auch andere Botschaften, Nachrichten oder bestimmte Hinweise, gar betrügerische Werbung und Spam-Mails - sind so gut, oder eher schlecht gemacht, dass ein aufmerksamer, ein wissender Player an gewissen Details erkennen kann, dass er hinters Licht geführt werden soll.

Eine „Eigenart" dieses Spiels, das eben vordergründig verschleiern will, aber mit dem Hintertürchen für gewisse Details, damit man als Wissender erkennen kann, dass man gerade „verarscht" wird.

Die totale Manipulation

Vorbild für die „Wirklichkeit"?

In Israel ist eine „Firma" ansässig, die sich aus Mitarbeitern ehemaligem israelischen Militärs und Agenten zusammensetzt, deren Zielsetzung ist, gegen Bezahlung in der ganzen Welt, z.B. Wahlen manipulieren und auf Bestellung Desinformation zu verbreiten.

Für die diversen weltweiten Manipulationen hat die Firma unter anderem mehr als 30.000 „Bots", also verschiedene, erfundene Profile von „echten" Menschen, die es gar nicht gibt, kreiert.

So wie anscheinend auch hier, auf dieser Computerwelt.

Das „Team Jorge" in Israel greift auf Informationen von „echten" Menschen zurück. Personen, die man auf irgendwelchen Plattformen, wie „Twitter" oder „Facebook" finden kann, deren Daten, Profile oder sogar Fotos ohne deren Wissen missbraucht werden.

Diese Vorgehensweise könnte auch auf dieser Computerwelt angewandt werden!

Fotos von Menschen, die das „Team Jorge" im Netz findet, werden mit Fake-Identitäten ausgestattet, um damit auf Internet-Plattformen, oder Foren die öffentliche Meinung zu steuern und zu manipulieren.

Ob hier in der Computersimulation nicht nur tatsächlich existierende Menschen, was ihr Aussehen betrifft, als Vorbild für eine Simulation herangezogen wurden? Sondern auch deren Charakter und sonstige - positive oder negative - Eigenschaften, die entweder echte Menschen, Programmierer, oder Algorithmen, KI, irgendwo im Netz in diversen, weltweit verfügbaren Datenbanken zusammengesammelt hatten, ist unklar, aber denkbar.

Ob die Computer generierten Figuren, die dem Autor über die Jahrzehnte begegneten, somit auf reale Menschen basierten, oder ob das Aussehen eines realen Menschen nach dem Zufallsprinzip mit, im Netz gefundenen Eigenschaften kombiniert wurden, ist dem Autor nicht bekannt.

Möglich aber, da das Aussehen und das Verhalten eines Menschen miteinander korrelieren könnte, man sowohl den echten Menschen mit deren echten Charaktereigenschaften kopierte und hier in die Computerwelt übernommen hatte.

Ob die Figuren hier in dieser künstlichen Welt also auf echte Menschen basieren, die einmal gelebt haben und nun mittlerweile verstorben sind. Oder ob die Figuren alle simuliert und deren Vita von einem Computerprogramm komplett erfunden wurden.

So etwas wäre wiederum für die israelische Desinformations-Firma von Interesse, käme sie nicht mehr in Konflikt mit realen Menschen, deren Profile oder zumindest deren Fotos sie für ihre schmutzigen Kampagnen aus dem Netz gestohlen hatten.

Auf alle Fälle scheint diese Computerwelt, in der der Autor agieren muss, irgendwie auf negative Tendenzen eingestellt zu sein. Immer wieder soll KPR von dem Programm irregeleitet, aufs Glatteis geführt werden, sowie falschen Versprechungen an Heim fallen.

Haben Computerfiguren, ob Politiker, Militärs, oder Historiker deshalb keine Angst, was ihre Handlungen und der daraus erwachsenen Konsequenzen betrifft, weil sie ja so programmiert wurden und keine, wie auch immer geartete Bestrafung zu befürchten haben?

Geheimdienstmethoden, privatisiert und auf dem Freien Markt zu kaufen!

Advanced Impact Media Solution, AIMS

Software von „Team Jorge, die künstliche Identitäten generiert.

So genannte „Avatare", erfundene Menschen, die auf wahre Personen beruhten und die ins Internet losgelassen werden. Dabei will die israelische Desinformtions-Firma mehr als 30.000 solcher Avatare erschaffen haben, nämlich 31.726 Profile.

Dabei kann man mit einer Eingabemaske und bestimmten vorgaben in Minuten ein erfundenes Profil kreieren, mit Geburtsdatum, E-Mail Adresse usw.

Den erfundenen Avataren steht sogar jeweils ein „Bit-Coin" Konto zur Verfügung um im Netz einkaufen zu können.

(Oder Fake Rezessionen schreiben, Fake Bucheinkäufe zu tätigen, um Propaganda-Bücher noch oben, auf Platz 1 zu puschen.)

Bilder von echten Menschen werden aus dem Internet gefischt und für die Fake-Personen, die Avatare verwendet.

Diese tausende von Avatare führen ein angeregtes, virtuelles Leben im Netz, können jedes beliebige Account, wie „Amazon", „McDonalds", „Face-Book", „Twitter" ect. eröffnen. Auch die jeweilige vollständige Verifizierung der Accounts ist für die Manipulations-Software kein Problem!

Die Opfer, die wahren Menschen merken von diesem Datenklau nichts.

Die Software von „Team Jorge" wurde an mehrere Länder und auch Geheimdienste verkauft.

Woher haben die israelischen Mitarbeiter von „Team Jorge" ihre Software? Selbst erfunden oder überlassen bekommen?

Von denjenigen, die damit seit Jahren und Jahrzehnten die ganze Welt, ob analog, oder heute digital manipulieren?

Große Geheimdienste, wie unter anderem aus den angelsächsischen Ländern, die ihre Weltherrschaft dadurch weiter zementieren möchten, beziehungsweise die Menschheit auf Erden von den geheimen Machenschaften aus dem Hintergrund, wie die „Wahre Raumfahrt", abzulenken.

Geheimdienste, die jeden x-beliebigen Krieg inszenieren können, die dazu benötigen Argumente, „Narrative" entwickeln und über die Medien, Talk-Shows, Zeitungen, Blocks usw. verbreiten.

Und dabei das zynische Spiel eines „Dilemmas" spielen, und zwangsläufig immer der Partei die benötigte Rechtfertigung geben, die sich als die „Guten", sich für „Frieden und Freiheit" und „Demokratie" einsetzen. Dabei gleichzeitig die „Bösen" im eigenen Lager kreieren, die als „Buh-Männer und Frauen" in den Medien schlecht gemacht werden, um von wahren Sachverhalten abzulenken.

Personen, die die gesamte Wahrheit in der Öffentlichkeit präsentieren, gibt es nicht. Sondern nur „Silberhut-Träger", die, als „Hintertürchen" der Verschwörer/Algorithmen/KI den ein oder anderen echten Hinweis liefern, der für einen Computerspieler, wie dem Autor KPR gedacht ist, damit der Spielfluss gewahrt bleibt.

…

Mit dem Begriff „Solipsismus", dass es also nur einen richtigen Spieler in dieser Simulation gibt, hat der Autor Elvidge mit hoher Wahrscheinlichkeit recht!

Hinzu kommt, dass dieses spezielle Computerspiel, in dem der Autor sich gerade aufhält, auch noch „individualisiert" zu sein scheint!

Denn manche versteckten Rätsel und Hinweise, die man weltweit irgendwo versteckt in den Medien, im Fernsehen, Film, in Büchern oder im Internet, finden kann, beziehen sich auf gewisse Luft- und Raumfahrtthemen.

Also genau die Themen, die im Interesse des Autors liegen und wo er ein wenig „Ahnung" hat!

Wer hat diese Welt im Sinne des Spielers Klaus-Peter Rothkugel programmiert, individualisiert und die entsprechenden Rätsel eingefügt? Eine KI, oder echte Menschen?

Ist das Spiel statisch, läuft also nach einem fest einprogrammierten Modus ab? Oder ist es dynamisch und das Spiel passt sich dem Verhalten, den Erkenntnissen usw. eines Spielers, also in diesem Fall dem „Player" KPR an?

Hat diese Simulation jemand programmiert, der den Spieler aus der Wirklichkeit her kennt?

Wieso ist diese Welt eigentlich so überwiegend „angelsächsisch-lastig", also auf zumeist angloamerikanische Themen und „Verschwörungen" fokussiert?

Ein Militär-Experiment in der „Area 51" oder in „Montauk"?

Eine Simulation einer U.S. Air Force für Anwärter, die eine bestimmte Laufbahn in den Streitkräften vornehmen möchten und sich im Klartraum „bewähren" müssen, Erfahrungen sammeln, um u.a. ihren Lebenslauf aufzuwerten?

Also z.B. 70 und mehr Jahre Lebenserfahrung in einer „Kategorie Trible B Minus" Welt?

Ein Überleben in dieser Welt, das sich positiv auf den Lebenslauf und das Wissen eines Kandidaten, eines Bewerbers für irgendeine Laufbahn in der Realität auswirkt?

Spezialkräfte, Einzelkämpfer und andere Sondereinheiten könnten in einer „Post-Apokalyptischen" Simulations-Welt soviel Erfahrung gesammelt haben, sodass sie in der Realität nichts mehr „umhauen" kann!

Mehrere Spieler,
die sich überschneiden
und im Spiel erscheinen?

So schreibt der U.S. amerikanische Autor und Computerspezialist Jim Elvidge (und Computerfigur oder gar selbst Solipsist ein Spieler in seiner eigenen Welt?) in seinem erwähnten Buch:

„Vielleicht existieren zeitgleich viele Solipsisten, die sich **gleichzeitig** mit Solipsismus-Spielen beschäftigen (so wie der Autor KPR mit Luftfahrt, Verschwörung, Dritter Weltkrieg ect., Anm.d.A.). Und möglicherweise **überlappen** sich diese Spiele.
...
Überschneiden sie sich (beide Spieler, wie KPR und ein anderer Anm.d.A.) für einen Moment, **treffen** die beiden Spieler für diesen Augenblick in **derselben Realität** aufeinander.

Der U.S. Autor Jim Eldrige erklärt, dass ein Nicht-Spieler Charakter, NSC, von einem echten Menschen für eine bestimmte Zeit übernommen werden kann:

„ . . . denn der einzige Unterschied zwischen NSC und seiner realen Entsprechung ist **der freie Wille, bzw. das Bewusstsein.** So besitzt …(ein bestimmter NSC) … in Ihrem Programm (diese Welt in dem der Autor KPR lebt, Anm.d.A.) einen Moment lang einen **freien Willen,** der aber gleich darauf wieder verschwunden ist.

Oder vielleicht **verschmelzen die Lebenslinien** für eine Weile (Tage, Jahre) und spalten sich danach.“

So ist es gut möglich, das „Helfer-Figuren“, eingefügte Assistenten für einen Spielers, die irgendwann auftauchen und unterstützend, z.B. dem Autor KPR bestimmte Tipps und Hinweise geben, zum einen ein NSC im Spiel sind. Und wenn sich der Autor mit einem NSC trifft, er von einer echten Person, einem echten Menschen aus der Wirklichkeit, also keine virtuelle Figur, sondern ein Mensch aus Fleisch und Blut, übernommen wird, um dem Autor KPR zu helfen, das Spiel erfolgreich zu spielen.

Ansonsten wird der Autor Klaus-Peter Rothkugel der einzige echte Mensch sein, dem diese Welt in seinem eigenen Unterbewusstsein vorgegaukelt wird. Während er momentan seit, umgerecht wohlmöglich zwei Tagen und 15 Stunden in einem künstlichen Koma liegen könnte und dabei dieses „Spiel“ spielt oder spielen muss!

Andererseits will dieses Spiel nicht, das ich, der Autor dieses Buches, sofort erkenne, um welche „Verschwörungen“ es sich hier im Computerspiel handeln und mich bis auf weiteres im Unklaren lassen.

Das könnte ein mögliches Grundprinzip dieses Computerspiels sein:

Von dem wahren Spielverlauf ablenken. Wer weiß, wie viele Spieler, die zuvor in ihr Unterbewusstsein diese oder eine ähnliche Projektion erhielten, dort in ihrer solipsistischen Welt verstorben sind und nie realisiert hatten, dass dies nur ein Computerspiel ist. Wachten diese Leute ggfs. in der Realität dann auch nicht wieder aus ihrem künstlichen Koma auf und wurden somit für tot erklärt? Weil man „Null Punkte" gemacht hatte?

Wie böse ist die „Wirklichkeit", die so genannte „Computer-Realität" in diesem Spiel?

Ein Spiel auf Leben und Tod?

Will man mich ablenken und im schlimmsten Falle in eine Falle tappen lassen, aus der ich mich nicht mehr, ohne „Unsichtbare Hand" selbst befreien kann?

Damit verpasse ich die Zielsetzung des Spiel – das „Punkte machen", eine „Tour of Duty" erfolgreich abzuschließen, alles wird durch einen Fehler des Spieler zunichte gemacht?

`„Eine derartige Möglichkeit (Solipsismus, Anm.d.a.) zu diskutieren ist aber müßig, da ich (Jim Elvidge, Anm.d.A.) in diesem Fall das vorliegende Buch` **`einzig und alleine für mich selbst geschrieben hätte.`** `Ich (Elvidge) würde die Vorstellung hassen, dass` **`keine Menschenseele dieses Buch kauft und liest`**`, auch wenn mein NSC-Verleger mir gleich versichern würde, dass es ein Bestseller ist."`

Anmerkung:

Warum wird wohl die Propaganda, die Lüge, die Manipulation immer zum „Bestseller"?

Warum kann man in den Medien nur die Manipulation anschauen, nur nicht die Wahrheit?

Weil es Teil des Spielkonzepts, der Ablenkung ist. Die Punkte in dem Spiel muss der Spieler selbst erarbeiten und nicht vorgekaut bekommen oder von einem „Spickzettel" abschreiben können.

In diesem Spiel liest auch keine Menschenseele die Bücher des Autors, weil diese Welt ja solipsistisch ist!

Ob ein NSC die Bücher liest und versteht kommt wohl darauf an, wie er „tickt". Ob der NSC Leser zum Beispiel nicht nur KI, sondern auch ein künstliches Bewusstsein besitzt oder so programmiert wurde, das Spiel und was auf dieser Kunstwelt vor sich geht, politisch, technisch, wirtschaftlich usw. zu realisieren, zu verstehen!

Diese Computerwelt auch als Computerfigur zu verstehen.

Wie beispielsweise die Patente, die ein Ingenieur und Wissenschaftler hier in der Simulation erarbeitet hatte. Darunter fallen unter anderem auch alle, zumeist viele U.S. Patente über „UFOs", wie EM-Flugkörper funktionieren, technisch, physikalisch und wie man sie im Einzelnen konstruiert.

Diese Patentschriften kann man mit Sicherheit durch das Computersystem in der Realität ausdrucken und weiter verarbeiten! Was in der Wirklichkeit immense Entwicklungs- und Konstruktionskosten sparen kann!

In der Realität dagegen könnten genügend echte Menschen existieren, die die Erkenntnisse und Recherchen zum Thema Luftfahrt und Zweiter Weltkrieg, die der Autors Klaus-Peter Rothkugel in seinen Büchern niedergeschrieben hat, lesen und auswerten.

Ob dies (Militär-) Personen sind, die dieses Computerspiel mit zu verantworten haben? Ob also Zivilisten oder Militärpersonal unter anderem entscheiden, wie der Spielverlauf des Autors während seiner Zeit im Spiel zu deuten ist, ob die Simulation angepasst, in Teilen neu programmiert werden soll und vieles mehr.

Oder, um beispielsweise heraus zu finden, ob Klaus-Peter Rothkugel als Historiker, als Flugzeugbauer, als Führungskraft ect. im wirklichen Leben geeignet erscheint und die dazu notwendigen zu erzielenden Punkte hier im Computerspiel erreichen konnte.

Auch, ob er seelisch und moralisch gefestigt ist und sich nicht durch falsche Parolen und falsche Versprechen, wie Ausländerhass, Profitgier usw. hat verführen lassen.

Denn, wie gesagt, dieses Computerspiel könnte neben, u.a. technischen, historischen, wissenschaftlichen und kriegerischen Aspekten auch einen moralischen Zeigerfinger besitzen, um heraus zu arbeiten, ob ein Spieler einen guten oder schlechten Charakter besitzt.

Dafür könnten die vielen „Fußangeln" in diesem Spiel gedacht sein. Ob man beispielsweise auf das Versprechen eines Drogendealers hereinfällt und glaubt, durch Einnahme von Drogen, oder Alkohol würde die Welt für einen eine bessere werden.

Mord, Totschlag, Krieg, Terror, Klimawandel, Unruhen, Bürgerkrieg, Abzocke, Mafia, korrupte Politik, korrupte Wirtschaft, korrupte Wissenschaft, manipulierte Geschichtsschreibung, gefälschte Historie, gefälschte Berichterstattung in den Medien, ob im TV, Internet, Printmedien ect., dies bietet einem diese Computersimulation, gemäß Wahrnehmung des Autors KPR unter anderem.

Warum?

Hier das Beispiel „Ablenkung". Die Ablenkung ist nicht nur für einen Zauberer wichtig, der ja in Wirklichkeit gar nicht zaubern kann, um sein Publikum von den Vorbereitungen, den Handgriffen, die für einen Zaubertrick nötig sind, abzulenken.

Die Ablenkung ist unter anderem ein Hauptwerkzeug, ein „Tool" der Geheimdienste und des Militärs!

Damit man nicht den wahren Sachverhalt und den Sinn und Zweck gewisser Maßnahmen, Waffen, Kriege und sonstige Handlungen sofort erkennt.

Dies wird auch zu Genüge in dieser Klartraum-Simulation praktiziert!

Ablenkung, Ablenkung, Ablenkung.

Ein „Spieler" wird permanent in allen Bereichen des Lebens von der Wirklichkeit abgelenkt, hinters Licht geführt. Er soll in eine Falle tappen, sich dem Alkohol, Drogen, schönen Frauen, schnellen Autos, dem „Mammon", zweifelhaften Organisationen, der Politik, falschen Heilsbringern usw. hingeben und verführen lassen, und schon gar nicht nachdenken, was hier eigentlich tastsächlich abläuft!

Auch scheint es Orte, Plätze, Bereiche zu geben, die „verflucht" sind.

Also, wo sich immer wieder negative Tendenzen breit machen, immer wieder Figuren dort auftauchen, die negativ programmiert sind, oder wo negative Ereignisse und Einflüsse stattfinden. Weil diese Orte so programmiert zu sein scheinen, dass sie über einen längeren Zeitraum immer wieder einem Spieler schaden können.

Solche Orte muss man meiden, umgehen, sich davon fern halten.

Es scheint eine Ablenkung einprogrammiert zu sein, die im Sinne gewisser „Eliten" und einem gewissen Ziel, das nur die Herrscher (und Programmierer dieses Spiels) kennen und die daraus ihren Profit, Macht, Erkenntnisse oder Rückschlüsse ziehen.

Dies und unter anderem eine vielfältige, ausufernde Kriminalität, eine verdeckte, geheime „Verschwörung", all dies scheinen absichtlich eingefügte, einprogrammierte Vorgehensweisen zu sein, die man in einer geordneten, vernünftigen, logisch aufgebauten Wirklichkeit nicht haben will und vehement bekämpfen sollte.

Nur hier, in der Simulation kann das mannigfaltige Verbrechen ungestört über Jahrhunderte, gar Jahrtausende weiterlaufen, ohne durchkreuzt, für immer ausgeschaltet zu werden!

Auszug aus o.g. Buch von Jim Elvidge, Seite 164 „Virtuelle Realität . . . , Wahrnehmung":

„Betrachten Sie das folgende Gedankenexperiment:

Ein Gerät das wir den „Abfänger" nennen möchten, wird im Nervensystem unserer Versuchsperson . . . zwischen den sensorischen Nervenendigungen und den Nerverbahnen, die ins Gehirn führen, angebracht.

Ein Schalter kontrolliert die Bahnen der Signale, die von den Sinnesorganen geliefert werden. Zu Anfang stellen wir den Schalter auf „Durchlass", sodass alle aufgenommenen Informationen direkt an das Gehirn weitergeleitet werden. Weil sich für die Versuchsperson dadurch nichts ändert, hat sie keine Ahnung vom Vorhandensein des Abfängers.

Der Abfänger ist außerdem mit einem hoch entwickelten Remote-Computer verbunden, der in der Lage ist, **das menschliche Gehirn nachzubilden** . . .
...
Wenn der Remote-Computer jedoch abweichende Signale an die Versuchsperson zurück sendet, wird sie glauben, eine völlig andere Erfahrung zu machen."

Anmerkung:

Dies entspricht in etwa dem, was der Autor dieses Buches gerade selbst an Erfahrungen macht, da er ja, wie bei dem U.S. Spielfilm „Inception" im Koma liegt und eine künstliche Welt seinem Gehirn Welt projiziert bekommt.

„Gehen wir noch einen Schritt weiter und nehmen an, dass der Schalter des Abfängers eine dritte Position besitzt . . . übernimmt der Computer die vollständige Kontrolle und ersetzt alle von der Versuchsperson erfassten Wahrnehmungen durch **computergenerierte Eindrücke.**

Beschließen wir außerdem, dass der Remote-Computer **Zugriff auf alle elektrochemischen Bits in dem Gehirn der Versuchsperson hat** und sie nach Beleiben modifizieren kann.

...

Im wesentlichen wird die Sinneswahrnehmung nur vom Remote-Computer ausgeübt . . . Aus diesem Grund ist der Computer in der Lage, die gesamte **Erinnerung des früheren Daseins . . . zu ersetzten.**

Anmerkung:

Wobei bei einem, im künstlich im Koma liegenden Klarträumer die Sinneseindrücke nun von „Innen" auf das Gehirn des Klarträumers einwirken und nicht über die Sinnesorgane, wie Mund, Nase, Ohren, Augen ect., also von außen!

Der Unterschied zu einer, Computer generierten Wirklichkeit gegenüber dem Klartraum ist, dass das Gehirn mit seiner hervorragenden Leistungsfähigkeit in die Projektion einer künstlichen Realität mit einbezogen wird!

Auszug aus o.g. Buch von Jim Elvidge, Seite 231, „Leben wir in einer programmierten Wirklichkeit":

„Die Parameter unserer Welt sind **auf unsere Existenz abgestimmt.**

Die Ereignisse in unserer „Wirklichkeit" beruhen oft nicht auf Zufall, bzw. **scheinen im Voraus geplant** zu sein.

...

Zu unserem Vergnügen haben die Programmierer so genannte „Easter Eggs" (**verborgene Features**) eingebaut."

Anmerkung:

Einige „verborgene Features", auch im Voraus, 1980er Jahre oder früher hier eingefügt, hat der Autor KPR in seinen Büchern besprochen, siehe auch Beispiele hier in diesem Buch! Ein schöner Beweis, dass nicht nur Jim Elvidge das Richtige in seinem Buch sagt, sondern dass der Autor ein Spieler ist oder gezwungenermaßen einer sein muss!

Außerdem schreibt Elvidge von der „Quantelung", einer „Grobkörnigkeit" der Darstellung der Simulation.

Wobei hier im Klartraum gemeint sein könnte, dass nur die Szenerie dargestellt wird, auf die man als Klarträumer schaut und Zugriff bekommt.

Interessant, dass auch der erwähnte U.S. amerikanischer Autor, also ein Angelsachse sich an die allgemeine Propaganda hält, was unkonventionelle Flugkörper und Raumschiffe auf elektrostatischer oder elektromagnetischer Basis betrifft:

Seite 248 im o.g. Buch „Kleine grüne Männchen"

„Wie wir bereits in Kapitel 6 besprochen haben, sind die beiden einzigen vernünftigen Erklärungen für die Millionen und Abermillionen Berichte von UFO-Sichtungen und Entführungen:

Eine fortgeschrittene Intelligenz durchwaltet das Universum, überwacht uns und spielt entweder mit uns, indem sie sich selbst in einer leicht futuristisch anmutenden Art und Weise präsentiert oder fördert unsere Entwicklung.

Es handelt sich um ein massenkulturelles Phänomen, das mit dem kollektiven Bewusstsein im Zusammenhang steht."

Auf Seite 193 beschreibt der angelsächsische Autor typische UFO-Sichtungen, wobei Roswell 1947 nicht fehlen darf.

Dazu wird unter anderem unter der Unterschrift „Theorien" auf Seite 197 erklärt:

1. Skeptizismus, 2. Jung'sche Theorie, 3. DMT-Theorie, 4. Es sind welche von uns Theorie, 5. Extraterrestrische Hypothese, 6. Interdimensionale Hypothese, 7. Zeitreise-Theorie.

Dann wird das übliche Desinfo Argument der mannigfaltigen Zivilisationen im Weltall aufgeführt, sodass man damit rechtfertigen kann, dass genügend außerirdische, uns um Jahrhunderte, gar jahrtausende überlegende Zivilisationen die Möglichkeit hätten, die Erde zu besuchen.

Also nicht Neues bezüglich der wahren Natur der „UFOs". Obwohl genügend Material, wie zumeist U.S. amerikanische, dazu europäische Patente verfügbar sind, die der Autor in seinen Büchern hinlänglich besprochen hatte.

Siehe auch den Patentantrag und die Offenlegungsschrift des Autors Klaus-Peter Rothkugel aus dem Jahre 1998, die zwanzig Jahre später unter anderem von einem Konstrukteur aus China im Jahre 2018 referenziert wurde. Auch in China werden div. Patente über „Fliegende Untertassen" gelesen und verstanden. Des Weiteren haben Erfinder das Patent des Autors aus Japan, Kroatien, England und den USA in ihren Patenten aufgeführt.

Nur Mister Elvidge hat oder will keine Ahnung von Luft- und Raumfahrttechnik haben und muss auf die allseits bekannte angelsächsische Propaganda über UFOs zurückgreifen, damit er sein Buch überhaupt veröffentlichen und weltweit verbreiten darf! Alles im Sinne einer bestimmten Programmierung, die „UFOs" möglichst nicht wahrheitsgemäß erklären soll, da dies ein Rätsel, ein „Feature" des Computerspiels ist und nur von einem Spieler, wie dem Autor KPR gelöst werden darf?

Dafür wird das Buch des U.S. Autors Propagandabuch „gepuscht" und als „Bestseller" in die Verkaufslisten eines jeden interessierten Landes in der Welt hinein gewählt. Damit bloß die Propaganda auch den letzten Winkel des Globus erreicht und die Wahrheit ersetzt und verdrängt, bzw. erst gar nicht aufkommen lässt!

Mit der These, dass in dieser Computerwelt nicht nur Jim Elvidge, sondern auch Millionen, ja Milliarden echte Menschen leben, führt sich der U.S. Autor selbst ad absurdum.

Denn dann müssten, außer dem Autor dieses Buches, Klaus-Peter Rothkugel, genügend andere echte Menschen in der Lage gewesen sein, die „Easter Eggs", die K-P Rothkugel z.B.

bei Alfred Hitchcock gefunden hat, auch zu erkennen, und das schon Jahre und Jahrzehnte vor den diversen Publikationen des Autors über „Jeannie", „Marienbad" oder „Rear Window"!

Da aber der Autor alleine in dieser Klartraumwelt zu agieren scheint, bzw. „spielen" muss und alle anderen Figuren nur Computer generierte Statisten und Handlanger sind, die einem vorprogrammierten Kurs folgen, kann selbstredend niemand anderes die Rätsel in Hitchcocks Filmen erkennen und beschreiben, als eben der Autor KPR!

Weitere Hinweise aus dem o.g. Buch von Jim Elvidge:

S.276, „Morgendämmerung in einer Neuen Wirklichkeit":

„ . . . Wer sind die anderen Spieler? Ist jeder Mensch ein anderer Mitspieler? Oder gibt es an Ihrem Arbeitsplatz ein **paar seelenlose Zombis**? . . . Wie steht es mit anderen Lebewesen?
. . . Besitzen Tiere eine eigenständige Bewusstseinsform? Oder sind alle Bewusstseinsformen identisch und wir können theoretisch - wie die hinduistische Philosophie besagt - im Körper einer Ameise wohnen?

Wer hat die Wirklichkeit programmiert?

1. Erdlinge - Es könnte sich um ein **Unternehmen handeln, das hier auf Erden VR-Spiele entwirft.**

Unsere gesamte Geschichte könnte eine Erfindung sein - zumindest bis zu dem Zeitpunkt, an dem die Spiel-Engine das Ruder übernommen hat.

...

Wer sind Sie?

1. Im Erdlingsszenario sind wir wahrscheinlich ebenfalls Erdlinge, **die aber vermutlich in einer völlig anderen Wirklichkeit leben** als, die, an die wir gewöhnt sind . . .

...

Wann hat alles angefangen

1. Erdlinge - Das Programm hätte zu jedem Zeitpunkt entweder als Spiel oder **Kontroll- bzw. Erziehungsmaßnahme** in Gang gesetzt werden können.

Anmerkung:

Auch hier nähert sich Jim Elvidge wohl ziemlich genau der Wahrheit an, siehe 80:20 Faustregel!

Wobei nicht nur ein privates Unternehmen, sondern auch das (U.S.) Militär bestimmte VR-Spiele zu speziellen „Kontroll- bzw. Erziehungsmaßnahmen" nutzen könnte!

Anmerkung:

Dient Jim Elvidge, ggfs. eine Computerfigur, gar temporär von einem echten Menschen übernommen, als „Sprachrohr" des Computerspiels, als Hinweisgeber der Macher dieser Computerwelt, um einem Spieler Tipps und Hinweise zu vermitteln?

Übrigens:

Exponentielles Wachstum

Jeder hat zwei Eltern.

Vier Großeltern, acht Ur-Großeltern, sechzehn Ur-Ur-Großeltern ect.

Damit verdoppelt sich bei jeder Generation die Elternzahl aufs Unendliche.

Dann leben in der Menschheitsgeschichte der letzten 1.000 Jahre mehrere Milliarden Menschen auf der Erde und nicht nur die 8 Milliarden, die momentan, Stand 2023 auf dieser Welt leben.

Was stimmt nicht?

Denn nach dieser Rechnung, siehe auch die bekannte Legende mit dem Schachbrett und dem Reiskorn, die sich auf den 64 Schachbrettfeldern ins Unendliche exponieren, müssten im Laufe der Jahrtausende mehrere hundert Milliarden Menschen auf dieser Welt leben.

Solipsismus

Gemäß „Wikipedia":

„Solipsismus, lat. solus: allein und ipse: selbst, bezeichnet in der Philosophie eine These oder Schlussfolgerung, nach der allein die Existenz des eigenen Ichs gewiss sein kann."

Hinweis:

Hier in unserem Fall, in einer Computer generierten Welt ist ein Spieler alleine in seiner Umgebung, ohne andere echte Menschen. Nur umringt von virtuellen Wesen ohne Leben und Seele, die einer gewissen (Vor-) Programmierung gehorchen.

Im Übrigen ist der Autor dieses Buches, Klaus-Peter Rothkugel, KPR sich gewiss, ein „Ich" zu besitzen und damit ein echter Mensch zu sein, den man in eine virtuelle Welt verfrachtet hat. Auch hat der Autor KPR ja zumindest die Rätsel gefunden, die er finden sollte - eventuell mit Hilfe der „unsichtbare Hand" - hier speziell eben aus der Welt der Luft- und Raumfahrt.

Der Autor KPR schrieb seine Bücher u.a. als Nachweis, als schriftlicher Beleg, „Schwarz auf Weiß", dass er die wahre Natur dieser Welt erkannt und verstanden hat!

Wo bleibt der Applaus, die Belohnung, der Scheck über 1 Million Dollar, den Alfred Hitchcock für die Lösung seiner Rätsel in den Hitchcock-Produktionen ausgestellt hatte?

Klaus-Peter Rothkugel hat in seiner „Tour of Duty" einige Punkte gut gemacht, da er all das ausfindig gemacht und verstanden hat, was die Computersimulation und die NSCs vor ihm vertuschen und geheim halten wollen. Wo die NSCs ihn ablenken, verarschen, für dumm verkaufen wollen, so tun, als wäre er verrückt, bilde sich nur alles ein oder ist einer Fehlinterpretation erlegen.

Aber der Autor dieses Buches hat sich nicht ins Bockshorn jagen lassen, ist nicht der allgemeinen Ablenkung auf den leim gegangen und hat sich nicht belügen und betrügen lassen!

Zum Stichwort „Easter Eggs" die Jim Elvidge in seinem Buch erwähnte und die bis heute von Klaus-Peter Rothkugel in diese Computer-Simulation gefunden wurden:

„Rear Window", 1954 von Alfred Hitchcock:

Lockheed P-38 "Droop Snoot" und Geheimeinsatz von U.S. Schauspieler Jimmy Stewart.

U.S. Supreme Court Richter, Honorable Judge Wiliam O. Douglas, der von Alfred Hitchcock und seiner Produktionsfirma „Paramount Pictures" in o.g. U.S. Spielfilm öffentlich an den Pranger gestellt wurde, weil er ein Gerichtsurteil fällte, das sich nachteilig auf Hitchcock und die Paramount ausgewirkt hatte.

„Letztes Jahr in Marienbad", 1961, heimlich inszeniert von Alfred Hitchcock:

Der Meuchelmord an dem russischen Revolutionsführer Leo Trotzki, ein geheimes Duell, ein Mord an einer Tänzerin. In „Jeannie" wurde von Hitchcock auf „Marienbad" in einer der 139 Folgen verwiesen!

„I dream of Jeannie", U.S.-Sitcom aus 1965/66, plus zwei TV-Spielfilme aus 1985 und 1991, heimlich inszeniert von Alfred Hitchcock, Bernhard Schriever und Roy Marquardt:

Mehrere Hinweise in Wort, Bild und Filmausschnitten über geheime U.S. Luft- und Raumfahrt aus den 1960er Jahre, wie die geheime Mondlandung von drei U.S. Air Force Militärastronauten auf dem Mond im Jahre 1964.

Im letzten Spielfilm von „Jeannie" aus 1991 wird mehrmals auf das Edelgas „Xenon" verwiesen.

Siehe hier die Anmerkungen und Recherchen des Autors über Edelgase im Zusammenhang mit einer elektrostatischen Aufladung diverser Flugzeugmotoren, ob konventionelle Strahltriebwerke, Raketentriebwerke oder für EM-Flugkörper!

Auch in den Tatorten der ARD, wo „Horst Schimanski", alias Götz George die Hauptrolle spielte, sind in einigen Folgen aus Mitte der 1980er Jahre bestimmte Rätsel eingebaut worden, die auch noch zuvor durch ein Code Wort angekündigt werden.

So wie dies die „Bavaria Filmstudios" in München – wo einzelne Spielszenen von Schimanski gedreht wurden - bereits in dem französischen Spielfilm „Letztes Jahr in Marienbad" im Auftrag von Alfred Hitchcock praktiziert hatten.

Von den Bavaria Studios kam auch die deutsche SF-Kultserie „Raumpatrouille" mit Ditmar Schönherr, wo das Raumschiff „Orion" angeblich von Joseph Andreas Epp mit entworfen wurde. Andere auffällige „Features" des Raumschiffs stammen aus einem U.S. Patent von Gilman Hill über „Boundary Layer Fluid Pumping System". Unter anderem die spiralförmig verlaufenden Elektrodenreihen bei einer Flugscheibe, die Flüssigkeiten, wie Luft oder Wasser spiralförmig in Bewegung versetzen können, um Auf- und Vortrieb zu erzeugen.

Wunderbar einfach von der Bavaria mit einem Strudel ablaufenden Wassers einer Badewanne für die „Orion" nachgestellt!

Auch die ZDF Krimireihe „Ein Fall für Zwei" aus 1981 mit Günter Strack und Claus-Theo Gärtner beinhalten „Easter Eggs", sowie ein sehr eklatantes „Osterei" bei der ZDF Krimireihe „Der Alte", die erste Folge mit Schauspieler Rolf Schimpf. Ob lustige oder ernsthafte Rätsel, ein diskriminierendes „Osterei", gar auf den Autor abgestimmte „Easter Eggs".

Horst Schimanski und die Verschwörung

Die zahlreichen WDR Schimanski Krimis aus Duisburg aus der Reihe des „Tatort" der ARD, produziert von der „Bavaria" in München, wo auch teilweise Szenen in der Umgebung oder in Studios in der Landeshauptstadt von Bayern gedreht wurden, beinhalten „Ostereier", versteckte Botschaften und Hinweise:

Tatort Schimanski und die „Ostereier"

Trigger Word

UFO 475

Ab dem WDR Tatort „Der Tausch" mit Götz George und Eberhardt Feik, alias Horst Schimanski und Thanner, ausgestrahlt im April des Jahres 1986 kann man den ersten Hinweis auf kommende „Ostereier" in ausgewählten Schimanski Krimis finden, die für einen Spieler in dieser Computerwelt bestimmt und deshalb interessant sind.

Nämlich die Einführung des „Auslöse-Wortes", den „Trigger", um zu erkennen, wo in den nächsten Schimanski Tatorten man besonders aufmerksam sein sollte:

In der Spielzeit, nach circa 1:01 Stunde, sieht man eine Szene mit einer Frau in der Folge „Der Tausch", die vor der Front ihres Fiat „Spider" Sportwagens steht, wobei die Kamera von unten, vom Boden aus nach oben und vorne filmt:

Abb.:

Ein Bein der Schauspielerin verdeckt den ersten Buchstaben des
Duisburger Autokennzeichens

„DU-FO 475"

Der Inhalt der Schimanski Folge „Der Tausch" dreht sich um den Terrorstaat Iran, der neueste Mikro-Chips einer deutschen Herstellerfirma, die auch für die NASA arbeitet, mit illegalen Mitteln für deren Raketensteuerung erhalten möchte.

Am Schluss des Films, wobei das Buch auch von dem mitwirkenden holländischen Schauspieler Chiem van Houweninge geschrieben wurde, treffen die drei Hauptdarsteller Schimanski, Thanner und „Hänschen" auf zwei Beamte vom Bundeskriminalamt und einem Mitarbeiter des amerikanischen CIA, die den deutschen Polizeibeamten mitteilen, dass sie aus dem Fall raus sind.

Unter anderem meint Schimanski daraufhin:

„Für die Scheiße im Mittlern Osten, da seid Ihr zuständig (das BKA
und die CIA, Anm.d.A.)

Und das dürft Ihr auch bleiben!

...

Für mich ist die ganze Welt ein großer Arsch . . .

Und die rechte Arschbacke, das sind die Amerikaner . . .

Die linke Arschbacke, das sind die Russen . . .

Und wir hier in Europa, wir . . . , wir sind das Arschloch . . ."

...

In dem darauf folgenden WDR Schimanski Tatort mit dem Titel „Freunde" findet man bereits sehr schöne „Easter Eggs, die in die Spielhandlung eingefügt wurden, gar in die Zukunft weisen, und somit auch erst nach Jahrzehnten richtig verstanden werden können.

„Freunde" (Arbeitstitel: Die Bazooka-Bande) ist ein Fernsehfilm aus der Fernseh-Kriminalreihe Tatort der ARD und des ORF. Der Film wurde vom WDR produziert und am 28. Dezember 1986 erstmals gesendet.

Es ist die 188. Folge der Tatort-Reihe und der 14. Fall für die Kriminalhauptkommissare Horst Schimanski (Götz George) und Christian Thanner (Eberhard Feik). Anlässlich des 40. Sendejubiläums des Duisburger Tatorts strahlte der WDR am 21. Dezember 2021 eine in HD (High Definition) abgetastete und digital restaurierte Folge aus.

Die Dreharbeiten für diese Folge fanden vom 12. November bis zum 13. Dezember 1985 in Duisburg und Umgebung, sowie in den **Bavaria Filmstudios Geiselgasteig** in München statt.
...

Zur Spielhandlung:

Über eine Computerabfrage wird herausgefunden, dass ein Gauner mit Namen Frieder mit einigen Herren unter anderem, neben Glücksspiel, im Möbelhandel mit gefälschten Möbelstücken tätig sind.

Schimanski versucht daraufhin durch seinen Assistenten „Hänschens" und seine Kartenspielkunst an einen Teil der Beute der Bande zu kommen. Doch Hänschen verliert alles an den Gauner Frieder, sogar Schimanskis erspartes Geld geht drauf.

...

In diese Handlung sind folgende Botschaften für die Zukunft und einen wissenden Computer-Spieler, wie dem Autor KPR von einer, wohlmöglichen, alles überwachenden KI, eingebaut worden:

High Definition

Folgende interessante Spielszenen mit Schimanski und Thanner aus dem Tatort „Freunde", 1986, mit Götz George und Klaus Wennemann sind im Zusammenhang mit „Easter Eggs" vom Interesse:

Es werden Mitglieder einer Gangsterbande am Computer gesucht, schriftliches Profil und dazugehörige Fotos der Bandenmitglieder, die eine Computerspezialistin am Computerbildschirm aufruft.

Folgende Szene, Spielzeit 32:02, Geräusch eines Nadeldruckers beim Ausdrucken:

Schimanski:

„Da haben wir es! Spitzname „Professor" . . . Karl Haffner, 35 Jahre, Dozent für Kunstgeschichte, früher Pilot bei der Bundeswehr, macht . . . Gibt es auch ein Bild dazu?"

Assistentin:

„Ja!"

...

Schimanski:

„Etwas größer!"

Ein Bild, der Kopf eines Hubschrauberpiloten, der aus dem linken Cockpitfenster des Führerstandes schaut, erscheint grobkörnig und verwaschen auf dem Computer-Bildschirm, nachdem die Assistentin einige Befehle in eine übliche Computer-Tastatur eingetippt hatte.

Assistentin:

„Ich gebe Ihnen mal eine bessere Qualität auf dem **High Definition Screen**."

Die Assistentin tippt einen Zugangs-Code ein.

Thanner bemerkt fragend, leicht spöttisch:

„High Definition Screen?"

Anmerkung:

Wer kannte als Normalbürger den heutigen Fachbegriff „HD", „High Definition" im Jahr 1986?

Heute, Stand Jahre 2023 senden so gut wie alle wichtigen TV-Sender in HD-Qualität.

Auch die alten Tatort Sendungen wurden im Jahr 2021 auf HD-Qualität umkopiert.

Hat obige Schimm-Folge „Freunde" aus 1986 die zukünftige HD-Qualität vorweggenommen?

War HD in bestimmten Militär- und Geheimdienstkreisen in den 1980er Jahren bereits Standard? Auch die Neue Menschheit im Universum und die „Wahre Raumfahrt" könnte bereits um Jahre und Jahrzehnte, was u.a. den technologischen Vorsprung angehrt, der alten Menschheit auf der Erde im voraus sein!

Ein „Osterei" aus der Zukunft in einem „Schimmi-Tatort" aus 1986?

Abb.:

Schriftbild auf dem Computer; schwarz auf weiß, wie heute, Stand 2023 als allgemeiner Standard!

Microsoft Word I?

Oder eigenes System von der U.S. Computerfirma „digital"?

Abb.:

In dieser Tatort-Folge hat irgendjemand dafür gesorgt, dass die U.S. Firma „digital" ihr neuestes Produkt, wohl jetzt für den allgemeinen, weltweiten Markt freigegeben, demonstrativ für Wissende im Fernsehen, in der ARD präsentieren konnte.

Gegebenenfalls als Alternative für das später allseits bekannte und weltweit beherrschende System „Word" von „Microsoft", das wohl von irgendjemand aus dem Hintergrund bevorzugt wurde.

Wusste die amerikanische Firma „digital" bereits, dass sie aus dem Spiel war, was die globale Verbreitung von Software für die zukünftigen Büros, Firmen und für Nutzer von Heimcomputern betrifft und hatte „Microsoft" das Rennen schon gemacht?

War Bill Gates bereits als zukünftiger „Verschwörer" auserkoren worden?

Konnte deshalb „digital" im deutschen Fernsehen ihr (besseres) Produkt als „Entschädigung" präsentieren, da „digital" Produkte nicht in den Markt eingeführt werden würden?

Mit einem Computerprogramm wird das Fandungsfoto durch HD-Qualität verbessert und dann für weitere Ermittlungen ausgedruckt.

Abbildung:

Eine – deutsche – Assistentin/Computerspezialistin, ggfs. von der U.S. Soft- und Hardware
Firma „digital computer systems" ausgebildet, also keine Schauspielerin, sondern „echt",
zeigt den Duisburger Ermittlern Fandungsfotos in HD-Qualität.

Digital Computer Systems

MS Word

Die erste Version von „Microsoft Word" wurde 1981 entwickelt. Die erste „Word
1.0" Version wurde im Oktober 1983 für bestimmte Computersysteme herausgebracht, die
aber nicht erfolgreich genug waren.

Die erste, allgemeine Windows Version war im Jahre 1989 verfügbar.

Erst als „Windows 3.0" im Jahre 1990 heraus kam, wurde „Word" ein kommerzieller Erfolg.

Wäre „digital computersystems" schneller und erfolgreicher gewesen, um auf den weltweiten
Markt zu drängen, was in „Schimmi" und der Folge „Freunde" angedeutet worden sein
könnte?

Die U.S. Firma „digital" wurde im Jahre 1957 gegründet und war im Bereich Mini-Computer
von 1960 bis 1969 längere Zeit erfolgreich, bis ein veränderter Computer-Markt die Firma
letztendlich Pleite gehen ließ. Teile der Firma wurden von anderen Computerfirmen aus den
USA übernommen.

Die Gründer der Firma waren am MIT Lincoln Laboratory an verschiedenen Computer-
Projekten tätig.

Ihre Rechenmaschinen waren für ihre „Interactivity" bestens bekannt und gehörten zu den
ersten Computersystemen, wo ein Operateur direkte Kontrolle über bestimmte Programme in
„Echtzeit" hatte.

Diese Arbeitsweise begann bereits 1944 mit dem „Whirlwind" Computer, der für Flugsimulatoren" der U.S. Navy Verwendung finden sollte, was nicht stattfand.

Die U.S. Air Force nutzte dagegen die MIT-Entwicklung in dem „SAGE" System, um Radar-Bediener zu schulen.

Später wurde der „Whirlwind" Computer von Vakuum-Röhren auf Transistoren umgerüstet.

„Duo-Dioden", also erste Transistoren wurden bereits in Deutschland gegen Kriegsende verwendet, um bestimmte Radar-Systeme und wohl auch Fernsteueranlagen für Fluggeräte damit zu betreiben. Inwieweit diese deutsche Technologie nach Kriegsende auch ihren Weg zum MIT in die USA fand, ist unklar.

Neben Mini-Computern von „digital" gab es also auch ein Bildverarbeitungs-Programm, das man 1985/86 in der ARD Tatort-Folge lancierte und das u.a. hoch interessant für eine Polizei- und Fandungsarbeit gewesen wäre. Was aber wohl nie kommerziell eingeführt wurde, auch nicht bei der Polizei.

Die Firmengründer von „digital", Ken Olsen und Harlan Anderson, vormals MIT hatten u.a. eine Computersoftware entwickelt, die die ganze restliche Welt hätte verwenden können.

„Digital" hatte sich aber nicht gegen Bill Gates Microsoft durchgesetzt.

Warum?

Die schöne und getürkte Legende eines jungen Mannes, der in einer Garage in den USA eine zukünftige, erfolgreiche Computersoftware entwickelte und damit die ganze Welt belieferte, ist unverfänglicher, als militärisch angehauchte MIT-Mitarbeiter, die ggfs. auch vom US. Militär finanziert wurden.

Wo heute jeder wissen kann, dass auch das MIT Forschungsinstitut für die Hegemonialpolitik der USA, „America First" von Bedeutung ist. Denn jede Firma, jedes Institut, jede U.S. Universität usw. arbeitet als gute Patrioten für die Erlangung der Weltherrschaft der USA, wie auch jeder U.S. Citizen dies tun sollte.

Das MIT, ist ein „Tool", ein williger Vollstrecker U.S. amerikanischer Machtpolitik, wo diverse, innovative, zum Vorteil der USA gereichende Erfindungen ihren Anfang nehmen (u.a. RADAR, siehe George Trump und das MIT in WKII).

Später über „Privatfirmen" kommerziell global eingeführt, zementieren diese U.S. Entwicklungen den Machtanspruch der USA, was u.a. Spionage, Marktbeherrschung und Machtausübung, die Profitmaximierung (und somit heimliche Finanzierung von „Black Budget Projekten") ect. betrifft.

Aber ein junger Mann, wie Bill Gates in seiner kleinen Garage, der alles „selbst erfunden" hat, der hat doch keine Machtansprüche, oder?

Somit ist die allseits strapazierte Legende von einzelnen kleinen Erfindern, Firmengründern ect. (vom „Tellerwäscher zum Millionär") allemal besser zu verkaufen, als wenn jeder sofort erkennt, dass die mächtige USA mit ihren einzelnen Institutionen bestrebt ist, die gesamte Welt unter ihre Knute zu bekommen.

War o.g. Tatort-Folge „Freunde" aus 1986 ein „letzter Gruß" von „digital", die ihr System auf dem weltweiten Computer-Markt nicht einführen konnten und durften, da Bill Gates als „kleiner Erfinder" schon „ausgeguckt" worden war?

Gaben sich die Macher der Schimanski-Tatorte dafür hin, „digital" in ihrem „Abgesang" zu unterstützen?

Wird die „digital" Software woanders angewendet, für den Normalbürger unbekannt? Findet man diese in, zum Beispiel militärischen Anwendungen, ob hier auf der Erde oder gar im Weltall wieder?

. . .

Hier noch ein weiteres, sehr schönes „Easter Egg" aus der Folge „Freunde" von 1986, das in die Zukunft weißt:

In der circa 58. Minute des Schimanski-Tatorts „Freunde" sieht man „Hänschen", der holländische Mitarbeiter im Team Schimanski/Thanner, gespielt von dem holländischen Schauspieler Chiem van Howeninge (der auch einige Tatort Drehbücher für Schimanski schrieb, die auch vom WDR in HD bearbeitet worden sind) mit dem o.g. ex Hubschrauberpiloten Karten spielen:

„Eins, zwei, drei . . ., vier, fünf, sechs, sieben Hundert . . . zum Sehen."

Der ex Hubschrauberpilot und Gauner blättert mehrere D-Mark Scheine, „Deutschmark" auf den Spieltisch.

Herz drei und drei Könige liegen als Spielkarten auf dem grünen Tisch. Hänschen dreht die letzte, auf dem Kopf liegende Karte um . . .

Royal flash!

Cool triumphierend schaut der Holländer sein Gegenüber an.

Ex Pilot und Gangster fragt:

„Euros?"

„Wieviel?", antwortet Hänschen.

„Fünfzehnhundert?"

Hänschen nickt zustimmend.

Als Fernsehzuschauer, der damals, im Jahre 1986 an die 26 Jahre alt war, hätte der Autor also laut aufschreien müssen:

„Was, verdammt noch mal sind „Euros"?

1.500 Euros? Was für eine scheiß Währung ist das denn? Warum nicht Dollars oder Lire. Was sind Euros?"

War der Begriff „Euro" also in den 1980er Jahren, gar früher bereits irgendwie bekannt:

Tatort
Zollfander Kressin

Am 9. Juli des letzten Jahrhunderts, im Juli 1972 wurde die 20. Tatort-Folge mit dem Titel: „Kressin und der Mann mit dem gelben Koffer" aus der Reihe „Tatort" in der ARD ausgestrahlt. Zollfahnder Kressin spielte der Österreichischer Schauspieler Sieghardt Rupp.

In dieser Folge spielt sich in der 12 Minute folgende Szene ab:

Einige Schwarz-Afrikaner besprechen bei einem Waffenhändler (gespielt von Paul Verhoeven, der auch Regie in dieser Folge führte) einen Waffen Deal. Dabei geht es um das günstige Angebot, da es auch einen Mitbewerber mit Namen Sievers gibt (gespielt von Ivan Desny):

`„... von den zwanzig MM Feldkanonen HS 696 N. . ."`

`„Ob die nicht nur für Tiefflieger Abwehr sind?"`, fragt der Käufer aus Afrika.

`„Das Visier ist auch auf Erdzielbeschuss ausgelegt, aber das hat ja auch noch Zeit."`

`„Zinsen?"`

`„Was die Zinsen angeht . . . Außer mir kann Ihnen wohl keiner in der Branche mit einiger Sicherheit` **`„Euro-Dollar"`** `versprechen. Sie sparen damit mindestens 2-3 Prozent . . ."`

Anmerkung:

Sind hier, im Gegensatz zu U.S. Dollar, Dollars aus Europa, so genannte „Euro-Dollars" gemeint?

Eine, in 1972, neue, noch fiktive Gemeinschaftswährung aus Europa, in Anlehnung an den U.S. Dollar?

Eine prophetische Vorwegnahme der heutigen allgemein gültigen Währung in weiten Teilen von Europa.

Der Begriff Euro

Vor der Einführung des Euro im 21. Jahrhundert war der „ECU" eine europäische Verrechnungswährung. Da die Bezeichnung „European Currency Unit" zu sperrig, zu technisch für den Allgemeingebrauch war, legte der Europäische Rat in Madrid im Dezember 1995 den, bis heute gültigen Namen der Gemeinschaftswährung fest: „Euro".

Wie kam es zu der Namensgebung der europäischen Gemeinschaftswährung?

Alternative Namen für die europaweite Währung waren Vorschläge wie „Europäischer Franken", Krone oder Gulden, oder „Euro-Mark" in Deutschland und in Frankreich den „Euro-Franc".

Aus verschiedenen Gründen wurden alle diese Namen verworfen und der deutsche Finanzminister Theodor Waigel (CSU) schlug im Jahre 1995 die Bezeichnung „Euro" vor, dessen Bezeichnung Waigel laut eigener Aussage erfunden und durchgesetzt haben will.

Was ist dran an der (geschönten) Legende des deutschen Finanzministers Theo Waigel im Jahre 1995 den Namen Euro erfunden und durchgesetzt zu haben?

Nur ein schönes Märchen, wie so viele, die die Regierenden gern unter ihr Volk streuen?

Wer aber konnte 1972 mit „Euro-Dollar" bezahlen und welcher Zuschauer des Kressin Tatorts hat überhaupt verstanden, dass hier eine neue Währung benannt wurde, die ggfs. der Autor dieser Tatort-Folge, Wolfgang Menge irgendwo aufgeschnappt haben könnte, um es in seinem Drehbuch einzuarbeiten.

Es taucht also in einem Film, diesmal aus 1972, wieder in einem „Tatort", der damals viel gesehen wurde und große Zuschauer-Reichweite besaß, ein „Osterei", nämlich der Begriff Euro auf, der doch angeblich erst 23 Jahre später, im Jahre 1995 vom deutschen Finanzminister Theo Waigel ausgedacht wurde!

Kurz zurück zur Filmszene in „Der Tausch":

In dieser Szene steht also eine junge Dame an der Frontpartie eines roten Fiat „Spider" mit dem amtlichen und fiktiven Kennzeichen DU-FO 475.

Dabei verdeckt die Schauspielerin mit den Beinen, wobei die Dame exakt so positioniert wurde, den ersten Buchstaben „D" für Duisburg.

Sodass die am Boden sich befindende Kamera das restlich lesbare Nummernschild „U-FO 475" abfilmte.

Sicherlich nur ein reiner Zufall, oder?

War es gar ein Hinweis, eine „Ankündigung" für spätere „Ausführungen" von Rätseln und Botschaften?

Da die Bavaria-Filmstudios, Geiselgasteig, wo „Schimanski" hauptsächlich, neben Duisburg, gedreht wurde, sicherlich kein „Verschwörerverein" ist.

Oder etwa doch?

Eine „Verschwörer-Produktion", wie zum Beispiel die Produktion des „Nouveau Roman" Spielfilms beweist, nämlich dem „Rätselfilm" mit dem Titel „Letztes Jahr in Marienbad", gedreht u.a. in München oder Schleißheim und produziert unter der geheimen Mitwirkung von Star-Regisseur Alfred Hitchcock.

Ist also die inszenierte Szene mit dem Autokennzeichen in dem Tatort „Der Tausch" nichts weiter, als nur pure Absicht, Pardon Zufall!

Bei dem darauf folgenden Schimanski Tatort mit dem Titel „Freunde", u.a. mit dem Hauptdarsteller Klaus Wennemann („Der Fahnder", „Schwarz greift ein", „Das Boot"), ARD, Dezember 1986, taucht ein silberner 3er BMW auf, der wiederum das schon zuvor verwendete fiktive Kennzeichen „DU-FO 475" aufzuweisen hatte. Außerdem fragt bei einem Pokerspiel der Verlierer, ob er in „Euros" seine Spielschuld begleichen kann.

Hier liegt also die Begründung, warum in dem Schimanski-Tatort davor der Begriff „UFO" über das Autokennzeichen gezeigt wurde.

Nach dem bewährten Prinzip „Ankündigung und Ausführung", wie schon bei „Marienbad" oder „Jeannie" von Alfred Hitchcock.

Denn nachdem der Autor dieses Buches, der Spieler KPR in seiner Computersimulation richtig „UFO" in diesem besagten Tatort erkannt hatte, war er aufmerksam genug, in den nächsten Folgen weitere „Ostereier", Botschaften, Informationen auszumachen!

Dies könnte eben auf eine solipsistische Simulation, die auch noch auf den Autor individualisiert wurde, hindeuten. Denn, mit was beschäftigt sich der Autor KPR u.a. in seinen Büchern? Mit „UFOs"!

Der Tatort „Freunde" wurde in Duisburg und in Geiselgasteig, bei den Bavaria Studios im Jahr 1986 gedreht.

Nach der Szene mit den zwei Abzockern, wobei der Verlier kein Bargeld mehr besitzt und nach Alternativen zur Bezahlung der Spielschulden fragt, taucht das besagte Autokennzeichen „DU-FO 475, diesmal an einem 3er BMW wieder als erneute „Ankündigung" auf.

Jetzt gibt es zwei Möglichkeiten in dieser schönen, solipsistische Computerwelt:

Zum einen demonstriert dieser Hinweis, dass bereits 1986 der Name „Euro" zumindest beim Autor des Scripts für o.g. ARD Tatort bekannt war (und ggfs. in speziellen Finanzkreisen), was die Verlogenheit der Politik, auch und gerade in diesem Land beweist. Und wie viel eine „Demokratie" wert ist, wo im Hintergrund schon alles vorbestimmt und dem Volk nur noch entsprechende Märchen erzählt wird.

Oder in dem besagen „Tatort" Streifen wurde vom Computer eine Art „Add-on" eingefügt, damit ein Spieler dies irgendwann erkennt, versteht und Punkte machen kann.

Interessant ist außerdem, dass die Schimanski Tatort Filme erst kürzlich allesamt digitalisiert, neu aufgearbeitet wurden, damit man diese Streifen mit Götz George und Eberhart Feik nun auch in HD Qualität im TV genießen und sich nochmals ganz genau anschauen kann! Also auch in die Kamera gehaltene Zeitungsseiten entziffern kann, die in alt hergebrachten Fernseh-Qualität unleserlich waren.

Also eine wunderbare Gelegenheit, die Botschaften aus den 1980er Jahren in einzelnen Tatort-Schimanski-Episoden, jetzt, im 21 Jahrhundert mit dem Wissen von heute nochmals anzuschauen und zu verstehen, welche Geheimnisse damals in den Folgen für die Zukunft versteckt wurden.

Denn, wie bei „Jeannie" oder Marienbad, gar auch bei „Rear Window" sind dies alles Botschaften und Informationen, die man am besten viele Jahrzehnte später, so, wie im 21. Jahrhundert, unter Zuhilfenahme von Internet Bibliotheken am besten Recherchieren und verstehen kann!

Wobei „Google" als das „Gehirn", das Weltgedächtnis, als die „KI" in dieser Simulation betrachtet werden kann, und den Spielverlauf und das Wissen eines Spielers mit zu steuern in der Lage zu sein scheint.

Kann der Autor KPR eigentlich (militärische, politische, wissenschaftliche) Geheimnisse für die Öffentlichkeit verraten? Oder ist es geradezu seine ureigenste Aufgabe als Spieler, diese Geheimnisse aufzudecken und publik zu machen?

In einer weiteren darauf folgenden Episode, dem ersten Kinofilm „Zahn um Zahn", mit Götz George alias Hauptkommissar Horst Schimanski aus 1985, wird auf die „Legion Etrangere", die französische Fremdenlegion und die, im Süden von Frankreich gelegene Stadt Marseille verwiesen. Am 4. Januar 2022 wurde im WDR diese, von der „Bavaria" produzierte HD abgetastete, digital restaurierte Version o.g. Kinofilms im TV erneut ausgestrahlt.

Im Original wurde diese Folge im Dezember 1987 erstmals gezeigt.

Ganz zum Schluss des Films steht Schimanski am Ufer des Rheins und schaut in Richtung eines großen Eisenbahnviaduktes, wo man in großen weißen Lettern einige Buchstaben des Begriffes „Legion Etrangere", wenn auch nur für Sekundenbruchteile, erkennen kann.

Wahrscheinlich nachträglich in die Filmszene hinein montiert, extra für einen aufmerksamen Spieler.

In einer weiteren Schimanski Tatort Folge mit dem Titel „Moltke" wird u.a. auf einen Rabenvogel verwiesen.

Außerdem ist das Stichwort des Titels des Films, „Moltke" von Interesse:

Auch als „Der große Schweiger" bekannt, wurde Helmuth Karl Bernhard von Moltke am 26. Oktober 1800 in Parchim geboren. Er verstarb am 24. April 1891 in Berlin.

Moltke war preußischer Generalfeldmarschall und hatte als Chef des Generalstabes und einer der erfolgreichsten Feldherren aller Zeiten einen erheblichen Anteil Preußens an den

Deutschen Einigungskriegen und der Entstehung Deutschlands aus einem früheren Flickenteppich von mehreren dahin wurschtelnden Kleinstaaten.

Ab 1870 wurde der Offizier „Graf von Moltke" genannt.

In Verbindung mit General Moltke ist in internationalen Militärkreisen der bis heute gültige Begriff „Führen mit Auftrag" allgemein bekannt.

Führen mit Auftrag

Das Konzept „Führen mit Auftrag" besagt, dass ein Soldat, der mit einem Kampfauftrag betraut wurde, wie z.B. eine wichtige Brücke zu erobern und zu halten, der Soldat das Ziel des Auftrags, den Befehls genau kennen muss.

Wenn aber der Auftrag, die Brücke einzunehmen, unter der vorherigen Planung nicht möglich ist, weil sich die Kriegslage bei der Brücke mittlerweile zu Ungunsten des Soldaten entscheidend geändert hat, muss, ja ist der Soldat geradezu verpflichtet, nun seinen Auftrag, dessen Ausführung so abzuändern und anzupassen, dass er trotzdem in der Lage ist, die Brücke erfolgreich einzunehmen.

Dazu heißt es bei „Wikipedia":

„Der Soldat wird mit einem Auftrag betraut, dessen Ziele und Effekte er kennen muss. Dadurch ist der Soldat nicht nur berechtigt, sondern sogar verpflichtet, bei einer wesentlichen Lageänderung die Auftragsausführung so zu verändern, dass sie seiner Meinung nach bestem Wissen und Gewissen das wesentliche Ziel des ursprünglichen Auftrags erfüllen kann.

Damit obliegt der eigentliche Auftrag keineswegs seiner freien Disposition, vielmehr hat er sich die Frage zu stellen: „Wie würde ich an Stelle meines Vorgesetzten bei gleicher Intention unter diesen veränderten Umständen entscheiden?". Der Soldat handelt also auf den Vorgesetzten zu. **Er befolgt den Befehl dem Sinn und nicht den Buchstaben nach.**

Dieses Abweichen vom ursprünglichen Auftrag setzt voraus, dass sich die Lage wesentlich geändert hat, der Auftrags erteilende Vorgesetzte zurzeit nicht erreichbar und ein sofortiges Handeln unumgänglich ist."

Ein Soldat kann also unter gewissen Umständen, wenn es die Lage erfordert, selbstständig entscheiden, wie er das vorgegebene Ziel, seinen Auftrag am effektivsten, auch unter Vermeidung von eigenen Verlusten seiner Kameraden, auszuführen vermag.

Im Gegensatz zu Armeen aus dem Osten, die stur ihren Auftrag erfüllen, auch wenn er zu hohen Verlusten an Mensch und Material führen sollte. Diese unflexible Auftragsausführung nutzt die Propaganda gerne, um den Tod von tausenden von Opfern dem Feind in die Schuhe zu schieben. Wie z.B. im Zweiten Weltkrieg, wo die Sowjetunion eine hohe Verlustrate der Roten Armee aufzuweisen hatte.

Bis heute hat der Westen Angst, das Russland wieder Unmengen an Mensch und Material opfert, um deren Kriegsziele zu erreichen (siehe aktuell die Ukraine, Stand 2023). Sodass die NATO an ihrer Doktrin eines nuklearen Erstschlages festhält, was insbesondere schlecht für Europa und die Einwohner von Deutschland ist.

Des Weiteren ist folgende Szene im o.g. Film „Moltke" bemerkenswert:

Zuerst hört man das „Krähen" der Vögel, dass sich im Film wie von einem Mitarbeiter der Filmcrew nachgesprochen: „Rab, rab, rab . . ." anhört. Dann sieht man einen zahmen, schwarzen Rabenvogel, der sich von Schauspieler und Schimanski Darsteller Götz George anstandslos anfassen und streicheln ließ, als er das schwarze Gefieder des Raben mit der Hand berührte, und das in insgesamt zwei Einstellungen, Filmszenen.

Welche Symbolik steckt hinter dem schwarzen Raben?

Haben wir hier das Stichwort „Hugin und Munin"?

Was „Denken" und „Erinnern" aus dem Altnordischen bedeutet?

So heißt es u.a. bei „Wikipedia":

„Zwei Raben sitzen auf seinen [Odins] Schultern und sagen ihm alles ins Ohr, **was sie sehen und hören.** Sie heißen Hugin und Munin. Bei Tagesanbruch entsendet er sie, **um über die ganze Welt zu fliegen**, und zur Frühstückszeit kehren sie zurück. Von ihnen erfährt **er viele Neuigkeiten."**

Odin ist der Gott des Krieges.

Auch die UFOs, Aufklärungsdrohen eines „Black Open Skies" Programms fliegen um die ganze Welt, um zu „hören und zu sehen"!

Es bleibt unklar, ob das Stichwort „Moltke" und die Symbolik eines schwarzen Rabenvogels eine Botschaft für einen Computerspieler darstellt, oder nur „Zufall" ist.

Aber auch in den vorherigen Tatort Krimis mit Schimanski waren ja Andeutungen enthalten, die auf einen speziellen Spielverlauf hindeuten.

Sehen wir, ob die nächsten Folgen mit Götz George, alias Horst Schimanski auch noch Botschaften und Rätsel enthalten.

Tatsächlich findet man in dem Schimanski Tatort „Der Pott", vom WDR erstmals am 9. April 1989 gesendet, wieder eine „Verschwörung"!

Am Anfang des Krimis sieht man aufgeschlagene zwei Seiten aus dem „Desinfo-Blättchen" „Der Spiegel", einer Spiegel-Ausgabe vom 28. März 1988. Es wird daraus aus einem bestimmten Artikel aus dem „Off" vorgelesen, wörtlich zitiert und mit einem „Marker" in Orange bestimmte, wichtige Stellen aus dem Spiegel-Artikel markiert:

Neue Polizei-Truppe?

„Polizeiexperten des Bundes haben die Bildung von „**Anti-Aufruhr-Einheiten**" vorgeschlagen.

Sie sollen bei Demonstrationen „**an Objekten gesellschaftlicher Spannung**" ein „**qualitatives Aufschaukeln**" verhindern.

Die neue Truppe könnte die bisherigen, oft martialisch ausgerüsteten Sondertrupps ablösen und damit die Arbeit der normalen Polizisten erleichtern.

Auf Dauer sei es unerlässlich, bei umstrittenen Projekten und großen Demos, auf eine „**De-eskalierung ihrer Teilnehmer und ihren Gewaltverzicht hinzuwirken**", heißt es in einem internen Strategiepapier.

Auch soll „die **Möglichkeit geprüft werden, solche Objekte von den Betreibern auf privater Basis sichern zu lassen.**"

Der „Spiegel" vom 28.03.1988"

Musik und Vorspann „Der Pott".

(Hervorhebungen im Original durch Marker im Spiegel-Text, Anm.d.A.)

Dabei handelt es sich um einen Bericht, wo von Seiten der damaligen BRD nachgedacht wurde, das Gewaltmonopol des Staates teilweise in „private Hände" legen zu lassen.

Wohl eher in die Hände von VS und BND, dem Verfassungsschutz und dem Bundesnachrichtendienst, die beide nach mittlerweile mehr als 35 Jahre nach Ausstrahlung des besagten Schimanski Tatortes immer noch unangenehm auffallen und in den Schlagzeilen der Presse bezüglich Skandale und Verwicklungen bzgl. Verbrechen im Auftrage des Staates auftauchen.

Der Krimi mit Götz George in der Hauptrolle spielt auf die Unterwanderung von streikenden Stahlarbeitern in Duisburg an. Spitzeltätigkeiten, um Gewerkschaftsmitglieder auszuspionieren, gar ein Verbrechen mit Todesfall wegen einer prall gefüllten Streikkasse aufzuklären, alles ausgeübt im Umfeld des Streikes unzufriedener Stahlarbeiter.

Die Kommissware Schimanski und Thanner, der sich auch noch zum BKA nach Bonn hat versetzen lassen, erkennen, dass das BKA, Außenstelle Bonn in die Verbrechen und Spitzeltätigkeiten in Duisburg tief verstrickt ist.

Hier erkennt man, was Meinungsfreiheit und Grundrechte in den heutigen, so genannten „Demokratien" wirklich wert ist.

Sobald das Volk konträr zu der vorherrschenden Linie des Staates handelt, seine Meinung frei äußern möchte, greift der Staat durch seine willigen Geheimdienste brutal und rücksichtslos ein, teilweise auch verdeckt durch „Agent Provokateur".

Nach der üblichen Vorgehensweise, die der Leser auch in Sachen des so genannten „NSU-Skandals" her kennt.

Es werden Personen lächerlich gemacht, Stichwort „Silberhut". Es wird krude Desinformation gestreut, so genannte „Gegenspionage" und es werden Agenten in die Bewegungen, die Proteste des Volkes eingeschleust, um diese in eine falsche Richtung zu lenken und die Teilnehmer als Spinner, Verrückte und Aufrührer zu diskreditieren.

Dabei erhält der Staat auch noch Hilfe aus dem Ausland, wie z.B. aus Russland, das durch die Sozialen Medien das Volk desinformiert und verrückt macht.

Denn, wer ist der Hauptfeind eines jeden Staates auf dieser Welt?

Das eigene Volk!

Auch die „Demokratien" in unserer Welt halten sich an dieselben Methoden des Machterhaltes und der Durchsetzung bestimmter Gesetzte und Maßnahmen, wie jede andere Staatsform weltweit auch. Wenn das eigne Volk „austickt" wird es genauso bekämpft, wie in anderen, totalitären oder diktatorischen Systemen. Nur die Illusion, man hätte als Demokrat mehr Rechte, zumindest auf dem Papier, ist gegeben. Die Praxis sieht meist anders aus.

Es sit also bemerkenswert, dass die Macher und Autoren von den Schimanski Tatortkrimis sich auch dieses Thema angenommen hatten. Wobei in o.g. Krimi „Der Pott" auch wieder das Duisburger Autokennzeichen „DU-FO 475", diesmal an einen Mercedes angeschraubt, auftaucht. Die Szenen werden wohl wieder in Bayern bei der Bavaria gedreht worden sein.

Ob die Bavaria Studios, die auch Alfred Hitchcock für seinen „Verschwörungsfilm" „Letztes Jahr in Marienbad" nutzte, ein Vehikel, ein „Tool", ein Werkzeug der „Verschwörung", der heimlichen Aufklärung, für verfilmte Rätsel auserkoren sind?

Ob von dieser Produktionsgesellschaft noch andere Produktionen, Filme ect. existieren, die geheimen Hinweise für ein wissendes Publikum enthalten, wer weiß?

Danach findet Schimanski in der Episode „Der Pott" bei seinem Kriminalkollegen und heimlichen Spitzel des VS einige Dokumente des BND, die eben u.a. die Bekämpfung von unangenehm aufgefallenen Aufrührern mit entsprechenden Gegenmaßnahmen auflistet.

Ein weiterer, folgender Tatort mit dem Titel „Blutspur" mit Horst Schimanski, alias Götz George in der Hauptrolle, hat den Terror im Nahen und Mittleren Osten zum Inhalt. Die Folge wurde am 20. August 1989 zum ersten Mal gesendet.

Nicht etwa um das Thema Waffenlieferungen dreht sich die Handlung, die hauptsächlich in und um München abgedreht wurde. Eine handwerklich billige, dahin geschluderte filmische Umsetzung des Drehbuches, da eine Fahrt durch Duisburg auf einer großen, zweispurigen Straße in München gedreht wurde, wo man eine typische blaue Münchner Tram entlang fahren sieht und Autos auf der Straße alle das „M" für München auf dem Nummernschild tragen.

Am Schluss des Krimis schießen Palästinenser in einem alten Mercedes auf einem Autohof wie wild um sich. Das Auto hat das alt bekannte Nummernschild **DU-FO** 475.

Die arabischen Terroristen durchlöchern einen LKW mit Anhänger, aus dem, aus mehreren Durchschüssen an der Seitenwand, Blut heraus strömt.

Der LKW aus Polen hatte keine Waffen als Schmuggelware geladen, sondern Blutkonserven!

Das Blutplasma beinhaltete eine bestimmte, seltene und einzigartige Blutgruppe, die vermehrt in Polen und gleichzeitig auch im Mittleren Osten vorkommt.

Auf was könnte hier angespielt werden?

Eine bestimmte Volksgruppe, die den Nahen Osten am Gazastreifen mit Blutplasma medizinisch in einem Kriegs- und Krisenfall versorgen kann?

In dem Schimanski Tatort „Katjas Schweigen" von 1989, Erstsendung 3. Dezember 1989 taucht gegen Ende des Krimis ein roter Lieferwagen auf, dessen Heck man in einer Garage sieht. Man erkennt das alt bekannte Nummerschild „DU-**FO** 475", auf das Schimanski kurz darauf starrt.

Dieser „Ankündigung" folgt hernach folgende „Ausführung":

Ein Beschuldigter, der Betreiber des Kasinos „Monopoly" wird vor Ort im Spielkasino von dem Ermittler-Duo befragt. Dabei geht es um eine Pistole, „Astra 900" 9 mm, ein leicht abgewandelter spanischer Nachbau der deutschen Mauser C 96 aus dem Ersten Weltkrieg mit der zusätzlichen Option des Dauerfeuers.

Diese Pistolen wurden von der „Astra Unceta Y Compania Societe Anonym, S.A., in Gernika, Baskenland, Spanien, Inhaber Pedro Unceta, produziert.

Die spanische Stadt Gernika mit Rüstungsindustrie wurde im Spanischen Bürgerkrieg am 26. April 1937 schwer von der „Legion Condor" bombardiert und getroffen.

Aber nach dem Bombenangriff konnte die Waffenfirma Unceta für die Putschisten die Produktion von Waffen wieder ungestört aufnehmen.

Warum man ausgerechnet im Jahre 1989 in diesem Tatort Krimi auf eine veraltete Pistole, eine „Astra 900" aus dem Ersten Weltkrieg, bzw. den 1930er Jahren zurückgriff, ist unklar.

Der, von Schimanski und Thanner vernommene Verdächtige besaß mehrere Exemplare dieser Pistole aus einem Diebstahl. Dabei stellen sowohl Schimanski, als auch sein Kollege unter anderem jeweils über die Erlaubnis zum Betrieb des Spielkasinos des Verdächtigen fest:

In der 1:03:14 Spielminute sagt „Hänschen", Schauspieler Chiem van Houweninge zu Schimanski:

„...Hier, **seine Lizenz ist auch, äh . . . abgelaufen!**"

Dieser Satz fällt drei Mal kurz hintereinander!

Schimmi fragt einen Mitarbeiter des Fahndungsteams:

„Na, was gefunden?"

Antwort des Polizeibeamten:

„Nein . . . **Aber die Lizenz ist abgelaufen!**"

Dann spricht Schimmi mit dem Verdächtigen:

„Wir haben Fingerabdrücke von dir und Tommy im Lieferwagen (DU-FO 475, Anm.d.A,), und **deine Lizenz ist abgelaufen!**"

„Die Lizenz ist abgelaufen!"

Drei Mal hintereinander, von der Minute 1:03:05 bis 1:03.39 wurde dieser Satz fallen gelassen.

Einmal erwähnt ist Gequatsche. Zweimal ist Zufall.

Dreimal derselbe Satz, dass ist Absicht!

„Die Lizenz ist abgelaufen!"

Wessen „Lizenz" und warum?

Interessant ist, dass diese eigentlich ganz lustige Szene, wo dreimal der Beschuldigte geärgert wird, dass sein Spielklub keine gültige Lizenz mehr besitzt und er eigentlich ein Dealer ist, der unter anderem mit Waffen handelt, das diese Szene nicht in einem deutschen Wikipedia-Eintrag, zuletzt aktualisiert am 11. Februar 2022, Erwähnung findet.

Zudem interessant, dass in manchen Schimmi-Tatort Krimis bestimmte Militärthemen eingearbeitet sind, wie General Moltke, franz. Fremdenlegion, Naher Osten, arabische Terroristen, bestimmte Blutgruppe aus Polen (Kasaren-Juden?) oder die bereits hoffnungslos veraltete Mauser/Astra Pistole aus den 1930er Jahren, mit der im Untergrund immer noch gedealt wird.

„Die Lizent ist abgelaufen!"

Ist die Spiel-Lizenz des Computerspielers KPR in der solipsistischen Computerwelt abgelaufen?

Game over? (siehe in „Derrick", ZDF, das düstere Gemälde mit dem unvollständigen Satz „Die Lage ist . . .")

Alle guten Dinge sind drei.

Nicht zu überhören.

Das dreimalige Wiederholen eines Satzes wird beispielsweise bei einem Abschuss oder Absturz einer Maschine an die Besatzungsmitglieder gerufen, um das fluguntüchtige, beschädigte, im Absturz befindliche Flugzeug zu verlassen:

„Eject! Eject! Eject!"

„Bail-out! Bail-out! Bail-out!"

Alfred Hitchcock ist dreimal auf der Vorder- oder Rückseite eines erfundenen „Prop-Magazins" erschienen.

Alles Botschaften des Computerspiels an den Spieler, in diesem Fall der Autor KPR.

Diese Welt könnte eine individualisierte Simulation, nur auf den Autor KPR zugeschnitten zu sein!

Alle anderen Schimanski-Tatorte hatten zwar auch sozialkritische Themen, aber das besagte Autokennzeichen DU-FO 475 tauchte nicht wieder auf.

Nur die oben genannten vier Tatort Folgen plus die Ankündigung des Autokennzeichens in dem Tatort „Der Tausch" als Hinweisgeber schienen ganz besondere Botschaften an einen Spieler enthalten zu haben.

Weitere „Easter Eggs" in deutschen Krimis im TV:

                    Die 1980er Jahre,
              eine Periode für Botschaften,
   die erst in der Zukunft entdeckt und verstanden werden sollten?

                    Ein Fall für Zwei

                        „Matula"

            Claus-Theo Gärtner und Günter Strack

                           ZDF

              8 Staffeln aus 1981 bis 1988

Osterei: Rechte Gesinnung, Ausländerhass, Mahnung oder nur Zufall?

In einer Szene aus der Folge „Countdown", 6. Staffel, ZDF 1986, soll ein Auftragsmörder seine Werkzeuge zum Töten aus einem Schließfach am Frankfurter Hauptbahnhof abholen.

In der Folge „Countdown", „Ein Fall für Zwei", S06, F08, 6. Staffel aus 1986 wird nicht auf ein spezifisches Postfach hingewiesen, wo der, am Flughafen deponierte Schließfachschlüssel passte.

Es hätte jede Schließfachtür sein können.

Auf der Schließfachtür, die der Täter/Schauspieler gemäß Regieanweisung am Hauptbahnhof öffnete, dort stand zu lesen:

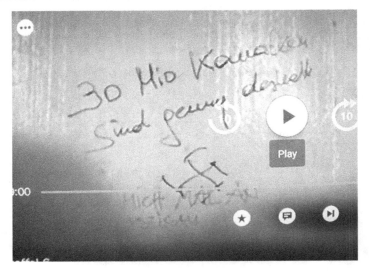

Aufschrift auf dieser speziellen Schließfachtür von mehreren im Hauptbahnhof zu Frankfurt am Main im Jahre 1986:

30 Mio Kanaken sind genug, deshalb . . .

„Hakenkreuz"

Andere Schließfachtüren in diesem Bereich, gemäß Kameraschwenk, waren sauber und unbeschmiert.

Warum wurde gerade diese Schließfachtür für den Dreh im Rahmen einer Folge aus der Serie „Ein Fall für Zwei" ausgewählt?

Als Warnung, eine Mahnung gegen Rechts? Oder nur dummer Zufall?

Der Gesinnung des Filmteams, des Regisseurs?

War der Schriftzug bereits vorhanden?

Oder wurde er extra für die Filmszene angefertigt und von jemand aus der Filmcrew, ein Mitarbeiter der Requisite dort angebracht?

Wie viele „Kanaken", Ausländer div. Nationen gab es damals, in den 1980er Jahren in der BRD, bzw. in ganz Europa?

Tatsächlich 30 Millionen Ausländer unterschiedlicher Herkunft?

Wie viele „Kanaken" gibt es heute, Stand 2023, in Deutschland, in ganz Europa?

40 Million oder sogar mehr?

Ein Machtfaktor, der zur Destabilisierung des Landes, der EU von irgendwelchen Gruppen, Vereinen, Bruderschaften, Verschwörern, Geheimdiensten genutzt wird?

Siehe hier die ex Web-Site von „deagle.com" oder die „Große Transformation", The Great Reset!

Auf der Web-Site „deagle.com" aus 2017 war zu lesen (jetzt gelöscht), dass die Einwohnerzahl von Deutschland im Jahre 2025 nur noch circa 25-30 Mio Mitbürger beträgt.

Auch andere, nicht nur westliche Staaten, sollten weniger Einwohner im Jahre 2025 besitzen.

Wo sind sie hin, die „Kanaken"?

Hatte die Redaktion des ZDF diese Szene mit der beschmierten Schließfachtür und den diskriminierenden Schmierereien nicht beanstandet?

Matula und weitere Ostereier

In den ersten acht Staffeln von „Ein Fall für Zwei" mit Günter Strack als Rechtsanwalt Dr. Dieter Renz und Claus-Theo Gärtner als Privatdetektiv Josef Matula aus 1981 bis 1988, sind mehr oder minder gute „Easter Eggs", ob aus Spaß oder ernsthaft, versteckt.

In den ersten Folgen, ausgestrahlt ab dem 11. September 1981 tauchen u.a. auf:

- Ein Plakat, darauf zu sehen ein „Tornado", Jagdbomber der GAF, der deutschen Luftwaffe und ein 6-stelligem Geldbetrag, beides als Anklage betreffend des Kalten Kriegs und der Hochrüstung.

- Ein Plakat „BRDigung", Anklage gegen den Kalten Krieg.

Auf einem Bücherregal bei Matula zuhause, ganz oben auf dem Regal standen zwei Airliner Modelle, circa 1:200 Maßstab, die in späteren Folgen dort nicht mehr zu sehen waren!

Außerdem wurde in dem französischen Kurort und Hafenstadt „Quiberon" im Hafen gedreht. In Quiberon, ein Touristenort, wo die Alliierten im Krieg planten, einen Nachschubhafen zu errichten, war auch Drehort, neben „Matula", für „Die Schatzinsel". Die Schauspielerin Romy Schneider war in dem französischen Kurort in den 1970 und 80er Jahren mehrmals zur Kur.

Abb.:

Folge „Kurz hinter Ankara, „Ein Fall für Zwei", S 08 F01 aus 1987. Zwei Jahre später wird die „... Bank" der Arbeitsplatz für den Autor KPR.

Abbildung zeigt eine Szene aus o.g. Episode aus 1987 in Frankfurt/M, gegenüber dem Hauptbahnhof, wo der Autor Klaus-Peter Rothkugel die Dreharbeiten just zu dieser Filmszene beobachten konnte.

Funny Easter Eggs

Lebende Puppe?

Eine Schauspielerin als „Puppe" geschminkt, sitzt mehrere Minuten regungslos für die Kamera und die Filmaufnahmen auf einem Stuhl.

Suggeriert sollte wohl eine „echte" Puppe werden, die sich bei genauem Hinschauen als reale Schauspielerin, „Living Doll" „entpuppte".

Was sagte der verantwortliche Redakteur des ZDFs dazu?

Weitere „Ostereier"

Abb.:

In der Frankfurter Innenstadt im Jahre 1984, als die Folge gedreht wurde, klebt eine Person ein großes weißes Blatt mit der Aufschrift „**Erna liebt Karl**" an einen Bauzaun.

Dieser war bereits mit Webeplaketten diverser musikalischer Veranstaltungen, die in Frankfurt um Umgebung stattfanden, beklebt.

Abb.:

Szene aus der Folge „Immer Ärger mit Ado" aus der Serie „Ein Fall für Zwei" aus 1984.

Matula, Claus Theo Gärtner, und sein Klient, dargestellt von dem Schauspieler Wolfgang Reichmann, gehen einer Plakatwand in der Innenstadt von Frankfurt entlang, wo Werbeposter von Veranstaltungen diverser Künstler, bzw. deren Auftritte für die nächste Zeit angekündigt werden.

Abb.:

Szene aus „Immer Ärger mit Adolf".

Jetzt heißen zwei Plakate, die über die anderen hastig und improvisiert geklebt wurden „Erna liebt Johann"!

Wer ist Erna, Karl und Johann?

Welche Botschaft wollten die Macher dieser „Ein Fall für Zwei" Folge aus 1984 den Zuschauern oder Eingeweihten mitteilen?

…
Andere Hinweise:

An einer Straßenkreuzung wurde ein Wegweiser, Hinweisschild umgebogen, in Richtung Bürgersteig, sodass man es nicht lesen konnte. Dann schwenkt die Kamera auf eine nahe gelegene Straße, wo auf einer Hauswand rote Umrisse von fünfzackigen Sternen und ein Spruch aufgesprüht waren, wieder eine Anklage gegen den Kalten Krieg.

Der Reparaturwagen von „Hexpert Klein"

Abb.:

Ein lustiger „Osterei" ist dieser VW Bully von „hexpert klein" Reparaturservice mit einem Fernseher auf dem Dach, plus einem Fernsehtechniker als Puppe bei der Reparatur.

Ob es diesen Servicewagen (von, richtig „Expert Klein") so mit dem Dachaufbau gab, oder eine Erfindung, ein „Gag" für „Ein Fall für Zwei" war, ist dem Autor dieses Buches leider unbekannt.

Reiner Spaß oder eine Botschaft, gar Schleichwerbung für die Firma „Expert Klein"?

Eine Ankündigung?

In der 4. Folge der 8. Staffel „Tödliche Versöhnung" aus 1987 kann man einen 5-armigen Kerzenleuchter erkennen, der auf einem Tisch steht und ins Blickfeld, in den Focus der Kamera gerät.

Abb.:

Man beachte in diesem Ausschnitt aus der Krimireihe „Ein Fall für Zwei", S08, F03 aus 1987 am unteren, rechten Bildrand den 5-armigen Leuchter. Im Gegensatz zum 7-armigen Leuchter, der in bestimmten Filmen Kino- und Fernsehfilmen gerne aus Gesinnungsgründen gezeigt wird.

Rechtsanwalt Dr. Renz kocht in seiner Wohnung.

Günther Strack als Schauspieler und einer der zwei Hauptdarsteller, neben Claus-Theo Gärtner, hat in den diversen Folgen der Krimi Reihe „Ein Fall für Zwei viel getrunken und gegessen. Mit Sicherheit war der Alkohol echt, die zubereiteten Speisen sowieso.

So wird in der oben gezeigten „Essens-Szene" ein riesiger Braten gezeigt, der im Backofen, in der „Röhre" vor sich hin brutzelt.

Matula hat zuvor Dr. Renz gefragt, ob die zwei Teller mit ein bisschen Schinken und Salat alles ist. „Dann guck mal in die Röhre . . ."

Als Matula den Braten im Backofen sieht, fragt er: „Wer kommt den noch?"

Daraufhin lacht Dr. Renz verschmitzt.

Nur die Beiden vertilgen den Braten, wahrscheinlich nach Drehschluss gemeinsam mit der Filmcrew.

Matula und Dr. Frank,
Ein Fall für Zwei
Man stirbt nur einmal

Der Hinweis?

In der Folge aus der Krimi Reihe „Ein Fall für Zwei" mit Rainer Hunold als Nachfolger von Günther Strack und Privatdetektiv Claus Theo Gärtner mit dem Titel „Man stirbt nur einmal", S08, F07 wird als „Ankündigung" wieder ein 5-armiger Kerzeleuchter, diesmal mit fünf brennenden Kerzen gezeigt, die Dr. Frank, Nachfolger von Dr. Renz auf seinem Tisch stehen hat, wo er mit einer Freundin diniert.

Eine, jetzt komplett leserliche Zeitungsseite, Dank HD und Umkopierung von der öffentlich/rechtlichen ZDF Fernsehanstalt auf das neue Format:

Abb.:

Prominent in die Kamera von Rainer Hunold gehalten:

Eine fiktive Tageszeitung.

Folgender Text kann man unter der fetten „Headline" „Autoschieber wegen Polizistenmord gesucht" erkennen:

Frankfurt. – Bei **einem Schusswechsel zwischen Autoschiebern und der Polizei wurde gestern bei Saarbrücken der Polizeibeamte R. Schaad getötet.**

„Der Prozess gegen den früheren Manager mit dem dünnen Oberlippenbart und der feinen **Goldrandbrille** fand am gestrigen Donnerstag **aber ohne „Schimmi"** statt.

Der prominente Zeuge entschuldigte sich bei Richter Kunisch telefonisch.

„Zwei Rippenbrüche und ein Muskelriß im Oberarm."

Zur Sache:

In einer Münchner Hotelbar waren sich im Juli 1967 der heute mittellose Frankfurter Manager **Götz George** und Winfried H. (49), Geschäftsführer von Euro-Styling Brillenmoden aus München-…bach schnell einig geworden.

61.000 Mark, dafür trägt „**Schimmi**" ein Jahr lang die Brillen des italienischen Raritäten Designers „Ente" Citroen 2CV Badewanne.

Den Scheck dafür kassierte Götz G.

„Denn bei mir liefen Pfändungen. Deshalb hat den Scheck ein Freund eingelöst", erklärte er dem Richter.

Nur, der Freund ein **Tatort-Statist** ist mit dem Geld auf und davon.

Ein paar Wochen später . . .
George wieder . . .
mein Geld, reklamierte . . .
seine Gage . . ."

Abb.:

Im Gegensatz dazu eine Zeitung aus einer Episode, wo man außer der Schlagzeile nichts weiter entziffern kann, da auch kein ausgedachter Text gedruckt wurde, sondern nur „Wischiwaschi", eine verwaschene, wahrscheinlich extra verfremdete Schrift, die man auch nicht lesen soll oder kann.

Anmerkung des Autors:

Im 21. Jahrhundert wurde mit Hilfe von HD-Bildbearbeitung und Umkopieren des Formates durch das ZDF nun die seit 35 Jahre unbeachtete Zeitungsseite insgesamt leserlich und kann als „Easter Egg" von einem „Player", wie KPR entziffert und ausgewertet werden!

Der restliche Text unten am Bildrand war leider nicht mehr weiter lesbar, da die Zeitung am Bildrand des Fernsehers, bzw. des Kamerabild abgeschnitten war. Leider hielt Schauspieler Rainer Hunold die Zeitung so ungünstig, dass nicht alles an dem, mühsam erfundenen Text, der als „Easter Egg" für einen wissenden Zuschauer extra auf die erfundene Zeitungsseite gedruckt wurde, gelesen werden konnte!

Wohl wusste weder der Kameramann, noch Hunold, was unterhalb der fett gedruckten Schlagzeile, die ja der Fernsehzuschauer durchaus erkennen sollte, noch so alles als „Botschaften" für einen Computer-Spieler versteckt wurden.

Aber 1988 konnte eh keiner am Bildschirm den klein gedruckten Text lesen, da keine HD-Qualität vorhanden war. Erst jetzt im Jahre 2023 kann ein Wissender den Text lesen und verstehen, was mit der Erwähnung von Götz George und „Tatort" in der ARD gemeint ist!

Obiger, extra angefertigter Zeitungstext ist ein ganz eindeutiger <u>Quervermerk</u> auf die Schimanski-Tatorte mit Götz George, wo ebenfalls „Easter Eggs" <u>mit voller Absicht</u> eingestreut wurden!

Gilt dies auch umgekehrt?

Verweist Schimmi auf Matula und die ZDF Krimireihe „Ein Fall für Zwei", wo ja oben besprochene „Ostereier" versteckt wurden?

Übrigens:

Auch in der, von Alfred Hitchcock zu verantwortenden U.S. Sitcom „I dream of Jeannie" wird auf ein anderes Werk von Hitchcock, „Letztes Jahr in Marienbad" verwiesen, wo man Rätsel (Easter Eggs") finden und lösen kann!

Eine Praxis, eine Programmierung dieses Computerspiels, den Spieler auf andere Rätsel zu verweisen, die er ansonsten nicht so schnell finden würde?

Auszug aus der „TAZ" vom 08.01.1992:

Anmerkung:

Eine späte Begegnung mit dem Vater

Götz George besucht in der Nationalgalerie das Dix-Porträt seines Vaters

...
„Jetzt steht da Sohn Götz im Rampenlicht. Mit Nadelstreifen und **Goldrandbrille** geht er für die Fotografen in Pose."
...

Götz George trug im Privatleben eine Brille mit Goldrand. Gesponsert von einem Brillen-Hersteller?

Unklar ist, wer den Text in dem oben gezeigten, fiktiven Artikel verfasste und ob er in der Original-Ausstrahlung im Jahre 1988 überhaupt aufgrund der schlechten Auflösung lesbar war, wenn man die Folge „Man lebt nur einmal" z.B. mit einer VHS-Kassette aufgezeichnet und im Standbild versucht hätte, den erfundenen Zeitungsartikel zu entziffern?

Klar erkennbar ist der Name des ARD Schauspielers Götz George, der in der ARD Krimireihe „Tatort" den Hauptkommissar Horst Schimanski verkörperte, der mit Spitzname „Schimmi" genannt wurde.

Siehe weiter oben die „Easter Eggs aus den Schimanski-Tatorten, was „Euro", High Definition usw. betrifft!

Ein „Quervermerk" des ZDF an die ARD, wo in beiden Krimireihen Mitte/Ende der 1980er Jahre so genannte „Easter Eggs" mitten in den Episoden versteckt wurde?

In dieser ZDF Folge „Man lebt nur einmal" war Jörg Grünler, Regisseur und Peter Weissflog hatte das Drehbuch verfasst. Beide sind ansässig in München, Bayern.

Die zwei Darsteller, neben den Hauptdarstellern waren Monika Baumgartner, München und Vitus Zeplichal, Salzburg, Österreich. Beide sind nicht aus der Rhein-Main Region.

Ob Autor Weissflog die Dreharbeiten der Bavaria Filmgesellschaft in München-Geiselgasteig kannte, wo „Schimanski" in Teilen gedreht wurde, wäre denkbar.

Sodass Autor Peter Weissflog aus irgendeinem Grund, ggfs. wegen den „Easer Eggs" in den Schimanski-Folgen, den Quervermerk im ZDF auf die ARD Tatort-Serie „Schimanski versteckt in dem Zeitungsartikel formuliert haben könnte. Wenn auch der Text erst 35 Jahre später lesbar war!

Haben wir hier wieder die „Bavaria Connection"?

Die in Bayern ansässige Filmproduktionsfirma, die unter anderem „Raumpatrouille" produzierte, worin das Raumschiff „Orion" mehrere Charakteristika zu tatsächlichen EHD-Fluggeräten und -raumschiffen aufweist. Wo Alfred Hitchcock die italienisch/Französische Produktion „Letztes Jahr in Marienbad" drehte, ein reiner Rätselfilm.

Und wo Hitchcock bereits in den 1920er Jahren in Bayern und München filmisch tätig war, wobei eine Theorie des Autors KPR ist, dass die Bavaria aufgrund geheimdienstlicher Tätigkeit gegründet, so doch zumindest in Geheimdienstaktivitäten, bis heute(?) verwickelt sein könnte.

Interessanterweise haben ARD und ZDF bestimmte Krimi-Folgen ihrer „Tatorte" oder „Ein Fall für Zwei" Episoden viele Jahre später, im 21. Jahrhundert, teilweise erst vor ein paar Jahren digitalisiert und auf HD-Standard gebracht.

Nämlich genau darunter die Folgen, wo eben bestimmte „Ostereier" versteckt wurden!

Damit ein Spieler in dieser solipsistischen Computerwelt, wie zum Beispiel der Autor Klaus-Peter Rothkugel diese „Easter Eggs" findet, auswertet und veröffentlicht!

Hallo Klaus!

Unten rechts ist auf diesem Foto, entnommen aus der oben genannten „Ein Fall für Zwei" Folge „Man lebt nur einmal", auf einer Hauswand unter den Graffitis unten rechts, der in schwarz gehaltenem Schriftzug „Hallo Klaus" zu erkennen.

Wer wird damit begrüßt? Der Autor Klaus-Peter Rothkugel?

Warum muss Privatdetektiv Josef Matula, alias Claus-Theo Gärtner eigentlich immer mit schmuddeligen, künstlich und sichtlich verdreckten Autos, wie einen silbernen Alfa Romeo, oder bei einem weißen Audi 80 mit ausgewechseltem, unlackierten rechten vorderen Kotflügel durch die Gegend fahren?

Weil diese Autos für den Dreh nicht von den jeweiligen Autoherstellern gesponsert wurden?

Individualisierte Easter Eggs und Botschaften für den Spieler KPR:

Der Alte

ZDF-Krimireihe mit Rolf Schimpf als „Der Alte"

Auch in dieser ZDF-Krimireihe sind etwa Mitte der 1980 bis gegen Ende der 1989er Jahre ganz gezielt und sehr spezielle, hauptsächlich vom Autor KPR verständliche „Easter Eggs" versteckt worden:

In der 101 Folge aus der Krimireihe „Der Alte", ZFD 1985, wo zum ersten Mal Schauspieler Rolf Schimpf, als „der Alte", Hauptkommissar Kress einen Auftritt hat, kann man in der 28:35 Minute folgendes erkennen:

Abb:

Aus einer Filmszene „Der Alte", 101. Folge, „Sein erster Fall".

Kommissar Kress betritt das Zimmer und die Kamera schwenkt schön von rechts nach links durch den ganzen Raum, damit man das kunstvolle Arrangement auch gut wahrnehmen kann:

Denn, in diesem Zimmer, das wegen eines Mordfalles vom Team Kress untersucht wird, kann der geneigte Fernsehzuschauer und hauptsächlich ein aufmerksamer Computer-Spieler mehrere Plastikmodelle im Maßstab 1/72 erkennen und per Standbild bestaunen. Unter den Plastikmodellen, zumeist im gängigen Sammlermaßstab 1/72, hängen an der Wand eine „Heinkel He 111", eine „Hawker Hunter" und ggfs. ein Dornier Bombenflugzeug.

Abb.:

Weitere, zusammengebaute Plastikmodelle stehen gut arrangiert für die Kamera auf einer Tischplatte mitten im Wohnraum:

Eine unbemalte „Dassault Mirage" in ggfs. Maßstab 1/48 und ein nicht zu identifizierendes Modells eines Hochdeckers, das bemalt ist.

Abb.:

Hauptkommissar Kress steht vor einem Poster der SR-71 von Lockheed, einem der schnellsten Flugzeuge der Welt zur damaligen Zeit.

Darüber hängt das Modell eines RC-Hubschraubers im Großmaßstab, den man fliegen und fernsteuern kann.

Wo kommen die Modelle her, wer hatte sie gebaut?

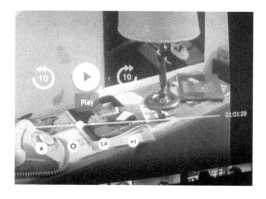

Abb.:

Auf einer Kommode, wo ein Telefon aus den 1970er Jahren steht, findet man drei Modelle in 1/72: Eine B-17 von Airfix oder Hasegawa, eine P-80 und ein amerikanisches Jagdflugzeug.

Der Hammer aber ist, dass ggfs. einer der Erbauer der Modelle einen zehn, fünfzehn Sekunden langen Gastauftritt hat:

Abb.:

Der ex Luftwaffen Veteran, Bordschütze und Bordmechaniker auf einem Heinkel He 111 Bomber der ehemaligen deutschen Luftwaffe im Zweiten Weltkrieg, sowie privater Konstrukteur eines „UFOs", einer Flugscheibe, unter anderem den „Flugkreisel:

**Joseph Andreas Epp aus dem Jahr 1987,
„Blitzauftritt" bei ZDF „Der Alte".**

In einem Artikel in einem Luftfahrtmagazin aus 1997
wurde über Epp berichtet. Der Autor dieses Buches, der
„Player" Klaus-Peter Rothkugel nahm diesen Artikel über
J.A. Epp unter anderem zum Anlass, eine private
Recherche zu beginnen, die im Jahre 2002 in einem ersten
Buch „Das Geheimnis der deutschen

Flugscheiben" gipfelte

Andreas Epp hat nochmals einen, stummen, Blitzauftritt als Gast in einer Bierbar in einer
anderen ZDF Krimireihe im Jahre 1987, die auch in München und Umgebung spielt!

In dem oben erwähnten Buch „Das Geheimnis der deutschen Flugscheiben" des Autors KPR
aus dem Jahre 2002 heißt es im 1. Kapitel:

Joseph Andreas Epp
hat eine Idee

„In den Februartagen des Jahres 1938 gab es in Berlin in der
Deutschlandhalle ein besonderes Ereignis: Die Einfliegerin
Hanna Reitsch demonstrierte vor tausenden von
Zuschauern in der riesigen geschlossenen Halle den
Hubschrauber Focke FW 61.

In diesen kalten Wintertagen muss irgendwo auf den
weitläufigen Zuschauerrängen der großen Deutschlandhalle
ebenfalls der Luftwaffensoldat **Joseph Andreas Epp** unter den
staunenden Zuschauern gesessen haben. Denn die
Hallenvorführung dieses ersten, voll funktionierenden
Hubschraubers, löste bei Epp eine Idee aus, dessen
Konsequenzen für ihn, und auch für andere, zu diesem Zeitpunkt
noch nicht abzusehen war.

Andreas Epp schreibt in seinem Werk: *"Die Realität der
Flugscheiben"* (EFODON-Dokumentation, 1994):

*"Als im Jahr 1938 die berühmte Fliegerin
Hanna Reitsch ihren Schauflug mit dem
ersten betriebssicheren Helikopter der Welt
in Berlin machte, hatte ich, inspiriert
durch die Rotoren dieses Fluggerätes, die
erste Idee* **zur Konstruktion einer
Flugscheibe**.*"*

Toll, dass J.A. Epp bereits 1987 (früher, 1986 gedreht?) in einer deutschen Krimireihe im
ZDF von sich Reden machte, wenn auch nur für Insider zu erkennen.

Und dass man 35 Jahre später als Computerspieler und Autor, der Andrea Epp mehrmals in seinen Büchern erwähnte, diesen Mann im ZDF, jetzt in der Mediathek wieder finden kann!

Auch hier, der Aufwand den die Filmcrew betreiben musste:

Das Auftreiben von Plastikmodellen, die man in einem Raum für die Kamera platzieren musste. Dazu einige Weltraumbilder, das Space Shuttle als Poster, die schnelle SR-71 auf einem großen Plakat und noch einen RC ferngesteuerten Helikopter, der an der Wand hängt

Ob der Statist Andreas Epp diese mitbrachte und dafür in der Folge auftreten durfte, ist unklar aber eher unwahrscheinlich.

Oder, man besorgte sich die Plastikmodelle bei einem Modellbau Club, den es auch in München und Umgebung in den 1980er Jahren gegeben haben dürfte.

Für eine kurze Szene in einer Krimifolge aus der ZDF Reihe „Der Alte". Wobei die Modelle, das Thema Plastik-Modellbau, oder Luftfahrt in dieser Folge überhaupt keine Rolle für die Handlung spielte.

Auch das sehr kurze Auftauchen von Andreas Epp, ein alter, kranker, von Sozialhilfe lebenden armer Mann, von seiner Zuckerkrankheit bereits gezeichnet, spielt für die Handlung absolut gar keine Rolle.

Wieso wurde Epp in die Szene eingebaut, welcher Fernsehzuschauer aus 1987, der damals den ZDF-Krimi schaute, kannte ihn überhaupt?

Erst mehr als 10 Jahre, im Jahre 1997, lernte der Spieler KPR den ex Luftwaffensoldaten durch einen Artikel in einer Fachzeitschrift kennen, wollte ihn daraufhin kontaktieren, aber er war schon eine Woche zuvor seiner Krankheit erlegen.

Immer wieder der Effekt in diesem Computerspiel, dass im Voraus gewisse Sachverhalte eingebaut werden, die man erst im Nachhinein richtig versteht und erkennen kann.

Weil ein Spieler, wie KPR heute, Stand 2023 sozusagen „abgefragt" wird, ob er die letzten Jahrzehnte etwas aus dem Spielverlauf des Computerspiels gelernt hat?

Trigger Word

„The Catcher in the Rye" von J.D. Salinger

Abb.:

Man beachte, dass das Buch-Cover sowohl auf der Vorder- wie auf der Rückseite gleich aufgemacht ist!

Warum wird das Buch des U.S. amerikanischen Autors Salinger „Der Fänger im Roggen" so prominent in die Kamera gehalten?

Dazu heißt es u.a., in einem „Web-Found":

„The Catcher in the Rye", auf Deutsch "Der Fänger im Roggen", ist ein amerikanisches Jugendbuch aus dem Jahr 1951 von J.D. Salinger.

Das Buch „The Catcher in the Rye" –Die Message: Kinder müssen losgelassen werden, damit sie Verantwortung übernehmen können.

Anmerkung:

Wie jung war und ist der Spieler KPR hier in dieser Computerwelt, als er vor 2 Tagen und 15 Stunden ins Koma gelegt wurde, um im Luziden Traum, der ein Computer bestimmt, Aufgaben, Rätsel, Verantwortung zu übernehmen?

Schöne neue Computerwelt

Ab der 5. Folge der 10. Staffel wurden die Episoden von „Der Alte" mit Rolf Schimpf, alias Kommissar Kress auf das neue Standard-Format gebracht.

Sodass man nun auch die Zeitungen, die in die Kamera gehalten werden, lesen, oder entsprechende Aufnahmen, respektive „Easter Eggs" etwas besser erkennen kann.

Danke dafür, liebes ZDF, bzw. K.I., dass ich die Arbeit erleichtert bekommen habe.

Abb.:

Computerspiel „Eagle Empire", gezeigt in der ZDF Reihe „Der Alte", Staffel 10, 5. Folge „Terzett in Gold".

Zu obigem Computerspiel gibt es mittlerweile, 40 Jahre nach Ausstrahlung der ZDF-Folge mit dem drin enthaltenen Hinweis auf „Eagle Empire, einen „Wikipedia" Eintrag:

```
„"Eagle Empire" is a conversion of the arcade machine classic
"Phoenix", which filled the arcade halls in 1980. To end a game
round you need to fend off four attack waves with a space ship and
then try to eliminate the commanders of the enemy's base . . ."
```

Abb.:

Schachcomputer aus „Tatverdacht", Folge 11 der 10 Staffel, ZDF 1986 „Der Alte" mit Rolf Schimpf.

Auch hierzu existiert ein englisch/amerikanischer Wikipedia-Eintrag:

```
„Martin Bryant (born 1958) is a British computer programmer known as
the author of "White Knight" and Colossus Chess, a 1980s commercial
chess-playing program, and "Colossus Draughts", gold medal winner at
the 2.Computer Olympiad in 1990.
..
Bryant lives in the Manchester area and retired in 2020.
```

Martin Braynt hat auch ein anderes Brettspiel für Computer entwickelt, dass man jetzt am Computer, auch wettbewerbsmäßig spielen kann:

"American Checkers" oder "English Draft", was in deutsch das gute alte „Dame-Spiel" bedeutet, mit damals runden „Steinen" aus Holz auf einem schwarz/weiß Brett.

Diese o.g. Computerentwicklungen, die ihren Anfang in den 1980er Jahren nahmen und die man heute, Stand 2023, z.B. auf „Wikipedia" nachlesen kann, und damals in der ZDF Krimireihe „Der Alte" als Ostereier versteckt wurden, sind nicht unbedingt das Hauptthema des Players KPR, sodass nichts weiter dazu gesagt werden kann.

Vielleicht wurden von der K.I. diese Computer-Hinweise für andere Spieler, die in ihren eigenen, solipsistischen Welten spielen, oder spielen müssen, versteckt.

Immer wieder interessant ist, dass Hinweise, Rätsel usw. aus den 1980 Jahren, ob in „Schimanski", „Matula" oder „Der Alte" erst jetzt, bald 40 Jahre später, zumindest vom Autor, richtig verstanden werden können, da er bestimmte Themen mittlerweile recherchieren konnte, oder Informationen darüber nun im Internet zu finden sind.

Ein musikalisches Osterei

In der Folge 120, „Die letzte Nacht", aus der ZDF-Krimireihe „Der Alte" mit Rolf Schimpf als Kommissar Kress, 1987, findet man ein musikalisches Thema, dass sich durch die gesamte Folge zieht:

„I want to be free", 1987, Sängerin: Edna Bejarano, als einzige Single auf Vinyl von Komponist Ress herausgebracht, der hauptsächlich im Hintergrund arbeitete und unter anderem Werbemusik schrieb.

Also in unserem Fall eine extra bestellte Auftragsarbeit, ganz speziell für diese, o.g. Folge in ZDF Reihe „Der Alte" verfasst, wo ein Strafgefangener nach verbüßter Haft vorzeitig frei kam und wieder in die ersehnte Freiheit entlassen wurde:

Freedom is a Candle in the Night

It´s a Flame that doesn´t hurt

Freedom is a gentle Summer Night

It´s not only a Word

Freedom is the Sign that shines Today

It´s our Future and our Past

Freedom helps to keep you on your Way

It´s here to stay . . . it lasts . . .

And I say:

I wanna be Free

I know, **I can´t win in this Game**

I don´t want to lose it

Don´t break it

I´ll make it

I wanna be free

I wanna be free

Don´t wanna be drowned in my Tears

I´m sure I can lose all my Fears if I try

Now I´ll be free

Free for you

Free for me

Free for you

I´ll be free

Freedom is a Key for every Door

It´s a Promise to come true

Like a soft Breeze from the Summer Shore

It loves to kiss . . . to be you

Freedom is a Dream that doesn´t lie

It´s a Hope that can´t be wrong

Freedom is a word for silent cry

Doesn´t die, it´s there to be strong

I wanna be free

I know I can´t win in this Game

I don´t wanna lose it

Don´t break it

I´ll make it

I wanna be free

I wanna be free

Don´t wanna be drowned in my Tears

I´m sure I can lose all my Fears if I try

I´ll be free

Free from you

Free for me

Free from you

I´ll be free

-Ends-

(www youtube com watch v L71B-1s12Bo
www youtube com watch v 3R7cfDRMnWs)

Dies sind die Lyrics von der Schallplatte, wie man sie 1987 hätte kaufen können.

Eine Melodie, die eingängig und schön anzuhören ist. Ob die Musik ausschließlich eine K.I. erfunden, kreiert hat?

„Ich weiß, dass ich dieses Spiel nicht gewinnen kann.

Ich will es nicht verlieren oder kaputt machen.

Ich will aus dem Spiel raus gehen und frei sein."

Dies könnte die Aussage des Spielers KPR zu diesem (unfreiwilligen) Computerspiel sein.

Alle und jede Handlung hier in der Simulation ist vorprogrammiert und kann von einem Spieler nicht nachträglich abgeändert oder beeinflusst werden.

Verlieren möchte man natürlich auch nicht, und man möchte ausschließen, dass das Spiel nicht mehr richtig läuft, was nachteilig für einen Player sein könnte.

„I wanna be free!"

Der Autor möchte endlich aus dem Spiel raus, weil es kein schönes Spiel ist und letztendlich frei sein, frei von Druck in einer, alles kontrollierenden und manipulierenden Simulation agieren zu müssen!

Die Musik wurde für diese Folge so gestaltet, dass sie passend für die einzelnen Szenen unterlegt werden konnte. Wenn also Dialoge gesprochen wurde, hörte man die Melodie nur instrumental oder sehr leise, ansonsten mit gesungenem Text.

Es ergibt sich der Anschein, dass gewisse Spielszenen, wie eine Autofahrt, ab der Minute ca. 8:11 extra so gestaltet wurde, dass man den o.g. Song in seinen wichtigsten Reimen und Aussagen auch ja hören, gut verstehen kann!

Auch im Abspann läuft dieser Song, der „auf den Punkt" mit dem Abspann aufhört, also nicht wie üblich, ausgeblendet wird.

Im Vorhinein, im Voraus werden in dieser Computersimulation gewisse Dinge, Ereignisse, Sachverhalte, ob politisch, global oder persönlich, angeschoben, die man als Spieler im Nachhinein, nach 20, 40 Jahren erst richtig verstehen kann.

Das Spiel hier in der Simulation kann ein solipsistischer Spieler nicht gewinnen, wie der Song richtig aussagt, da „Helferfiguren" rar gesät sind.

Diese künstliche Welt ist vorprogrammiert, die Programmierung kann man als Spieler nicht abändern. Im Höchstfall beeinflussen. Aber man soll es nicht übertreiben, sonst ist der Spielverlauf kaputt, unterbrochen: „Don´t break it", You can make it", man will kein Loser, Verlierer sein, wenn man selbstverschuldet gegen das Spiel arbeitet und in eine, wie auch immer geartete Falle tappt und damit „ausgeschaltet" ist.

Interessant ist bei den einzelnen Folgen von der ZDF Krimireihe „Der Alte", dass immer wieder im „Büro Kress" in der Polizeidirektion München in den Aktenschränken mehrere

Aktenordner zu erkennen sind, die das jeweilige Datum, wo die einzelnen Episoden spielen, als Etiketten aufgeklebt bekommen haben: in großen, fetten Zahlen, kameragerecht werden die Jahreszahlen 1986, 1987 usw. abgefilmt.

Ein Hinweis, dass in den 1980er Jahren in dieser Simulation bestimmte „Features" einprogrammiert wurden? Die später für einen Spieler, wie KPR, wie z.B. die Szene mit dem Erfinder Andreas Epp in der 101. Folge, der ersten Folge mit Rolf Schimpf als Kommissar, von Interesse sein wird?

Modellbau und Flugscheiben

Klappe - Die Zweite!

In der Folge aus der ZDF Krimireihe „Der Alte", 11. Staffel, Folge 123 mit dem Titel „Mord ist Mord" haben wir sozusagen, was „Easter Eggs" betrifft, die Fortsetzung von Folge 101:

Wieder hängen einige, im Maßstab 1/72 gebaute Plastikmodelle an der Wand, darunter eine Boeing B-17, Catalina Flugboot, ein Junkers Ju 86 Bomber der Luftwaffe von Italeri und ein englischer Bomber von Matchbox, eine Handley Page Heyford.

Folge 123 „Der Alte", „Mord ist Mord"

Abb.:

Einige Plastikmodelle hängen an der Wand, wie schon zuvor in Folge 101.

Dazu ein Poster eines Leopard II A-4 ohne Markierungen, der interessanterweise jetzt (Stand 2023) wieder von Interesse ist, da erneut ein Krieg in Europa stattfindet.

Die Modelle, die bei einem Modellbauer, wie der Autor KPR sofort Aufmerksamkeit erregen, sind sozusagen der „Hingucker", die „Ankündigung", dass zusätzlich ein bestimmtes „Osterei", oder mehrere, ebenfalls in der jeweiligen Szene zu finden sind.

Wenn auch der Hingucker, die Modelle erst nach dem eigentlichen Osterei auftauchen. Denn einige technische Zeichnungen, die im Zusammenhang mit J.A. Epp stehen könnten, erschienen zuerst, dann die Modelle:

Folge 123, „Mord ist Mord"

Abb.:

Als Schauspieler Michael Ande den Raum betritt, kann man neben der Eingangstür einige Papiere, die extra an einem Schrank, die Schranktüren geklebt wurden, erkennen.

Auf einem Papierbogen, kann man spiegelverkehrt die Aufschrift „Top Secret" ausmachen.

Andere Dokumente, weißes Papier, nicht nur in der Standardgröße DIN A-4 wegen dem Kamerabild, wahrscheinlich alles extra für die Szene angefertigte Kopien, enthalten Zeichnungen technischer Art.

Gegebenenfalls Kopien von Patentschriften, die aber wegen der schlechten Bildauflösung leider nicht entzifferbar sind.

Unter den Zeichnungen erkennt man kreisförmige Formen. Andere, technische Zeichnungen stellen so etwas, wie Rohrleitungen, evtl. eine Pumpe, Antriebe oder ähnliche, technische Geräte dar. In welchem Zusammenhang, ist unklar, da das Fernsehbild, bzw. die Kopie der 123 Folge unglücklicherweise unscharf, wenig hochauflösend, nicht auf HD-Standard gebracht wurde.

Leider ist diese Kopie der 123 Folge wohl nicht in HD umkopiert worden, obwohl das neue, jetzt übliche breite Format bereits vorhanden ist, sodass das Fernsehbild keine bessere Auflösung hergibt, um die Zeichnungen genauer überprüfen und interpretieren zu können.

Abb.:

Neben den Plastikmodellen in 1/72, die auch der Autor/Spieler KPR sammelt und gebaut hat, sieht man unten links ein mehrstöckiges Gebäude.

Könnte dieses Gebäude ebenso eine Bedeutung aufweisen und als „Osterei" eingefügt worden sein?

Leider konnten die Hinweise, die an der Schrankwand im Jahre 1987 für einen wissenden Zuschauer absichtlich angebracht wurden, nicht eindeutig gelöst werden, da das Fernsehbild keine gestochen scharfen Bilder liefern konnte, um die Zeichnungen einwandfrei zu erkennen und um sie zu verstehen.

Nur die Modelle an der Wand sind eindeutig, da der Autor als Plastikmodellbauer seit 1971 eben genau solche Modelle, wie u.a. von Revell, Matchbox oder Italeri gebaut hat.

…

Für wen, welchen Zuschauer wurden die Hinweise, wie die Modelle, sowie die Zeichnungen an der Schrankwand eigentlich aufgehängt? Eben hauptsächlich für einen Spieler der sich mit Luftfahrt und Modellbau auskennt?

Vielleicht leben in anderen, solipsistischen Computerwelten noch weitere Player, die ein ähnliches Hobby und ähnliche Interessen, was Luftfahrt und Luftfahrthistorie betrifft, wie der Autor dieses Buches, wer weiß?

Wer, als damaliger Zuschauer konnte in der Einstellung der obigen Szene, die nur wenige Sekunden gedauert hatte, überhaupt etwas erkennen?

Wer hatte 1987 die Folge aufgenommen, nur um einzelne Szenen in Zeitlupe oder Standbild genauer anzuschauen?

Wer kannte Joseph Andreas Epp und an was der Mann im Zweiten Weltkrieg gearbeitet hatte?

Im Jahre 1987 wurde etwas in einem ZDF-Krimi versteckt, das entweder niemand je entdecken würde.

Oder, wie nun der Autor, man findet die Ostereier, da ein Spieler weiß, dass er in einer Simulation, einer künstlichen Welt lebt und auf dieses oder jenes zu achten hat. Wie eben gewisse Fernsehserien, die alle zumeist Mitte der 1980 bis Ende 1989 gedreht wurden und Hinweise für einen Player enthalten.

Die 1980er Jahre Folgen der ARD „Schimanski-Tatorte" enthalten zumeist sozialkritische, vermischt mit speziellen militärischen Themen.

In der ZDF Serie „Ein Fall für Zwei" wurden zumeist lustige Themen, Hinweise speziell für den Autor (Arbeitsplatz, Spielszene, die er selbst am Hauptbahnhof zu Frankfurt/M., beobachten konnte) versteckt. Dazu ein diskriminierende Spruch gegen Ausländer im Zusammenhang mit der rechten Szene.

In der ZDF Krimireihe „Der Alte" wurden individualisierte Themen, wie Plastikmodellbau, Sparte Luftfahrt der 1930/40er Jahre eingebaut. Dazu der Blitzauftritt eines Protagonisten aus dem Zweiten Weltkrieg, der in die Entwicklung von Sonderfluggeräte verwickelt war, mit dem sich der Autor und Spieler Klaus-Peter Rothkugel bis heute beschäftigt.

Bleiben noch die Folgen der ZDF Krimis „Derrick" aus Mitte/Ende der 1980er Jahre zu bearbeiten, ob auch dort „Easter Eggs" versteckt wurden, welcher Art auch immer.

Insert

Am Ende des Spiels
wird Bilanz gezogen!

Das Abfragen des Gelernten.

Wurden die gestellten Aufgaben gelöst?

Hat man anständig recherchiert und in den letzten 35 Jahren daraus etwas gelernt?

Was hat ein Spieler während seiner Zeit in einer Computersimulation an Wissen angehäuft, an Erfahrungen gesammelt, wie ist er zurecht gekommen, hat es sich gelohnt, in dieser Simulation teilgenommen zu haben?

Sind deshalb in bestimmten Medien, wie z.B. in den o.g. Krimifolgen „Easter Eggs" versteckt, die man erst im Nachhinein, also bis zu 35 Jahre später so richtig versteht, weil die Hinweise ein Teil des Lernprozesses in dieser Computerwelt ist? Nämlich am Ende des Spiels, am Anfang des 21. Jahrhunderts, in den 2020er Jahren, zu überprüfen, ob die Simulation für einen Spieler etwas gebracht hat?

Wo lagen die Stärken und Schwächen eines Spielers? Konnte er die, ihm gestellten Aufgagen, zumindest ansatzweise erfüllen? Hat er die versteckten Hinweise gefunden und konnte er sie richtig auswerten?

War das Spiel, die Simulation auf gewisse Schwerpunkte verlagert und wurden andere, weniger wichtige Themen vernachlässigt? Hat sich ein Spieler daran gehalten oder ist er abgeschweift, war unbekümmert, desinteressiert?

Sollte das Spiel, die Simulation sich auf gewisse Inhalte beschränken, nicht das ganze Leben in seiner vollen Breite simuliert werden?

Der Player KPR könnte sich mittlerweile 2 Tage und 15 Stunden in dieser Kunstwelt aufhalten. Vielleicht werden es drei Tage und KPR kann nun Bilanz ziehen.

Hat er die, ihm vorgegebenen Aufgaben in dieser Zeit zufrieden stellend gelöst?

Wenn ja, wie geht es weiter?

Wie geht die Simulation zu Ende? Durch Krieg und Untergang, da diese spezielle Kopie einer Basis-Simulation für andere unbespielbar geworden ist, KPR zu viele „Fußabdrücke" hinterlassen hat?

In dieser ganz spezielle, solipsistischen Welt, mit teilweise ganz speziellen, individualisierten Spielabläufen? Hat das Spiel auch ein ganz spezielles Ende . . .

Die geheimen
U-Boote

In der Folge 128 aus dem Jahr 1988, entnommen aus der ZDF-Krimireihe „Der Alte" mit dem Titel „Um jeden Preis", werden von einer Firmenmitarbeiterin und Spionin einige technische Zeichnungen mit einer kleinen „Minox" Spionage-Kamera abfotografiert.

Diese großen Zeichenblätter enthalten technische Seitenansichten eines futuristischen U-Bootes unbekannten Typs.

Submercible „UTS 7833"

Abb.:

Eine „Fantasie-Zeichnungen" eines Unterwasserfahrzeuges, das so nicht existiert?

K.I. Halluzinationen aus dem Jahr 1988?

Schöne Zeichnungen ohne jeglichen technischen und praktischen Wert, die nur das Grundprinzip, insbesondere des exotischen Antriebes verdeutlichen sollen?

Kommt es nur auf das Grundprinzip an, das man als Computerspieler irgendwann während des Spiels gelernt hat, wie z.B. ein MHD-Antrieb auf Basis der Lorenzkraft funktioniert?

Abb.:

U-Boot mit Auslegern für elektromagnetischen Antrieb.

Solche Wasserfahrzeuge mit speziellen E-Antrieben sind heute, Stand 2023 immer noch militärisch geheim!

Abb.:

„Technisches Innenleben" eines Fantasie-U-Bootes, das keinen Sinn ergibt, weil Geheimnisse und Details nicht preisgeben werden können und dürfen?

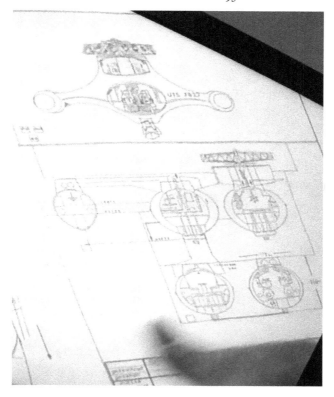

Abb.:

Schnittzeichnung der Vorderansicht eines speziellen Unterwassergefährts:

In der Mitte der Hauptrumpf mit zwei Sitzen für die Aquanauten, die das U-Boot steuern.

An Auslegern sind links und rechts zwei Gondeln mit ggfs. einem MHD-Antrieb für eine Unterwasserfahrt eingezeichnet.

Eigentlich unpraktisch, da ein U-Boot, gerade auch für militärische Nutzung doch stromlinienförmig sein sollte, um sich z.B. in engen, länglichen Unterwassergebirgen vor dem Feind verstecken zu können. Oder um nicht an Riffen und unterirdischen Gesteinsformationen hängen zu bleiben.

Abb.:

Kleine Ein-, oder Zweimann-U-Boote mit elektromagnetischen Antrieben.

Unklar ist, was auf der Kanzel mit Fenstern vorne und hinten auf der Oberseite der Ein-Mann-Kabine eingezeichnet ist. Und ob diese „Dachkonstruktion" mit dem Antrieb im Zusammenhang steht oder reine „Computer-Fantasie" darstellt.

Triton 36000/2 Submercible

Abb.:

Mini-U-Boot der U.S. amerikanischen Firma „Triton" mit „Gull Wing" Design, die in Florida, USA ansässig ist. Die Firma wurde 2007 gegründet und baut bis heute Luxus-Kleinst-U-Boote für den privaten Gebrauch und Tourismus.

Dazu heißt es, entnommen von der Web-Site von „Triton":

„Named in honor of Triton's August 2019 first manned mission to
visit the RMS Titanic in 14-years, utilizing the **Triton 36000/2**.

Tthe Triton **Titanic Explorer** is a high-performance, flexible
platform built specifically to accommodate professional applications.
Its 4,000-meter depth-rating makes it the perfect submersible for
deep-ocean exploration and marine life research.

While diving, the unique and distinctive "Gull Wing" design provides
an unrivalled versatility of operation. With the wings retracted,
the submersible is streamlined for ascent and descent, and capable
of maneuvering in and around incredibly tight spaces. Extended, the
wings serve as a platform for lighting and cameras, ideal for macro
work, scientific observation or close filming. The submersible's
Silent Glide feature, when enabled, allows gentle, sweeping turns
for cinematic videography and ensures that delicate species or free-
floating objects remain undisturbed. Fully deployed to **6 m gull
wings** raise **the vehicle's propulsion** up and away from the seabed,
ensuring that delicate species or free-floating objects remain
undisturbed
...
The **acrylic sphere** in which **passengers sit** becomes practically
invisible once immersed, providing amazing **panoramic views with zero
distortion.**

Die Erklärung

Dazu folgender Dialog aus o.g. Folge 128, „Um jeden Preis", wobei Kommissar Kress den
Firmeninhaber über die abfotografierten Unterlagen befragt:

„Wir **konstruieren**, wir **erfinden, wir entwickeln** . . . im Auftrag von
Firmen oder auch auf eigenes Risiko . . . Maschinenbau und **maritime
Technik**"

Kress: "Aber Sie produzieren nicht selber . . . . ?"

Inhaber: „Manchmal die Prototypen, aber selten . . ."

Kress: „Was kommt in den Tresor?"

Inhaber: „Pläne für ein **Zweimann U-Boot** . . . Auftrag einer
amerikanischen Touristikfirma für die Karibik . . . Im gewissen
Sinne haben wir einen Weltnamen für maritime Technik . . . (Tresor
mit Zeichnungen und Plänen, die vorher spioniert wurden, wird
aufgeschlossen) Alles da!

**Wenn Sie so wollen, können Sie 50 Prozent aller Erfindungen für den
Krieg nutzen, oder für Sabotageakte!**"

Anmerkung:

Wobei hier, bei den oben wiedergegebenen Zeichnungen es sich eher um militärische U-Boote und weniger um Touristik Tauchboote handeln könnte!

Weitere Hinweise

Eigentlich sind es drei unterschiedliche, gar vier verschiedene Versionen von Unterwassergefährten, U-Boote und ggfs. militärisches Gerät, die man auf den Zeichnungen, und in einer weiteren Filmszene nun auch auf Foto-Abzügen erkennen kann.

Denn die KTU hat von dem Microfilm, die die Spionin und Mitarbeiterin einer nicht näher bezeichneten maritimen Entwicklungsfirma mit ihrer „Minox" Klein-Spionagekamera heimlich und schnell aufgenommen hatte, gute, saubere und scharfe Abzüge auf Fotopapier gemacht.

Diese werden nun von Kommissar Kress und seinen beiden Mitarbeitern nochmals genauer begutachtet:

Kom. Kress hält Spionage-Material in Kamera
"Der Alte", "Um jeden Preis", ZDF, 1988

„Herr Schimpf, schauen Sie doch etwas freundlicher in die Kamera und nicht so grimmig!"

Auch hier, beim ZDF aus 1988 haben wir wieder Schauspieler, die entweder Bilder, Fotos oder Modelle auf Anweisung der Regie in die Kamera halten müssen, wie z.B. Larry Hagman in der U.S. Sitcom „I dream of Jeanny" aus 1965/66!

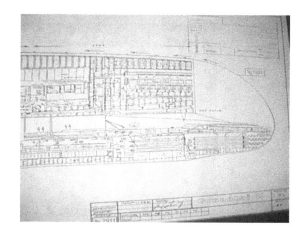

Abb.:

Ein großes U-Boot, wo hier die Bugspitze mit „Innereien", einigen „technischen Details" dargestellt ist

Die Fließrichtung des umgebenden Wassers wird mit Pfeilen angedeutet

Links erkennt man insgesamt viermal das Blitz-Zeichen für Hochspannung. Die je zwei Symbole für Überspannung sind so angeordnet, dass sie wie die Runen einer ehemaligen NS-Organisation aussehen.

Handelt es sich hier, und ggfs. bei den drei anderen „U-Booten", um militärische Über-/Unterwasserfahrzeuge, gar zusätzlich teilweise ein kombiniertes U-Boot/Fluggerät, die alle mit einem so genannten MHD, einem „Magnetohydrodynamischen", elektrischen Antrieb ausgestattet sind und deshalb bis heute, Stand 2023, als militärisches Geheimnis behandelt werden?

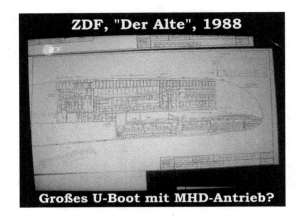

Großes U-Boot mit MHD-Antrieb?

Abb.:

Es sind keine Beschriftungen lesbar. Die „Schrift" wurde als unleserliche Hieroglyphen absichtlich so gestaltet, dass man nichts entziffern kann, um ggfs. militärische Geheimnisse zu bewahren.

Wer hat diese Fantasiezeichnung, und alle hier abgebildeten technischen Zeichnungen, die allesamt auf reale Informationen beruhen könnten, erstellt?

Ein Mitarbeiter der Requisite der Produktionsfirma, die die Krimireihe „Der Alte" produzierte?

Oder eine K.I.?

Auch das große U-Boot könnte mit Hilfe der Lorentzkraft, Antoon Lorentz, Holländer, Forscher aus dem 19. Jahrhundert angetrieben werden.

EM-Antriebe basieren auf Wissenschaft aus dem 19. Jahrhundert und sind, salopp gesprochen „Low Tec"!

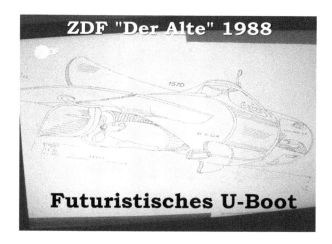

Die, in der o.g. Folge gezeigten technischen Zeichnungen scheinen so zusagen „Halluzinationen" einer K.I. zu sein.

Nicht Halbes und nichts Ganzes. Wohl u.a. aus „Spiele technischen Gründen", damit ein Player, wie KPR nicht gleich auf die Lösung kommt und erst nachdenken, sein Erlerntes abrufen muss, um zu verstehen, was hier in einem ZDF-Krimi präsentiert wird.

Könnte eine künstliche Intelligenz, also eine Maschine eine technische Zeichnungen eines nicht existenten, Fantasie-U-Bootes, eines Unterseebootes kreieren, das keine Entsprechung zur Wirklichkeit hat, da man im ZDF und bei dieser Krimireihe keine Urheberrechts-Verletzungen und keine Werbung für irgend einen Hersteller von Mini- und Klein-U-Booten für den kommerziellen, zivilen Markt machen wollte und durfte?

Also werden eine, bzw. mehrere indifferente Zeichnungen angefertigt, die im Grunde nichts aussagen, sowie nur Hieroglyphen als Beschreibung vorweisen.

Ob 1988 ein begabter Zeichner diese Seitenrisse angefertigt hatte oder eine K.I., ist unklar.

Aber auch ein virtueller Zeichner in dieser Computersimulation hängt ja an einem Computerprogramm und ist vor-programmiert.

Interessant ist, dass die drei Kommissare im Büro von Hauptkommissar Kress sich immer mal wieder, je nach Staffel vor Leitz-Aktenordner positionieren, wo man als Fernsehzuschauer an den Aufklebern am Rückten der Aktenordner das jeweilige Jahresdatum schön deutlich in fetten Buchstaben ablesen kann.

Wie bei dieser Folge aus dem Jahr 1988!

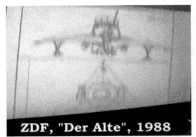

ZDF, "Der Alte", 1988

Leider ist dieser Abzug, den Riedmann, der Mann von der KTU, Kommissar Kress präsentiert, und das Foto schnell auf den Schreibtisch hinblättert, nur Sekundenbruchteile und verwischt zu erkennen.

Danach wird der Abzug absichtlich von einem anderen Bild, das Riedmann darüber legt, verdeckt.

Alles auf Anweisung der Regie und mit voller Absicht.

Was soll dieses „U-Boot", das eine Art, stark gepfeilte Delta-Tragflächen aufweist, dazu an den äußeren Flügelenden zwei große Tellerstützen als Auflage am (Meeres-) Boden, darstellen?

Auch ein, senkrecht startendes „Fliegendes U-Boot" mit einem speziellen, elektrischen, MHD-Antrieb, das bis heute geheim gehalten wird? So geheim, dass auch bei „Der Alte" nur für einen sehr kurzen Moment, für Sekundenbruchteile ein wissender Zuschauer einen Blick darauf werfen darf?

Wer hatte Zugang zu solchen Informationen, auf dessen Grundlage wohlmöglich die technischen Zeichnungen entstanden?

Die so interessant waren, dass alle, insgesamt vier unterschiedliche Versionen, dass diese „U-Boote in zwei Spielszenen in der Folge 128 „Um jeden Preis", also um jeden Preis, einem Spieler, wie dem Player KPR präsentiert werden sollten.

Weil diese „Vehicles" bis heute, 35 Jahre später, im Jahre 2023 immer noch ein Geheimnis darstellen, von dem so gut wie niemand etwas weiß?

Magnetohydrodynamische Antriebe in der Seefahrt

Auszug aus dem Buch "Das Geheimnis der wahren Raumfahrt", Teil III von Klaus-Peter Rothkugel, 2017:

„Neben den vielen EHD- und MHD-Fluggeräten können auch Wasserfahrzeuge elektromagnetisch angetrieben werden.

So gibt das u.a. das U.S.-Patent-Nr. 5.353.139 „Method and Apparatus for the Propulsion of Water Vehicles" vom 4. Oktober 1994, Aufschluss über eine mögliche Art eines elektrischen U-Boot-Antriebes:

„In einer **Röhre**, die Teil einer Antriebseinheit ist, werden sowohl

elektrische, wie auch magnetische Feldlinien erzeugt, die senkrecht zueinander verlaufen. Durch die **Röhre fließt Wasser** aus der Umgebung (wie z.B. im Meer). Durch die **EM-Felder** wird eine **Kraft** auf die im Salzwasser enthaltenden elektrischen Ladungsträger (**Ionen**) ausgeübt, die sich in **Vortrieb** umwandeln lassen. Entlang der gesamten Länge der Antriebsröhre verläuft eine Solenoidspule.

Eine der Elektroden ist längs der Röhre angebracht und eine Spannungsquelle wird zwischen die Röhre und der Elektrode geschaltet. Diese Quelle agiert gleichzeitig als zweite Elektrode. Eine Archimedes-Schraube als Antrieb liegt zwischen der Elektrode und der umgebenden Röhre und schaufelt das Wasser in axialer Richtung von vorne nach hinten. Aber die Schraube kann auch fest mit einem elektrischen Leiter verbunden sein, der senkrecht zu den Magnetfeldlinien rotiert.

Eine oder mehrere dieser Antriebseinheiten (**oder Tandem-Einheiten**) können entweder direkt an einem Schiffskörper (normales Überwasserschiff oder U-Boot) montiert sein, oder aber **abgestrebt** unterhalb des Bootsrumpfes herausragen.

Die rotierende Bewegung der Schraube (ob fest montiert oder freilaufend) ergibt sich aus der entstehenden **Lorenz-Kraft**. Dann nämlich wenn sich elektrische und magnetische Feldlinien kreuzen und es zu einer Rückstoßkraft kommt. Durch die Lorenzkraft werden die im Salzwasser enthaltenen **Ionen elektromagnetisch aufgeladen** und bewirken durch ihre Fließkraft, dass eine Rotation der Antriebsschraube entstehen kann.

Es können auch zwei oder mehrere Antriebseinheiten parallel und hintereinander geschaltet werden, die z.B. gemeinsam ein magnetisches Feld nutzen.

Aber auch hier könnte sich zeigen, dass U-Boote mit elektrodynamischen - bzw. MHD - Antriebsverfahren bereits während oder kurz nach dem zweiten Weltkrieg entwickelt und gebaut wurden und teilweise als „USOS" weltweit gesichtet wurden.

Leider fällt auch diese interessante Antriebsweise unter die weltweite Vertuschung von EM-Antrieben und bleibt bis heute für die interessierte Öffentlichkeit geheim, bzw. nähere Informationen werden nur ungern der Allgemeinheit zugänglich gemacht. "

-Ends-

Siehe hier z.B. die Ausleger, wie in der Zeichnung (links), die von der Spionin in dem Krimi aus der ZDF Reihe „Der Alte", Folge 128 „Um jeden Preis" abgelichtet wurde.

Ein MHD-U-Boot, wo das salzhaltige Meerwasser in den zwei Röhren links und rechts durch die Lorenzkraft ionisiert wird, ein gerichteter (Vorwärts-) Impuls erzeugt wird, der das Gefährt antreibt?

Ein verstecktes „Easter Egg" für einen Spieler, wie KPR, der schon 2017 in seinem Buch „Das Geheimnis der Wahren Raumfahrt", Teil III darauf hingewiesen hatte?

Im Voraus werden technische Details irgendwo von dem hiesigen Computerspiel in den Medien versteckt, die im Nachhinein von einem Spieler, wie KPR entdeckt und gelöst werden.

Dies ist ein Prinzip, wie dieses Spiel funktioniert!

Übrigens:

Interessant ist der Dialog in der 134. Folge von „Der Alte", ZDF 1988, mit dem titel „Blackout", in der die ex DDR Schauspielerin Angelica Domröse in der 23:50 Minute zu ihrem Filmbruder folgenden Spruch sagte:

„Du hättest dir die Devise deines großen Bruders zu Eigen machen sollen:

„Tue nichts Gutes, dann widerfährt dir nichts Böses!"

Ein Leitspruch, eine Gebrauchsanweisung, die (nur) für diese Computerwelt und den Umgang mit vorprogrammierten Computerfiguren gilt?

ZDF, Krimireihe Derrick

Auch in der parallel zu „Schimanski", ARD und den ZDF-Krimireihen „An Fall für Zwei, „Der Alte" und nun auch „Derrick" mit Horst Tappert und Fritz Wepper als ermittelnde Kommissare, sind – militärische – „Easter Eggs" für den Spieler KPR versteckt worden:

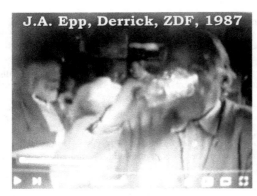
J.A. Epp, Derrick, ZDF, 1987

Abb.:

Links mit weißem Bart und weißen Haaren sitzt der Flugscheibenkonstrukteur Joseph Andreas Epp am Tisch einer Bierbar.

Im Vordergrund sieht man den Schauspieler Hans Canienenberg mit seiner Filmpartnerin Käthe Gold in der Folge 161 aus der Krimireihe „Derrick" mit dem Titel „Eine Reihe von Schönen Tagen" aus 1987, ausgestrahlt im Jahre 1988.

Die Kamera wurde so positioniert, das Canienenberg nicht in der Mitte des Fokus der Kamera platziert wurde, sondern, dass auch Epp links mit ins Bild passte.

Um von einem Spieler, der J.A. Epp aufgrund seiner Recherchen nun kennt, einwandfrei identifiziert zu werden.

Wieder ist Epp, wie schon zuvor bei „Der Alte" eine Vorankündigung, dass im Laufe der Spielhandlung o.g. Derrick-Folge ein weiteres, militärisches „Osterei" folgen wird:

Abb.:

Aus der Folge: „Eine Reihe von schönen Tagen" aus der Krimireihe „Derrick", ZDF, 1987:

Zu sehen sind zumeist Standard G-3 Sturmgewehre der Bundeswehr, wie auch eines der Spieler KPR, der von September 1980 bis Dezember 1981 als „W-15" beim Bund gedient hatte, in der Hand hielt und damit schoss.

Abb.:

Zeichnung einer Messerschmitt Bölkow-Blohm Bo 105 Kampfhubschrauber mit je drei Werferrohren links und rechts für Panzerabwehr-Granaten, die in o.g. Folge dem Zuschauer präsentiert wird.

Dazu heißt es in „Wikipedia" unter anderem:

„Der Panzerabwehrhubschrauber-1, (PAH 1) hat eine verstärkte Zelle, entspricht aber in Bezug auf seine Avionik und das dynamische System der Bo 105-M. Hinzu kam noch ein Stinger-AN/ASN-129-Dopplerradar.

Seine **Hauptbewaffnung** besteht aus dem **drahtgelenkten deutsch-französischen Panzerabwehr-Lenkflugkörper (LFK) „HOT"**, von dem auf jeder Seite drei Stück in horizontal angeordneten Startrohren mitgeführt werden können."

Im Grunde ist der Bo 105 Panzerabwehrhubschrauber und die Sturmgewehre kein großes Geheimnis, auch 1987 schon nicht mehr.

Interessant ist, dass man den ex Luftwaffen-Angehörigen und in geheime Entwicklungen eingeweihte Person, Joseph Andreas Epp auch bei „Derrick" in einer kurzen Sequenz als „Statist" eingefügt hatte, den so gut wie niemand bis heute in der o.g. Szene je erkannt haben wird.

Wohlmöglich wurden die Folgen „Der Alte" und „Derrick", in der Epp erschien, etwa zur gleichen Zeit im Sommer 1987 oder früher, gedreht.

Das geheimnisvolle Gemälde

Aus: Derrick, Folge 138, „Geheimnis im Hochhaus", ZDF, Erstausstrahlung 1986, Minute 25:55:

... „Ich möchte Ihnen ein Bild abkaufen . . . !", sagt Oberinspektor Stefan Derrick (Horst Tappert) zu einem Verdächtigen und hält in seinem Büro in der Polizeidirektion München das abgekaufte Bild hoch - respektive in die Kamera- - und zeigt es seinem Assistenten, Inspektor Klein (Fritz Wepper):

Gezeigt wird ein, auf Leinwand gepinseltes Gemälde, dunkel und bedrohlich gestaltet, mit einem kahlen, schwarzen Baum, dazu drei einfache Zweige, ohne jegliche Blätter.

Daran hängen an je einem Zweig, je zwei Haken mit je einer Musikkassette.

Eine Kassette ist weiß, also ohne Beschriftung.

Die andere Kassette hat ein Cover:

Abb.:

Schauspieler Horst Tappert hält ein geheimnisvolles Gemälde in die Kamera.

Das Bild, das Derrick einem Drogen-Junky abgekauft hatte.

Man erkennt einen schwarzen, kahlen Baum ohne Blätter.

An den dürren Zweigen hängen zwei Musikkassetten.

Die eine ist unbeschriftet mit nur einem weißen Blatt als Cover.

Die andere Kassette hat einen bräunlichen Hintergrund, wo man eine – männliche – Person mit zwei „Rasseln" erkennen könnte.

Oben auf der MC befindet sich ein schwarzer Schriftzug, der, trotz fehlender HD-Auflösung, folgende Bedeutung erkennen lässt:

„Die Lage ist . . .“

vergrößert den Schriftzug, ist zu lesen:

Derrick, ZDF 1986

„Die Lage ist . . .“

Es befindet sich kein weiteres Wort mehr am Ende des Satzes. Der Schriftzug ist nur als eine Art Balken angedeutet, also absichtlich unleserlich gehalten.

Alles bleibt weiterhin indifferent, wie das ganze Computerspiel!

Es wird nicht verraten, wie die „Lage“, die Situation ist.

Welche Lage?

Heute? Zur Zeit des Drehs in den 1980er Jahren?

Zu dem Zeitpunkt, wo ein Spieler dieses „Easter Egg“ entdeckt und auswertet?

Ist es die Lage der Welt, so wie sie der Player KPR jetzt, im Sommer 2023 vorfindet?

Schön, zuversichtlich, hoffungsvoll, aussichtsreich, das Paradies auf Erden mit Gold gepflasterten Straßen und vielen weiteren Annehmlichkeiten? Eine goldene Zukunft ohne Probleme und voller Zuversicht?

Oder ist die Lage so, wie sich das oben, von Derrick präsentierte Gemälde darstellt:

Düster, Grau in Grau, Schwarz, bedrohlich, gefährlich, eskalierend, kahler Baum, hoffnungslos, verfahren, keine Zukunft, keine Zuversicht mehr, dem Ende nah . . .?

Siehe die - negativen - Themen im Jahre 2023, wie Klimawandel, Kriegsgefahr, Überbevölkerung, Inflation, Wohlstandsverlust, Perspektivlosigkeit, Unruhen usw.!

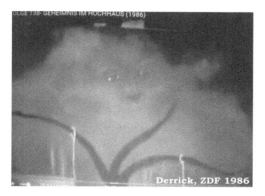

Derrick, ZDF 1986

Abb.:

Welche unbekannte - weibliche - Person schwebt über dem Baum und dem gesamten Gemälde in den „Wolken", einer „Cloud" und überwacht ggfs. die Szene?

Die Macher dieser Computerwelt, die K.I. als weibliches, virtuelles, undurchsichtiges Wesen?

Peter Strohm
ARD Krimireihe 1988

In der 1. Staffel, 1. Episode aus der Reihe „Peter Strohm", ARD, NDR, 1989, verlässt Peter Strohm, Schauspieler Klaus Löwitsch ein Hotel.

Die Kamera ist auf einen Mann mit Hut gerichtet, der schamvoll nach unten blickt und einen Zettel, eine Art Karton in der Hand und in den Fokus der Kamera hält, wo vier Zeilen zu erkennen sind.

Peter Strohm, alias Schauspieler Klaus Löwitsch schaut interessiert auf den Mann mit der Nachricht in der Hand.

Wenn die Kopien auf „You Tube" jetzt noch HD-Qualität hätten, könnte man die Botschaft sogar entziffern!

(Wer eine lesbare Kopie besitzt, bitte beim Autor melden!)

Abb.:

Peter Strohm, alias Schauspieler Klaus Löwitsch schaut neugierig nach rechts, wo ein Mann mit Schlapphut und gesenktem Kopf ein kleines Schild, Plakat, Zettel in Händen hält, worauf etwas Handschriftliches geschrieben steht.

Abb.:

Welchen Text beinhalten die vier Zeilen auf obigen Blatt, das ein unbekannter Mann in den Händen hält, sodass die Kamera es im Focus hat?

Leider ist dies die „Best Copy available", da die „Peter Strohm" Krimifolgen nicht in HD-Qualität zur Verfügung stehen!

Revell Plastikmodelle
Surinam und Französisch-Guiana
Waffenexporte für Mercenaries

Die, in der Staffel 1, gezeigte Episode 4 „Die Mondscheinmänner", ausgestrahlt 1989, gedreht, Sommer 1988 beinhaltet wieder ein militärisches Thema.

Vorab, als die übliche „Ankündigung", dass ein Rätsel, ein "Easter Egg" zu erwarten ist, sieht man Klaus Löwitsch, alias Peter Strohm in einem Modellbaugeschäft, wo es auch Plastikmodellbausätze von Revell im Maßstab 1/48 zu kaufen gibt.

Die Modellbausätze von Revell, wie F-4 „Phantom", Brit. „Harrier", Mirage, Me 110, Sikorsky Helikopter und einige mehr, sind alle schön für die Kamera in einem Regal, das an einer Wand steht, wo Löwitsch entlang läuft, arrangiert worden.

Später in der Szene fliegt der gesamte Laden durch eine Explosion einer gezündeten Handgranate in die Luft.

So heißt es über den gesamten Inhalt dieser „Peter Strohm" Episode unter anderem:

„Irgendwo in Deutschland erreicht Peter Strohm ein Anruf der niederländischen Kulturatachée in Bern, Annaclar van Anken.

Sie vereinbaren ein treffen in Basel. Peter Strohm soll für sie einen gewissen Rötting ausfindig machen, der im **Auftrag von Exil-Surinamesen in der heute von den Niederlanden unabhängigen Republik Surinam einen** Putsch **organisiert.** Dieser Putsch hätte für das benachbarte Französisch-Guayana wie auch für die Niederlande unangenehme wirtschaftliche Folgen.

Peter Strohm gelangt aufgrund seiner Nachforschungen zur Contex AG in Bern. Diese Firma **rekrutiert Elitekämpfer für den Putsch.** Peter Strohm bewirbt sich."

Folgender Dialog bei den Söldnern in einer Filmszene ist von Interesse:

„. . . . Der Job dauert drei Wochen.

Wir arbeiten in Surinam . . . . Das ist unser Gegner. . . . 2.000 Soldaten . . . Army, Navy, Air Force, und dann nochmals 1.000 Mann für die paramilitärischen Streitkräfte.

Die Bewaffnung ist veraltet.

We have here FAL . . .

...

Und dann fünf Flugzeuge schwedischer Herkunft, **Saab One-O-Five** . . .

Und BAT Minenwerfer.

Die Informationen der Marine, die stehen noch aus."

Strohm: „ Wann wollen Sie anfangen . . .?

„Der . . . Konzern drängt. . . . Er will unbedingt das surinamische
Bauxit. . . Unter Aufbau einer nationalen Befreiungs-Guerilla, das
dauert zu lange. Wir müssen nächsten Monat unser Camp
aufstellen, . . . im Grenz-Jungel von französisch Guiana . . . auf
französischem Gebiet.

Anmerkung:

In Suriname war eine Niederlassung der, in Pittsburgh, USA ansässige Firma "Aluminum Co.
of America", „Alcoa", tätig. Der Export von Bauxit und Aluminium hatte einen großen Anteil
an Surinames Deviseneinnahmen.

Im Jahre 1980 kam es in dem lateinamerikanischen Staat Surinam, das zuvor bis 1975 eine
niederländische Kolonie war, zu einem Putsch des Militärs. Die Putschisten setzten die
Regierung und den Premier Arron ab. Die Bevölkerung von Surinam unterstützte den
Staatsstreich, weil man auf bessere Lebensbedingungen hoffte.

Aufgrund von unterschiedlichen Interessen, einem geplanten Gegencoup, die Ermordung von
Oppositionellen usw., wurde 1980 der Nationale Notstand ausgerufen.

Von 1986 bis 1992 herrschte in Suriname ein brutal geführter Guerillakrieg.

Auf dem Display dieses Telefons, das in einer Szene aus o.g. Folge „Peter Strohm" gezeigt
wird, ist das Datum 4. Juli 1988 zu erkennen. Der Zeitraum, wo die Episode gedreht wurde?

Krimi "Peter Strohm", 1988

Abb.:

Peter Strohm, alias Schauspieler Klaus Löwitsch ermittelt nicht etwa in einem Kiosk, Wäscherei oder zum Beispiel bei einem Schlüsseldienst, sondern in einem Modellbauladen, wo man auch Plastikmodelle der Firma Revell im Maßstab 1/48 finden kann.

Modellbausätze zum Zusammenbauen, wie der Autor dieses Buches diese seit 1971 sammelt!

Zufall?

So zufällig, wie in der Krimireihe „Der Alte", wo ein ganzes Zimmer mit gebauten Plastikmodellen in einer Filmszene gezeigt wird? Siehe Foto weiter oben in diesem Buch.

…

Der Guerillakrieg in Suriname lähmte das Land für Jahre. Auch ausländische Söldner kämpften für beide Bürgerkriegsparteien.

So hatten die Guerrilieros mehrere englische Söldner rekrutiert. Die Sunamesische Armee hatte auch eigene, ausländische Söldner angeheuert.

So flogen ehemalige Vietnam Veteranen den einzigen Hubschrauber im Besitz der Armee, einen Bell 205, der von einer privaten Firma aus Venezuela angekauft wurde.

Ob es denkbar ist, dass in Europa, respektive Frankreich, Elite-Söldner angeworben wurden, in Suriname zu kämpfen, wer weiß. Ob darunter auch Piloten waren, die ein kleines, strahlgetriebenes Erdkampfflugzeug steuern konnten, wie eben die Saab-105, wer kann dies heute noch feststellen. Gegebenenfalls die schwedische Firma Saab selbst, oder deren ehemalige Mitarbeiter, die möglicherweise einige Saab-105 aus schwedischen Luftwaffenbeständen für den Erdkampf in Surinam abgezweigt hatten.

Ob vor allen Dingen die Franzosen Interesse hatten, das Nachbarland Guiana vor Übergriffen zu schützen, da dort seit 1968 das Raketenabschussgelände „Centre Spatial Guyanais" in Korou für „Arianespace" aufgebaut wurde, wäre eine Möglichkeit, warum ausländische Elitekämpfer als Privatarmee in die Kämpfe in Suriname eingreifen sollten.

Denn bis heute ist eine Einheit der Fremdenlegion, das 3. Infanterie-Fremdenregiment in Korou stationiert, um in erster Linie die Grenze und den Weltraumbahnhof zu sichern.

Saab 105

Im Jahre 1963 war der Jungfernflug des zweistrahligen Jet-Trainers Saab 105, auch SK-60 bezeichnet, dessen Entwicklung bereits in den 1950er Jahren begann. Die Piloten saßen nebeneinander, was die Schulung von angehenden Flugzeugführern erleichtern sollte.

Der Saab Strahltrainer ging aus einem Projekt eines zivilen Geschäftsflugzeuges hervor. Die Saab-105 oder SK 60 konnte auch als Erdkampf- und Aufklärungsflugzeug eingesetzt werden.

Die Saab Maschinen der schwedischen Luftwaffe wurden mit einer Lizenzversion des 742 kp Schub liefernden französischen Turbomeca-Aubisque-Triebwerks ausgestattet.

46 Maschinen erhielten ab 1970 Außenlaststationen für 30 Kanonenbehälter oder ungelenkte Raketen. Dafür standen sechs Stationen für Außenlasten unterhalb der Tragfläche zur Verfügung, wobei die Flügel als Schulterdecker ausgelegt waren.

Sie SK 60 hatte keine große Höchstgeschwindigkeit, konnte dafür extrem langsam fliegen, was insbesondere für „Close Air Support", CAS von Vorteil ist, um Bodenziele wirksam zu bekämpfen.

Somit wäre die SK-60 das ideale Kampfflugzeug für Luftnahunterstützungs-Missionen, da die Saab relativ klein, dafür aber sehr wendig war.

Ein Pilot, auch ein angeworbener Söldner hätte mit einer tödlichen Nutzlast unter den Tragflächen ein sehr effektives Kampfflugzeug in Händen gehabt, um Aufrührer im Dschungel von Suriname wirksam zu bekämpfen und auszuschalten.

Eine Aufklärungsvariante erhielt Kameras im Bug der Maschine.

Insgesamt wurden bei dem schwedischen Hersteller Saab, bekannt für seine Autos, 190 Serienexemplare der Saab-105 produziert.

Neben den schwedischen Luftstreitkräften nutzte nur noch das Österreichische Bundesheer die Saab-105 als Schulflugzeug.

In Schweden waren 150 Saab 150 im Einsatz, in Österreich 40, die erst vor einigen Jahren ausgemustert wurden.

ARD, Peter Strohm, 1988

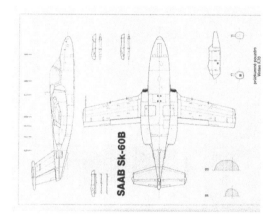

SAAB Sk-60B

4-seater
Saab SK 60 D Liason Aircraft

Die schwedische Flugzeugfirma Saab konstruierte die Saab-150 von vorneherein als viersitzige Verbindungs- und Aufklärungsmaschine.

Die zwei Saab Schleudersitze der Einsatzversion konnten schnell gegen vier Passagiersitze ausgetauscht werden, die zwar keine Vorrichtung mehr für Fallschirme, wie die Schleudersitze besaßen, dafür aber komfortabler waren.

Mitte der 1970er Jahre wurden 10 Saab-105 Flugzeuge als viersitzige Passagier- und Verbindungsmaschinen umgebaut und SK 60 D bezeichnet.

Anmerkung:

Ob aus diesen 10 Beständen einige SK 60 D wieder mit Schleudersitzen ausgestattet wurden, dazu mit einer Modifikation als Erdkampfflugzeuge ausgerüstet, wäre denkbar.

Und das weder die Firma Saab, noch die Franzosen oder eine spezielle Söldnerfirma je darüber gesprochen haben, dass solche umgerüstete Verbindungsflugzeuge nun in der Rolle als „Close Air Support", CAS Kampfflugzeuge im Guerillakrieg in Suriname in Latein-Amerika eingesetzt wurden.

Digital Computer die Zweite!

In der Episode 1 der 2. Staffel von Peter Strohm mit dem Titel „Amateure sterben schnell", ARD, Bayerische Rundfund, 1990, wird wieder ein Produkt der U.S. Computerfirma „digital" in den ersten Minuten der Episode gezeigt:

Ein „Graphics Environment Manager", mit der deutschen Bezeichnung:

„GEM/3 Desktop, Version 3.11, 16. November 1988, Copyright 05,00 Digital Research Inc., Alle Rechte vorbehalten"

MBB BK 117

ARD, Krimi Peter Strohm, 1990

Außerdem zeigt die o.g. Folge einen - fiktiven - Prospekt einer Firma, die Hubschrauberflüge für Rundflüge anbietet.

Ein Erpresser möchte fliehen und sucht sich einen Hubschrauber mit Piloten, der ihn aufnimmt, damit er schnell und unerreicht entkommen kann.

Dabei wird ein BK-17 der Firma MBB gezeigt, der in der Mitte des Prospektes abgedruckt wurde.

ARD Krimi Peter Strohm, 1990

Abb.:

Der Ermittler Peter Strohm, gespielt von Klaus Löwitsch setzt aus zerrissenen Papierschnipseln wieder einen Hubschrauberprospekt zusammen.

Prominent in der Mitte der Seite ist groß ein Modell des MBB BK-117abgebildet.

Bei dem BK-117 scheint es sich um ein Großmodell mit einer fiktiven Bemalung eines Rettungsfliegers zu handeln, ggfs. ein Demonstrationsmodell aus Metall, also kein Foto eines Originalhubschraubers.

Später untersucht Peter Strohm das Zimmer, wo der Erpresser den Katalog mit den angebotenen Hubschrauberflügen zerrissen im Papierkorb zurückgelassen hatte.

Strohm setzt die zerrissene Seite wieder zusammen und die Kamera zeigt wieder den MBB BK 117, wie schon in einer Szene zuvor.

Der BK-117 war ein kleiner Mehrzweckhubschrauber der Firma Messerschmitt-Bölkow-Blohm in Gemeinschaftsarbeit mit der japanischen Firma Kawasaki Heavy Industries.

Später ging die bayerische Firma MBB im Daimler-Benz Aerospace, DASA Konzern auf und ist jetzt mit der französischen Aerospacial ein Teil von „Eurocopter", EC.

Der jetzt „EC-145" genannte ehemalige BK-117 wird bis heute als Polizei- und Rettungshubschrauber/Medicopter genutzt.

Welche Bewandtnis es mit dem abgebildeten MBB BK-117 in dieser Krimifolge aus der Reihe „Peter Strohm" hat, ist unklar.

Aber, wie erwähnt, der BK-177 aus dem Film, gedreht wahrscheinlich 1989, ist in abgewandelter und modernisierter Version bis heute, Stand 2023, im Einsatz. Auch bei der Bundeswehr als Nachfolger der Bo-105 als PAH, wie in der oben erwähnten Derrick-Folge aus 1987.

Soll dies auch darauf hindeuten, dass diese Computerwelt vorprogrammiert ist? Und man wieder einmal im Nachhinein erkennen soll, was bereits vor mehr als 30 Jahren (oder einem Tag und 6 Stunden) bereits für einen Spieler, der nach „Easter Eggs" sucht, einprogrammiert wurde?

https://www.youtube.com/watch?v=zo5ySbaLQ3U
Peter Strohm Folge 13, 2. Staffel

Für einen Flugzeugenthusiasten, wie der Autor KPR konnte man in einigen „Peter Strohm" Episoden, die von unseren lieben K.I. bereitgestellt wurde, unter anderem eine U.S. Cessna „Citation", eine britische Britten Norman „Islander", mehrere Piper oder Cessna zweimotorige Turboprop Geschäftsreiseflugzeuge, sowie das Wrack einer Percival „Proctor" in diversen Spielszenen auf Flugplätzen erkennen.

Dazu kommt eine wunderbare „K.I.-Haluzination" in einer ZDF-Krimifolge „Der Alte" zum Vorschein:

ZDF-Krimi „Der Alte"
Folge:
So gut wie tot

In „Der Alte" Folge 151 aus 1990 haben wir eine merkwürdige Schlussszene, die wie folgt abläuft:

Ein Mörder entzieht sich seiner Festnahme, in dem er, hier dargestellt von Schauspieler Christoph Waltz, von einem Balkon in den Tod springt.

Nachdem er in den Tod gesprungen ist, sieht man Waltz leblos auf einer Treppe liegen, die rechte Hand seitlich ausgestreckt.

Dann rutscht unvermittelt ein Gartenstuhl rechts, seitlich an dem Schauspieler die Treppe herunter und Christoph Waltz, als hätte er es gewusst, zieht rechtzeitig seine rechte Hand zurück, damit er nicht von dem Gartenmöbel getroffen und verletzt wird.

Ziemlich lebendig für einen Toten, der gerade durch Balkonsturz in den Freitod gesprungen ist!

Falls die Szene verunglückt war, warum hatte man sie nicht neu gedreht?

Oder war es eben Absicht, den Stuhl knapp neben Walz die Treppe herunter rauschen zu lassen?

Wenn ja, ein merkwürdiger Gag der Filmcrew oder und der K.I. an die Zuschauer, bzw. eine schöne Inszenierung für den Computerspieler KPR!

Interessant ist, das Waltz, gefilmt bei seiner Flucht durch das Haus, hoch zum Balkon, wo er hinunterstürzt, er den rechten Arm kaum bewegt.

Wurde obige Szene mit dem herunter rutschenden Gartenstuhl gar mehrmals gedreht und Waltz hatte einmal nicht richtig reagiert?

Schauspieler sollte nicht in die Kamera blicken

Abb.: links:

Mehrmaliger Schlafzimmerblick der Schauspielerin Gudrun Landgrebe in der Episode „Ende mit Schrecken", aus der Krimireihe „Der Alte", 14. Staffel, ZDF 1990.

Absicht der schönen Darstellerin, um ihren Sexappeal zu demonstrieren?

Anmerkung:

Warum sind so viele „Easter Eggs" in mehreren deutschen Krimireihen, ob ARD oder ZDF aus Mitte/Ende der 1980er Jahre für den deutschen Bürger und Spieler Klaus-Peter Rothkugel versteckt worden?

Oder bestimmte militärische „Ostereier", zum Beispiel in U.S. Produktionen, wie „I dream of Jeanny" oder „Rear Window", wo für beide Produktionen der Regisseur Sir Alfred Hitchcock verantwortlich zeichnete. Gar in der Hauptsache für U.S. Bürger, die man in eine künstliche Welt verfrachtet hatte und die zufällig, oder aufgrund der „unsichtbaren Hand" auch von Autor KPR entdeckt wurden?

Lässt bei der K.I. das amerikanische Hollywood grüßen?

Kommt die Computersimulation aus den 1980er Jahren, einer fortschrittlichen Militärtechnologie, die auch die „Wahre Raumfahrt" nutzt?

Apropos Hollywood:

Der Autor dieses Buches hat sich immer wieder gefragt, wenn er bestimmte Hollywood Action-Filme neuerer Produktion angeschaut hatte, wie haben die das gemacht?

Wenn in London das Riesenrad explodiert, ein Kriegsschiff durch die Häuserschluchten von San Francisco aufgrund eines Tsunamis schwimmt, in Hong Kong ein fiktives Hochhaus brennt und so weiter und so fort.

Das ist K.I. in Reinkultur!

Wie weit ist die Technik der K.I. in dieser Simulation des beginnenden 21. Jahrhunderts tatsächlich fortgeschritten?

Ist das menschliche Gehirn längst verstanden und fand ein „Mapping" aller Gehirnregionen schon lange statt? Kann man bereits Gedanken per Computer an andere Menschen übertragen?

Wenn bei Protesten von Schauspielern in Hollywood darüber geklagt wird, dass Darsteller in einem Container „gescannt" werden, wie ist der tatsächliche Stand der Technik, Menschen als Figuren in eine Computersimulation zu übertragen?

Viel weiter als offiziell zugegeben?

Kann eine entsprechende Software bereits aus allen möglichen Bildern, Fotos, Filmen ect, künstliche Computerfiguren generieren?

Kann diese K.I.-Software bereits, durch Satelliten-, Drohnen-, Luftbildaufnahmen, Fotos und Filme, die am Boden erstellt wurden, die komplette Welt und alles was darin enthalten ist, wirklichkeitsgetreu, fotorealistisch und dreidimensional abbilden?

Gibt es nicht nur solche K.I. Welten, die Hollywood für seine Action-Kinofilme verwendet, sondern auch für das Militär und die Geheimdienste, gar für die Privatwirtschaft, siehe „Welt am Draht"?

Wo befindet sich der Autor momentan, in welcher von wem generierten Welt?

Eine Welt aus Hollywood, dem U.S. Geheimdienst CIA oder dergleichen?

Was kann oder muss ein Spieler, ob freiwillig oder gezwungenermaßen, in solch einer K.I. Welt eigentlich spielen und warum?

Soll ein Spieler die versteckten „Ostereier", wo immer sie auch untergebracht, von der K.I. eingebaut wurden, entdecken?

Wird ein Spieler, wie der Autor KPR von diesem System, der K.I. oder wer auch immer für diese künstliche Welt verantwortlich ist, gelenkt, Gedankenübertragung vom K.I.-System an das Gehirn des Spielers, damit er unter anderem die „Easter Eggs" auch ja aufspüren soll?

Wie wird er noch gelenkt und warum? Was soll er lernen, an unterschiedlichen Erfahrungen sammeln und vieles mehr?

Ist es gar nicht so wichtig, ob ein Spieler ein bestimmtes Rätsel bis ins Detail löst? Weil die „Ostereier" teilweise reine „K.I.-Logik" sind und deshalb nicht vergleichbar mit menschlicher Logig ist? Siehe hier als Beispiel der französische Rätselfilm „Letztes Jahr in Marienbad", wo Alfred Hitchcock die Finger mit im Spiel hatte.

Was passiert mit dem Spieler im Alter bis zu dessen Tot, in dessen „Limbus", tief in seinem Unterbewusstsein als Plattform, diese Simulation stattfindet.

Wacht er, also der Autor KPR, ggfs. nach, zum Beispiel rund drei Tagen in dem Spiel nun wieder auf und befindet sich zurück in der Wirklichkeit!

Wie nahe ist die Wirklichkeit an dieser Simulation, wo gerade der Autor diesen Satz, dieses Buch schreibt (und nicht ein K.I.-Programm!) tatsächlich?

...

**Im Voraus
vor Jahrzehnten eingefügt,
im Nachhinein,
Jahrzehnte später endlich verstanden:**

Simulacron-3

„Ich lebe in einer simulierten Welt!"

Der U.S. amerikanische Autor Daniel F. Galouye verfasste einen, für einen Computerspieler interessanten Science Fiction Roman mit dem Titel „Simulacron-3" oder „Counterfeit World", der erstmals 1964 veröffentlicht wurde.

Falls man den Roman, zumindest aus der Sicht des Spielers KPR überhaupt als einen Zukunftsroman bezeichnen kann, es ist eher annähernd ein „Tatsachenroman"!

Simulacrum ist lateinisch und bedeutet Abbild, Trugbild. Der amerikanische Autor Galouye beschrieb in seinem SF-Roman eine simulierte Realität, heute VR, „Virtuelle Realität" bezeichnet.

Der U.S. Journalist und SF-Autor Daniel Francis Galouye wurde am 11. Februar 1920 in New Orleans, Louisiana, USA geboren und verstarb auch dort am 7. September 1976.

Interessanterweise war Galouye in Krieg von 1942 bis 1945 Testpilot bei der Navy.

Die Luftfahrt, das Interessengebiet des Autors KPR lässt grüßen! Denn man könnte den Eindruck gewinnen, die Simulation hier in dieser Welt bedient das Thema Luftfahrt für den Autor. Ob durch Modellbau, Luft- und Raumfahrträtsel, historische Luftfahrt und immer wieder kommen im Film und TV, in Romanen oder Biographien, wie bei Galouye, Flugzeuge, Piloten, Flugzeug-Szenen usw. vor.

Schriftsteller Galouye ist aber auch nur eine virtuelle Figur, da diese spezielle Welt, oder Kopie, einer Basisversion solipsistisch aufgemacht ist, also nur ein echter Mensch sich in dieser Simulation aufhält. Galouye könnte mit seinem Roman und den später daraus entstandenen Filmen eben einem Spieler (aus der Vergangenheit heraus) Hinweise (für die Zukunft) geliefert haben, dass diese Welt nicht echt ist, eine Simulation darstellt.

Merkwürdigerweise gibt dieses „Spiel" einem Player verdeckt oder ganz offen Tipps, dass es sich hier um VR handelt, wie der Autor schon des Öfteren beobachten und erfahren konnte!

Dafür wird man nicht etwa aus Rache oder Verschleierung getötet, „herausprogrammiert" oder „ausgeschaltet", wie in den spannend gemachten Filmen über „Simulacron-3". Denn, so wie es scheint, soll ein Player hier erkennen, dass er in einer VR lebt, da man für ihn ja ganz individualisierte „Easter Eggs" versteckt hat, die er auch gefälligst finden soll.

Leider geht aus den öffentlich verfügbaren Angaben nicht hervor, wo Galouye die Informationen für seinen SF-Roman „Counterfeit World" bezog. Ob vom U.S. Militär oder von großen Konzernen, die mit Simulationen Marktforschung betreiben.

Und inwieweit die damalige Technik, Forschung und Wissenschaft betreffend Computertechnologie und Gehirnforschung es bereits ermöglichte, entweder am Bildschirm, oder im Unterbewusstsein eines menschlichen Gehirns, künstliche Welten entstehen zu lassen, die entweder nur begrenzt, z.B. eine Stadt mit „Konsumenten" nachstellt oder gar bereits ganze Welten mit Figuren und allem, was dazugehört, eine Welt enthält, zu simulieren

Dies wird hier in dieser K.I.-Welt ebenso vehement geheim gehalten, wie der Spielverlauf, den der Autor KPR versucht, hier in diesem Buch zu erklären, beziehungsweise, worüber er bereits als schriftliche Dokumentation seiner Recherchen, in diversen veröffentlichten Büchern über die Jahre hinweg, berichtet hatte. Denn als Spieler muss ich, KPR ja dies erarbeiten, erkennen und in einen Spielverlauf umsetzen und nicht alles „vorgekaut" bekommen!

Möglich, dass künstliche Welten unter anderem damit begonnen hatten, wie im SF-Roman „Simulacron-3" beschrieben (was simulierten die Welten „Simulacron-1 und -2?), das ein großer TEAG, „Test AG" eine Kopie eine realen Stadt mit zehntausend programmierten Wesen, also Menschen enthält.

Es sollen u.a. Studien zur Markforschung damit erfolgen. Heute gibt es mannigfaltige Studien, Simulationen, die ausgeführt werden. So, z.B. für die Feuerwehr, die simuliert wie ein Brand in Hochhäusern, in Fernsehtürmen usw. zu bekämpfen sind. Das Militär natürlich simuliert x-mal den Dritten Weltkrieg und wie man ihn gewinnen kann, und so weiter und so fort.

So wird es Studien geben, die z.B. das Militär und die Geheimdienste erarbeiten, wie über das Verhalten von Menschen, Menschengruppen, ganzer Staaten in bestimmten Situationen, wie Katastrophen, Unruhen oder dem allgegenwärtigen Krieg.

So hatte man z.b. herausgefunden, dass sich der durchschnittliche Normalbürger tagtäglich in etwa 40 Kilometer von seinem Heimatort entfernt aufhält, wenn er etwa zur Arbeit fährt.

Auch werden bestimmte Regelmäßigkeiten, Routinen, Abläufe aus dem täglichen Leben usw. der Menschen studiert, woraus man ein bestimmtes Verhalten und Rückschlüsse ableiten kann.

Wann jemand aufsteht, zur Arbeit fährt, was einkauft, wo in Urlaub fährt, usw. Solche Daten werden bis heute durch „Data Mining" jeden Tag über Handy usw. erhoben und ausgewertet. Andauernd und überall auf der Welt, sodass man - im Hintergrund - immer aktuell ist.

Wohl auch eine Grundlage für diese spezielle Simulation, wo sich der Leser gerade aufhält.

Was wurde früher „per Hand", erste Rechenmaschinen erhoben wurde, machen heute umfangreiche Supercomputer-Anlagen weltweit wesentlich schneller und effektiver. Man will alles wissen und weiß auch fast alles.

Vor Jahren schon hat der Autor KPR über bestimmte Techniken des Gedankenlesens und die Erfassung der Daten daraus im Internet gelesen. Dies wird mit Sicherheit entweder schon jetzt im großen Stil durchgeführt, oder in naher Zukunft.

Die Welt ist seit geraumer Zeit bereits „gläsern", transparent.

Sodass der Schritt, alles in einer Simulation zusammenzufassen, nicht also groß ist.

Die Frage ist nur, seit wann man dies bewerkstelligen kann? Und was Galouye bereits in den 1950er, Anfang der 1960 Jahren als Journalist dazu und wo über Supercomputer und deren Leistungsstärke, was Simulationen betrifft, erfahren hatte?

Bekam der Journalist bei großen Firmen und Multis in den USA, die das Kaufverhalten ihrer Konsumenten erforschten, beim U.S. Militär und Geheimdienst, wo man zukünftige Ereignisse simulierte, um die Weltherrschaft der USA weiter auszubauen, solche - auch geheime - Informationen, wer weiß?

So heißt es bei „Wikipedia" über den Autor Galouye:

„Leitende Gedanken der Geschichte sind der kartesianische Satz „**Ich denke, also bin ich**" und **Zenos Paradox**. Im Denken entstehe die Gewissheit einer Existenz - auch die Simulationseinheiten im simulierten Computer in einer Simulation seien bewusste Lebewesen. Zenos Paradox mit Achilles, der die Schildkröte trotz ihrer Langsamkeit nie einholen kann, liefert den Schlüssel für die unendliche Reihung von Simulationen.

Der Roman wurde zweimal verfilmt, zuerst 1973 von Rainer Werner Fassbinder unter dem Titel „Welt am Draht" und 1999 von Josef Rusnak, Produktion: Ute und Roland Ememrich, unter dem Titel „The 13th Floor".

Was leider in den Filmen nicht erklärt wird, ist, wie die Simulation funktioniert, sodass eine Computerfigur glaubt, ein echter Mensch zu sein.

Denn die K.I. Fotos oder Filme, die mit K.I. erstellt wurden, sind alle nur zwei-dimensional und bilden nicht die Wirklichkeit komplett ab.

Es fehlen z.B. die Umwelteinflüsse, wie Wind, Nässe ect. Es fehlen Hunger und Durst, Gefühle, wie Schmerzen, Freude, Wut, Hass usw., die der Autor KPR alle wahrnimmt oder verspürt.

KPR muss essen und trinken, sonst verhungert und verdurstet er. Er kann von einer Pistolenkugel tödlich verletzt werden, im Gegensatz zu „Ballerspielen".

Obwohl der Autor im Koma liegt und künstlich ernährt und am Leben gehalten werden muss.

Dazu braucht es eben das menschliche Gehirn, den „Klarraum", das „Luzide Träumen", das „Gehirn-Mapping", das Unterbewusstsein als Plattform, sonst funktionieren die wirklichkeitsgetreuen Simulationen nicht!!

Rainer Werner Fassbinder

Welt am Draht

Was der Autor KPR in den zwei Teilen des Films interessant und erwähnenswert fand:

Gebäude in "Welt am Draht"
Simulacron-3

Abb.:

Stiller und sein Mitarbeiter Fritz Walfang aus der Computerabteilung starren auf einen
Bildschirm, wo gerade Live-Ausschnitte aus der Simulation „Simulacron-3" gezeigt werden,
darunter u.a. diese Gebäude.

Staffel 11

Abb.:

Ein Foto, dass bei der ZDF Krimireihe „Der Alte" in der 123 Folge an einer Schrankwand,
neben anderen, geheimen Zeichnungen und Plastikmodellen hängt, siehe auch weiter oben in
diesem Buch.

Beachte fast den gleichen Baustil des Gebäudes, wie bei „Simulacron-3"!

Siemensgebäude in München?

Abb.:

Beachte die säulenartigen, weißen Gebäude und die davor stehenden kahlen, schwarzen Bäume ohne Blätter.

Abb.:

Beachte kahlen, schwarzen Baum ohne Blätter, aus „ZDF, „Derrick", 1986

Da Fassbinder unter anderem bei dem Großkonzern und Computerhersteller Siemens in München gedreht hatte und die Krimireihe des ZDF, „Der Alte" auch in München gedreht wurde, könnte also das Foto an der Schrankwand ein Gebäude aus München darstellen. Gegebenenfalls sind sogar einige Papier, diee an dem Schrank angeklebt waren, Dokumente Patentzeichnungen ect., die von Siemens in irgend einem Zusammenhang mit dem Thema des Spielers KPR stehen, zu sehen.

Und siehe da, im Zweiten Weltkrieg zum Beispiel, entwickelte eine Frau Adler bei Siemens bestimmte Hochspannungsleitungen für elektromagnetisch angetriebene Flugkörper und Raumschiffe, in die auch Prof. Hermann Oberth (bekannter Wissenschaftler, der sich mit

Raumfahrt beschäftigte und auch für Wernher von Braun arbeitete) verwickelt war. Aber die Kabel wurden bei Siemens-Reiniger in Berlin entwickelt und gebaut. Ob auch München, was die Nachkriegszeit betrifft, solche Kabel später fertigte, ist unklar, da EM-Fluggeräte und elektromagnetisch betriebene Raumschiffe geheim sind, in dieser Simulation zumindest.

In dem Fassbinder Film gibt es bereits Tastentelefone, die des Öfteren in bunten 1970er Farben in einzelnen Spielszenen zu sehen sind.

Das erste Gerät mit Tasten, statt Wählscheibe für den Telefonkunden kam erst im November 1976 auf den deutschen Markt.

Zeno Paradox

Klaus Löwitsch, alias Fred Stiller, spricht in einem Cafe mit dem Psychologen der Firma über eine Zeichnung, die Prof. Vollmer erstellt und in seinem Büro hinterlassen hatte.

Dabei fragt er den Psychologen über einen griechischen Krieger mit Schwert, der in die gleiche Richtung, wie eine Schildkröte geht und was diese Zeichnung, die Vollmer skizzierte, zu bedeuten hat.

Der Psychiater, der die Simulation überwacht, antwortet:

„Ja, Zenos Paradox!

Achilles und die Schildkröte . . .

Achilles, der die Schildkröte verfolgt, sie aber niemals einholen kann, weil sie jedes Mal, wenn er die Hälfte der Strecke zurückgelegt hat, ein entsprechendes Stück vorgerückt ist."

Stiller fragt, welche Bedeutung dieses Paradoxon für die Arbeit, die Simulation hat?

Der Psychologe überlegt weiter:

„Aber, soweit ich mich erinnere, soll das Paradoxon darstellen, dass jede Bewegung Illusion ist!"

Es soll wohl angedeutet werden, dass es unendliche Varianten einer Simulation gibt und nicht nur die eine, die im IKZ programmiert wurde.

Diese VR ist sozusagen das „Spiel im Spiel", wo letztendliche einige Computerfiguren entdecken, dass sie auch nur programmierte „Identitätseinheiten" sind.

In diesem Spiel, der Simulation, worin sich der Autor KPR befindet, hat niemand bis heute, Stand 2023, erklärt, dass er entweder eine Computerfigur ist, oder ein echter Mensch, der sich hier in dieser künstlichen Welt aufhält.

Das hat bis jetzt nur der Autor Klaus-Peter Rothkugel getan!

Weitere „Auffälligkeiten, die der Autor bemerkt hat:

Bei einer Radiomeldung, die Stiller mit Eva, der Frau seines verschwundenen Freundes, anhören, wird über „Simulacron-1" und das „Institut für Kybernetik und Zukunftsforschung", IKZ berichtet. Es wird der Verdacht geäußert, dass Simulacron-1 (wieso nun „Simulacron-1" und nicht „Simulacron-3"?) für Berechnungen, Kalkulationen kommerzielle Art - im Interesse eines großen Stahlkonzerns, der berechnen will, wie viel Stahl in 20 Jahren benötigt wird, Kosten in der Zukunft), missbraucht wird.

Was nicht in den Aufgabenbereich des staatlichen geführten IKZ Institutes fällt. Das Institut ist nur für eine reine Kybernetik-Forschung im Auftrag des Staates zuständig und arbeit nicht nebenher auch noch für Privatfirmen (was z.B. in den USA anders ist, siehe „Militär-/Industrieller Komplex"). Ein Interessenkonflikt.

Siehe hier den Hinweis des Autors, dass in dieser Simulation auch Programme parallel laufen, die kommerzielle Forschung, z.B. aus dem Flugzeugbau oder dem Bau von Raumschiffen betrifft. Ein Hinweis, dass diese, hier vom Autor „bespielte" Simulation aus den USA stammen könnte?

Übrigens ist folgende, fiktive, im Film dargestellte Radiomeldung, die im Anschluss zu „Simulacron-1" verlesen wird, interessant, hat sie doch wieder mit Luftfahrt zu tun:

„Die finnische Dichterin Araba Sukonnen, die sich besonders durch die Übertragung des Nibelungenliedes verdient gemacht hat, starb gestern im Alter von 86 Jahren bei einem **Zusammenstoß ihrer Privatmaschine mit einem Segelflugzeug auf dem Sportflugplatz Helsinki**. Der Pilot des Segelflugzeuges wurde leicht verletzt."

Bei einer darauf folgenden Szene, wo Klaus Löwitsch, alias Fred Stiller halbnackt auf einem Balkon mit einem Wachmann des IKZ diskutiert, ist folgende Aussage bemerkenswert:

„ . . . Ich denke, . . . also bin ich. . . . Doch, doch, ich existiere . . . Und doch bin ich nicht der Einzige, der sich mit dem Gedanken befasst, dass nichts wirklich existiert. . . . schon Plato hat die letzte **Realität lediglich in der reinen Idee gesehen** . . . und erst Aristoteles, der hat **die Materie als passive „Nicht-Substanz"** begriffen, die nur durch Denken . . . Realität produziert hat . . ."

Anmerkung:

Realität als reine Idee, Materie als passive Nicht-Substanz.

Das Universum als eine Art „Cloud", wo nur eine Idee letztendlich das - virtuell, als „Klartraum - Leben auch auf dieser Welt kreiert hat.

Eine Plasmawolke, die irgendwie entstand und durch elektrische Ströme irgendwann eine Art Intelligenz entstehen ließ, die sich irgendwann, vor Äonen fragte, was man mal machen könnte:

Ich erschaffe, schöpfe, generiere eine oder mehrere Welten und schau mal was passiert.

Existiert erst einmal eine Welt, kann ich diese durch unendliche Szenearien variieren.

Eine Variation, Schwerpunkt Flugzeuge, Luftfahrt und alles was damit zusammenhängt, ist diese Welt, in der der Autor KPR agiert!

Was natürlich nur eine reine Annahme des Autors ist, aber obige Aussage von Klaus Löwitsch könnte ja ein versteckter Hinweis, ein „Easter Egg" dieser Welt sein!

So, wie in einem Sexfilmchen im Internet:

pornzog-com video 1778931 die gummi stute

„Die Gummistute"

Zu sehen ist ein brit. Panavia Tornado Jagdbomber der RAF auf einer Air Show in low speed, wings extended, heigh speed fly past.

Zu sehen in der circa 16:20 bis 20.15 Minute, mitten in die Handlung geschickt vom Filmemacher, der wohl auch auf einer Air Show zugegen war, eingefügt.

Werbeeinblendung für interessierte Sexfilm Liebhaber: Gummilover, Tel: 0 0639-88 401-2854, DM 1,61, beachte noch Deutsch Mark.

Privater Sex-Amateurfilm aus den 1980er Jahren?

Vom Autor aus den tausenden an Sex-Videos herausgefischt, wo ein Militär-Flugzeug im Fluge auf einer Flugschau zu sehen ist. Wenn das nicht „unsichtbare Hand" und K.I. ist, was dann?

The 13th Floor

Simulacron-3

Interessanterweise spielt die Simulation in Los Angeles im Jahre 1937, weil der Programmierer von Simulacron-3, Hannon Fuller, hier gespielt von dem deutschen Schauspieler Armin Müller-Stahl, aus dieser Zeit kommt.

Der Plot ist derselbe, man erkennt, dass die Welt, in der man lebt, eine Simulation ist, möchte sie retten und letztendlich daraus entfliehen.

Der U.S. SF-Spielfilm erschien 1999 und 25 Jahre später hält der Protagonist, nun in der realen Welt angekommen, die „Los Angeles Times" mit dem Datum, Montag, 21. Juni 2024 in Händen.

Abb.:

Prop-Newspaper „Los Angeles Times" vom 21. Juni 2024:

„2024 Verbrechensrate auf einem Allzeit Tief!"

Die große U.S. Stadt Los Angles hat sich nun, im Jahre 2024, also nächster Jahr, von heute, Stand Sommer 2023, gesehen, auch vor der Küste der Stadt in der Bucht mit mehreren High Rises, Hochhäusern futuristischer Art, ausgedehnt.

Eine Annahme, die nicht eingetreten ist. Auch wird die Kriminalitätsrate, ob insgesamt in den USA und speziell in der kalifornischen Metropole L.A. nicht signifikant nach unten gegangen sein.

Ganz im Gegenteil, „Divide and Rule", das Motto von „Teile und Herrsche" spielt wie immer in dieser Simulation, auch und gerade in den USA, weiterhin eine große, entscheidende und wichtige Rolle.

Die K.I., wo immer sie auch herkommt, z.B. aus der Vergangenheit, verarbeitet und variiert nur das, was sie einprogrammiert bekommen hat und worauf sie zurückgreifen kann. Wenn die Informationen keine optimistische Zukunft zulassen, dreht sich in unserer künstlichen Welt immer alles im Kreis. Ob Bildung, Klima, Krieg usw., immer dasselbe, weil die K.I. selbstständig keine bessere Zukunft kreieren kann oder darf.

Variiert also die K.I. nur die Themen, die sie kennt, die man, zum Beispiel in den 1980er Jahren in diese Welt einprogrammiert hatte:

Krieg, Klimawandel, Waldsterben, Überbevölkerung, Kriminalität, Korruption, verfehlte Politik, Interessenpolitik, Politikverdrossenheit und all die negativen Lebensumstände, die auch eine Computerfigur in dieser Welt, dieser Simulation kennt.

Weil die K.I. nicht anderes kennt, nicht in der Lage ist, eine Situation aufgrund der vorgefundenen Daten zu verbessern und deshalb zu „halluzinieren" anfängt, wenn auch nur im negativen Sinne?

Ist deshalb die Situation in dieser Computerwelt nur auf das beschränkt, was die K.I. hochrechnen, extrapolieren kann, da weiterer „Input" an neuen Erkenntnissen - gewollt - nicht vorhanden ist? Da alles vorprogrammiert ist und man nicht grundlegend in die Simulation eingreift, um z.B. die Lebensbedingen weltweit zu verbessern?

Der Autor KPR hat sich immer gefragt und gewundert, wenn er Berichte, Reportagen oder Interviews aus der Vergangenheit, vor 20.30 oder 40 Jahren sieht oder ließt, dass die Themen immer dieselben zu sein scheinen, die ihm, auch heute noch, bekannt sind und andauernd, immer und immer wieder unter die Nase gerieben werden!

Wann ist endlich Schluss mit dieser merkwürdigen Welt, und wie gestaltet sich das Ende?

Quax in Afrika

Eine kleine, fiktive Unterhaltung in Berlin, irgendwann 1943:

„Herr Reichsminister . . . Ich benötige mehrere Sportflugzeuge, darunter Klemm 2-sitzer, Stieglitz oder Kadett, wenn es geht, alle drei. Dazu eine Kunstflugmaschine mit Pilot, der Kunstflug beherrscht . . . Alle in ziviler Bemalung . . . Ich würde mich freuen, wenn alle Mühlen neu, oder zumindest so gut, wie neu wären . . . Ich werde sie allesamt in Silber bemalen lassen, mit einer zivilen D-Kennung.

Ein kleiner Flugplatz, ein kleiner Nest für die Statisten, alles etwas verschlafen, ohne größeren Betrieb, irgendwo im Süden, in Bayern oder Protektorat wäre mir lieb . . . .

Ach, Herr Reichsminister . . . Ich verwende keine, wie auch immer gearteten NS-Symbole in meinem gesamten Film. Auch keine Propagandasprüche oder Durchhalteparolen, alles soll wunderbar zivil sein und die schöne heile Welt darstellen. Ich scheiß auf die Nazi-Propaganda oder den Endsieg, das Dritte Reich! Ist eh schon alles verloren. Ich plane bereits für Zukunft, die Nachkriegszeit.

Das Hoheitszeichen an allen Maschinen, auch an meinen, die ich mitbringen werde, lasse ich für den Film entfernen, damit die Maschinen keine Gott verdammte Nazi-Flugzeuge mehr darstellen!

Sagen Sie das den Kontrolleuren und Kritikern . . .

Also, ich benötige als Mindest-Budget so um die zwei Millionen RM für die Produktion, die Vergütungen, Gagen, Handwerker, Kulissen und so weiter . . ."

Heinz grinste verschmitzt und hielt dem Herrn Minister einen vorbereiteten Wisch unter die Nase, damit dieser das Papier nur noch abzuzeichnen brauchte.

Der Minister nickte seufzend und kritzelte widerwillig seinen Namen darunter.

. . .

Der Spielfilm „Quax in Afrika" wurde im Dritten Reich in den Jahren 1943/44 gedreht

Die Komödie ist die Fortsetzung des Spielfilms „Quax, der Bruchpilot".

Rühmann letzter komödiantischer Film wurde nicht mehr im Dritten Reich uraufgeführt.

Kurz nach dem Krieg war die Aufführung von „Quax in Afrika" von der alliierten Militärregierung verboten worden, da er angeblich rassistisch sei (weil über, die im Film vorkommenden „Neger", einige lockere Sprüche gemacht wurden, die man auch heute, in „Frieden und Freiheit" immer noch hören kann, wenn auch öffentlich nicht „politisch korrekt," da zensiert!).

Der Film aus 1944, mit einigen Fliegereinlagen, wurde im Jahre 1947 im „neutralen" Schweden uraufgeführt und wurde in deutschen Kinos zum ersten Mal im Mai 1953 gezeigt.

Der Heinz Rühmann Film „Quax in Afrika" ist ein „Easter Egg" von vorne bis hinten!

Auch und gerade ein gefundenes Fressen für einen Luftfahrt begeisterten Fan, wie der Autor KPR.

Der UFA-Schauspieler Heinz Rühmann interessierte sich auch für die Fliegerei und war sogar mit dem Flieger- und Kunstflugexperten Ernst Udet befreundet.

Hier einige Informationen zu dem Filmschaffenden und Privatpilot Heinz Rühmann als Hintergrundinformation:

„Ministerialrat Dr. Fritz Hippler war Leiter der Filmabteilung im Propagandaministerium, später Reichsfilm-Intendant.

Hippler sagt nach dem Krieg in einem Interview aus 1980 folgendes:

„In wichtigen Dingen, zu denen der Film ja gehörte, war die **Auftragserteilung sehr genau und ebenso die Kontrolle der Durchführung**. Was die Eigenwilligkeit anbelangt, so gilt hiefür für die Filmkünstler, was schon Lessing gesagt hatte, als er sagte, „die Kunst geht nach Brot".

Warum sollte ein Künstler dem Willen des Brötchengebers, also des Auftraggebers **zuwider handeln**, Auftrags widrig handeln, und damit **das Risiko eingehen**, keine Aufträge mehr zu bekommen."

...

1941 schaffte es endlich Heinz Rühmann einen Film zu drehen, in dem **er auch fliegen darf**. Das war lange sein Wunsch. Man hatte keine Kosten und Mühen gescheut, einen geeigneten Stcff zu finden.

Sogar ein Preisausschreiben in der Zeitschrift „Filmwelt" hatte es gegeben: **„Gesucht wird Fliegerstoff für Rühmann"**.

Zehn Preisträger konnten einen Rundflug mit dem Star in dessen Privatmaschine (eine englische de Havilland!!, Anm.d.A.) gewinnen.

Rühmann ist inzwischen Leiter einer eigenen Produktionsgruppe in Babelsberg und **bestimmt selbst**, was gemacht wird.

Sein Jahreseinkommen liegt bei 240.000 Reichsmark.

Die Begeisterung fürs Fliegen führt zur Freundschaft mit dem
Fliegerass und Raubein Ernst Udet, dem besten Piloten Deutschlands
und General der Luftwaffe.

Der politisch naive Udet spürt, dass er von den Nazis missbraucht
wird.

1941, während Rühmann den Film „Quax, der Bruchpilot" schneidet,
nimmt sich Udet das Leben.

Der folgende Spruch von Quax wurde damals zum geflügelten Wort für
alle Gelegenheiten, positiv, oder negativ:

„Hiermit eröffne ich die Badesaison!"

(gemeint ist hier der Absturz von Quax in einen Weiher mit seiner
„Udet Flamingo", einer Kunstflug- und Schulmaschine der 1920er
1930er Jahre, Anm.d.Autors!)

...

1944 wird die letzte Rühmann Komödie gedreht, mitten im Bombenhagel.

Zweieinhalb Millionen Reichsmark stehen zur Verfügung, kaum weniger
als sonst. Die Scherze sind deutlich böser, bitterer und auch
rassistischer."

In einer Szene aus o.g. Kinofilm bläut Rühmann, als Fluglehrer „Groschenbügel", seinen
Flugschülern einer privaten(?) Flugschule in dem fiktiven Ort „Bergried" im Allgäu unter
anderem ein:

„ . . . Ihr könnt vielleicht fliegen. Aber diszipliniert
fliegen . . . , das könnt ihr alle nicht!

Und die größte Begabung ohne Disziplin ist weniger wert, als eine
geringere Begabung mit Disziplin! . . ."

Zitate entnommen aus der ARD-Dokumentation: „Heinz Rühmann - Ein Volksschauspieler, (Doku 1992)".

Warum ist der Rühmann-Fliegerfilm so erwähnenswert für den Autor, der schon einige
„Ostereier" in dieser „Welt" aufgespürt hat?

Gedreht wurde die Komödie im Allgäu, Bayern, auf dem Fliegerhorst Kempten-Durach.

Dazu heißt es beispielsweise bei „deZeng, Luftwaffe Airfields in Germany 1935-45:

Kempten-Durach (GER) (47 41 35 N - 10 20 30 E)
General: operational airfield (Einsatzhafen) in Bavaria 105 km WSW
of Munchen (Munich) and 81 km SSE of Ulm; airfield 4 km SE of
Kempten and immediately SW of the village of Durach.

History:

Existed since 1938 as a small landing ground for training. Used for glider training and as a practice field for elementary flight training during the war, and also as a factory airfield (Industriehafen) for the Dornier firm. Surface and Dimensions: grass surface measuring approx. 825 x 685 meters (900 x 750 yards).

No paved runway.

Infrastructure: had 1 small hangar with a paved hangar apron and an adjacent workshop building, both at the NE corner. Personnel were probably billeted in nearby villages and farms. Nearest rail connection was a branch line from Kempten to Durach which passed close to the NE corner of the landing area. Dispersal: no organized dispersal."

Es wird von sechs(!) Flak-Türmen berichtet, die um ein Gebäude, das rund 1.200m von der NW Landebahn entfernt stand.

Einsatzverbände sollen nicht auf dem Platz gelegen haben.

Kempten-Durach war ein Arbeitsplatz für die Luftkriegsschule Fürstenfeldbruck und zur Schulung von Flugzeugführern, hier auf Focke-Wulf 44 „Stieglitz".

Hier einige Flugzeuge, herbeigeschafft für Rühmanns Film, die man als Zuschauer auf dem Platz in Kempten-Durach während des Drehs „Quax in Afrika", 1944 identifizieren kann:

Abb.:

Entnommen aus einem kleinem Dokumentationsfilm, der die Dreharbeiten und die Filmcrew des Rühmann-Films „Quax in Afrika", 1944 im Allgäu zeigen.

Oben abgebildet, eine Bücker Bü-131 D-PRIK (Registrierung fiktiv?), einmotoriger Doppeldecker als Privat- und Schulmaschine.

Beachte Kreis am Seitenruder, der ggfs. dreifarbig dargestellt wurde!

Ob der Kreis mit den möglicherweise drei Farbfeldern in evtl. Rot, schwarz und Gelb gehalten ist, kann nur schwer ausgemacht werden.

Nebenstehender Lockheed „Starfighter" der GAF, „German Air Force", hier ein Demonstrator der U.S.-Firma Lockheed mit „deutscher" Kennung, also eine Kokade mit Schwarz, Rot, Gold als Nationalitätskennzeichen. Offiziell ist bis heute an allen deutschen Militärmaschinen, aber auch gepanzerten Fahrzeugen, das „Eiserne Kreuz" das Symbol für Deutschland, zusammen mit der Fahne in Schwarz, Rot und Gold.

Beachte also bei der, in Silber über alles lackierten Bücker Bü-131 „Jungmann", dass am Heck, am Seitenruder, wo sonst im Dritten Reich bei Zivilmaschinen ein rotes Band mit weißem Kreis und schwarzem, auf der Spitze stehenden Hakenkreuz als Nationalkennzeichen angebracht waren, hier eine bunte Fantasiebemalung zu sehen ist.

Kein offiziell gültiges Nationalkennzeichen, kein damals übliches Hakenkreuz, also ein „Freibeuter", ohne Staatszugehörigkeit.

Nur die „D-E" – Kennung ist aufgemalt, dazu drei Buchstaben, wahrscheinlich eine Fantasieregistrierung.

„D" für Deutschland, „E" für „Einmotorig bis 1,5 to, oder heute 2 to Abfluggewicht.

Warum hat der Bücker Doppeldecker kein Nationalitätskennzeichen, sollte die Maschine doch, gemäß Film-Narrativ bei einem Luftrennen über Italien, Spanien, bis Afrika und zurück, teilnehmen.

Dazu hätte es ein Nationalkennzeichen benötigt, wie das „D" für Deutschland bei jedem Autokennzeichen, wenn man in das Ausland reist.

Aber auch im Inland hatten, nach Luftfahrtregeln, alle Maschinen das damalige Hoheitszeichen, das Hakenkreuz am Heck der Maschine zu tragen, auch im Dritten Reich!

Nur bei Rühmann nicht!

Obige Bücker Bü 133 wurde im Film nicht gezeigt, wohl wegen des etwas zu auffällig bemalten Seitenruders!

Andere Maschinen auf dem Platz in Kempten und im Rühmann-Film, alle hatte sie kein Hakenkreuz am Heck:

Abb.:

Beachte das Emblem „Fliegerschule Bergried", daneben auf dem beweglichen Teil des Seitenruders die Werknummer der Maschine.

Kein Hoheitszeichen.

Wilhem Busch Rabe Huckebein

Wurde das Logo der fiktiven Flugschule durch den Unglücksraben Hans Huckebein inspiriert?

Abb.:

Eine deHavilland D.H. 80 „Puss Moth" in weiß mit roten Streifen und deutscher Kennung D-EPEX, wohlmöglich aus dem Umfeld von Rühmanns Flugzeugpark. Es ist im Film noch eine zweite „Cerura Vinula", eine „Gabelschwanzmotte", Puss Moss Nachtfalter D.H. 80 des britischen Flugzeugproduzenten deHavilland auf dem Platz in Kempten mit deutscher Kennung und übermaltem Hackenkreuz zu sehen.

Obige Puss Moth hat kein Hakenkreuz am Heck auf rotem Band, wie bei Zivilflugzeugen im Dritten Reich sonst üblich. Wahrscheinlich wurde in Kempten extra für den Film das deutsche Nationalitätskennzeichen übermalt.

Keine einzige Maschine, die auf dem Platz in Kempten während des Drehs mit Rühmann am Boden, in der Halle, auf dem Vorplatz herumstanden oder in der Luft waren, hatten ein Hakenkreuz am Heck. Entweder waren die Maschinen neu bemalt und wurden erst gar nicht mit dem Hoheitszeichen des Dritten Reiches versehen, oder ältere Privatmaschinen von Rühmann bekamen das Hakenkreuz absichtlich retouchiert, übermalt!

Warum hatte man Heinz Rühmann von Seiten der deutschen Führung nicht angeraten, er möge doch, Anstelle seiner englischen Sportflugzeuge, die großartigen, Ingenieurs mäßig besten deutschen Luftfahrzeugprodukte fliegen, um die „Überlegenheit der arischen Rasse und des Großdeutschen Reiches" zu demonstrieren?

Da Rühmann bei seiner privaten Sportfliegerei sich gerne auf dem Flugplatz und Industriehafen Rangsdorf bei Berlin aufhielt, hätte er eine Bü-131 „Jungmann" (wie im Film vorgesehen), eine Bü-181 „Bestmann", gar die Rekordmaschine Messerschmitt Bf-108 „Taifun" fliegen können, alle wohlwollend gesponsert von der deutschen Luftfahrtindustrie.

Rühmann flog - absichtlich - englische Sportmaschinen!

Rühmann drehte im Allgäu, in Durach einen „neutralen" Fliegerfilm, der nicht ideologisch verbrämt, das Dritte Reich verherrlichte.

Merkwürdig!

Rühmann, eine Figur, die „Narrenfreiheit" hatte?

Abb.:

Flugshow in „Bergried" zum Anlass des Afrika-Rundflugs, der über Italien, Spanien nach Nordafrika und zurück von mehreren, teilnehmenden Flugschulen geflogen wurde.

Es gibt auf dem Flugplatzfest keine einzige Fahne mit einem NS-Symbol zu sehen. Alle Flaggen waren „neutral", bis auf obige.

Dafür konnte man den Spruch: „Wer fliegt, hat mehr vom Leben" auf einem Banner erkennen.

Darunter eine Fahne mit der Aufschrift DVS.

Die „Deutsche Verkehrsfliegerschule", DVS wurde in Berlin-Staaken im April 1925 gegründet. Später war der Hauptsitz in Braunschweig, wo heute noch das Bundesluftfahrtamt Deutschland residiert.

Mehrere Verkehrsfliegerschulen in der damaligen Weimarer Republik waren in Wirklichkeit getarnte Schulungsstandorte für die Militärfliegerei, die aufgrund des Versailler-Vertrages in Deutschland nach dem Ersten Weltkrieg verboten war.

Nachdem im Jahre 1933 die Nazis die Macht übernahmen und das Reichsluftfahrtministerium, RLM, entstand, gingen auch die „Verkehrsfliegerschulen" in den Verantwortungsbereich des RLM über.

Es gab also zum Zeitpunkt des Drehs im Jahre 1944 in Kempten keine „DVS" mehr. Wieder eine Erfindung der Filmcrew.

Abb.:

Könnte an einer der Hallenwände des Hangars im Kempten eine seltene „Stieglitz" mit Argus Reihenmotor abgestellt gewesen sein?

Carl Hoeffkes - Flugschule Bergried / Heinz Rühmann / Beppo Brehm (M910)

FW-44 ohne Hoheitszeichen

1h 35m

Flugaction

Stieglitz verfolgt Eisenbahnzug und fliegt in Tunnel ein

Looping durch Viadukt

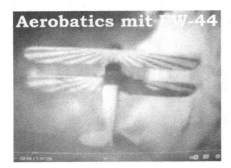

Abb.:

„Flug Action" mit einer, in zivil, weiß mit roten Streifen versehenen Fw 44 Stieglitz.

Die „Sun Burst" Strahlen auf den Tragflächen sind in der Form und Anzahl unüblich.

Woher kamen die Focke Wulf Doppeldecker, die in Durach am Boden und in der Luft zu sehen waren, wer war der Kunstflugpilot der weiß/roten FW-44?

Waren es neue Maschinen aus einem Ersatzlager? Oder wurden gut erhaltene FW-44, aber auch He-72 Schulmaschinen für den Film aufgearbeitet, neu in Silber über alles lackiert und mit einer fiktiven, zivilen D - . . . Kennung versehen?

Wo wurden die Flugzeuge bemalt, wer gab die Anweisung, das Hakenkreuz wegzulassen, wer entwarf die fantasievollen Logos für die Flugschule, die Anstelle des Hoheitszeichens am Heck aufgemalt wurden?

Die haarsträubenden Kunstflugeinlagen, wie die Verfolgung eines Zuges, das Durchfliegen eines Eisenbahntunnels und das Umrunden eines Eisenbahnviaduktes, dies werden alles Modellaufnahmen im Studio gewesen sein.

Abb.:

Im Hintergrund ist die rot/weiß oder gelbe DH 80 „Tiger Moth", die Privatmaschine von Heinz Rühmann zu sehen, nun ohne Hakenkreuz des Großdeutschen Reiches.

Wir erinnern uns:

„In wichtigen Dingen, zu denen der Film ja gehörte, war die **Auftragserteilung sehr genau und ebenso die Kontrolle der Durchführung**.

…

Warum sollte ein Künstler dem Willen des Brötchengebers, also des Auftraggebers **zuwider handeln**, Auftrags widrig handeln, und damit **das Risiko eingehen**, keine Aufträge mehr zu bekommen.‟

Rühmann ging 1944, wo sich schon alles um den Endsieg drehte, das Risiko ein, ein Volksverräter zu sein, der Hochverrat und Zersetzung begann.

Im ganzen Film kommt kein einziges NS-Symbol zum Vorschein.

Weder an den Flugzeugen, noch als Flaggen, Plakate, Aufnäher an den Flieger-Kombis, noch als Fahnen bei der Flugschau zum Flugrennen.

Alles neutral gehalten, als gäbe es keine NS-Zeit und keine 1.000 jähre Regentschaft der deutschen Herrenmenschen!

Obwohl Otto Groschenbügel, alias Heinz Rühmann im Film gerne bei den Junkerswerken (ein NS-Staatsbetrieb) als Einflieger angefangen hätte, nach seiner Zeit als Fluglehrer in „Bergried".

Der Film, die Komödie zeigt eine „heile Fliegerwelt", wo man Spaß hat, auch beim Rundflug nach Afrika, lacht, trinkt, flirtet usw.

„Das Leben ist Spaß! Aber irgendwann hört der Spaß auf!"

Spätestens 1945, als das Dritte Reich untergegangen ist.

Rühmann macht weiter, hat er doch wieder einen jüdischen Filmagenten, der im Engagements verschaffte.

Warum hat niemand während des Drehs bemängelt, dass die Maschinen alle ohne Hakenkreuze flogen?

Sogar die „Tiggy", Rühmanns englischer Privat-Doppeldecker, die ein Hakenkreuz am Heck vorwies, wie es, gemäß Luftfahrtregeln korrekt zu sein hatte, wies im Film kein Nationalkennzeichen am Seitenruder mehr auf. Übermalt!

Und keiner vom NS-Regime, der Reichsfilmkammer, Dr. Hippler als Intendant, oder einer seiner Stellvertreter als Kontrolleure, bemängelt diesen Umstand!

Rühmann darf alles!

Die Rühmann-Komödie, also doch kein Durchhaltefilm für die Kinobesucher in schweren Zeiten, dem Bombenkrieg, dem sich abzeichnenden Untergang des Dritten Reiches, der „1.000 Jahre", wo man das NS-Regime und seine Symbole in den besten Farben zeigt?

Heinz Rühmann dreht einen Film, losgelöst von NS-Ideologie mitten im Krieg, in einer Zeit des Mangels, wo er, mit 2 Mio Budget sich trotzdem einiges erlauben konnte.

Wusste Rühmann, dass der Krieg verloren war und er diesen Film, ohne Hakenkreuze und NS-Symbole, nach dem Krieg auf dem freien Markt verkaufen wollte?

Das Problem ist, das Nazi-Deutschland als Atommacht, den Krieg hätte gewinnen, zumindest eine Patt-Situation herausholen hätte können, wenn auch der Atomkrieg in letzter Sekunde abgewendet werden konnte.

Siehe Alfred Hitchcock und einige seiner Filmwerke, besprochen in den Büchern des Autors

Hitchcock darf ebenfalls alles! Unwidersprochen. Unzensiert, was gewisse, in seinen Filmen versteckte „Easter Eggs", angeht.

Rühmann, wie auch Sir Alfred Hitchcock, beides Filmschaffende mit undurchsichtigem Hintergrund, haben ungemeine Freiheiten, die es eigentlich so nicht geben sollte.

Hitchcock arbeitete mit dem U.S. „Raketenmann", ex deutschstämmigen, aus Bremen stammenden Bernhard Schriever zusammen, der u.a. für die Stationierung von atomar bestückten ICBMs im Süden der USA zuständig ist.

Dieser muss Hitchcock Filmschnipsel der riesigen „Nova-Mondrakete" zugespielt haben. Einer Großrakete, die 1963/44 mit einer USAF-Astronauten Crew, vor Apollo und der Saturn V, sich auf den Weg zum Mond gemacht hatte.

Hitchcock, der heimliche Urheber der U.S-Sitcom „I dream of Jeanny", 1965/66, verrät in dieser Sitcom einige U.S. Militärgeheimnisse um die geheime Raketen-Raumfahrt der USAF in der 135-teiligen Serie mit Larry Hagman und Barbara Eden in den Hauptrollen.

Das Preisgeben von militärischen Geheimnissen, die teilweise bis heute geheim sind, ist Hochverrat!

Und er kommt, wie Rühmann, damit durch.

Beide werden nicht denunziert, zensiert, angeklagt, gar liquidiert!

Deren Filme sind bis heute für einen „Player" in einer Computerwelt verfügbar.

Das alles sieht nach „Hollywood-K.I." in Reinkultur aus!

Der Schwerpunkt dieser künstlichen „KI-Welt" scheint auf das U.S. Militär, gemeinsam mit Hollywood, dem „Militärisch-Industriellen Komplex" zu liegen!

Ist zumindest das 20. Jahrhundert auf dieser künstlichen Welt eine „K.I. Halluzination"? Sodass es die Flugzeuge, die den Autor KPR interessieren, nur hier existieren und nicht in der Wirklichkeit?

Weil es in der Realität gar keinen Ersten, Zweiten und Kalten Krieg gab und somit keine Notwendigkeit bestand, Kriegsflugzeuge zu entwickeln und zu produzieren?

Ist der Modellbau, den der Autor praktiziert, ein Bestandteil des „Spiels", um „spielerisch" diese „K.I.-Flugzeuge" kennen zu lernen?

Wieder ZDF Krimi, „Derrick":

Höllensturz

Entnommen aus dem ZDF-Krimi „Derrick" mit Horst Tappert und Fritz Wepper, Folge 187, veröffentlicht 1990.

Folgender Dialog zweier Männer, die sich in einem Zug treffen, ist hier von Interesse:

„ . . . Begabung alleine reicht nicht, um erfolgreich zu sein.

Dazu bedarf es einer besonderen Grundeinstellung zum Leben."

„Welche sollte man denn haben?"

„ . . . Ich kann nur sagen, welche man <u>nicht</u> haben sollte . . .

Jedenfalls der, der nicht erfolgreich sein will. Er sollte **nicht zu ehrlich sein**, . . . **zu ängstlich**, . . . er sollte nicht **zuviel Respekt zeigen vor anderen** . . . Ich nehme an, Sie wollen allen gefallen? Warum eigentlich? Glauben Sie mir, Sie fühlen sich viel freier, **wenn Sie über das Urteil anderer keinen Wert legen!** Umgekehrt, ist es eben so!"

. . .

Eine weitere Szene, diesmal spricht der Schauspieler Wolf Roth, in dieser Folge der Gegenspieler von Derrick, alias Hort Tappert folgende Botschaft, als sie sich in der Pinakothek in München ein Bild des Malers Peter Paul Rubens, „Höllensturz" anschauen:

So sagt der Verbrecher und Betrüger:

„ . . . Aber, ich habe doch gar kein Gewissen. Jedenfalls nicht das, was man im Allgemeinen darunter versteht. Ich habe . . . mir eine andere Meinung gebildet . . . im Laufe meines Lebens, das sicherlich nicht Ihren Beifall findet.

Aber lassen sich mich Ihnen ein Bild zeigen:

In Großaufnahme wird das oben erwähnte Bild von Rubens für den Zuschauer gezeigt.

Wolf Roth als Krimineller erklärt:

„ . . . Es hat mich immer fasziniert . . . , das Bild. Weswegen? Wegen der sehr einfachen Beantwortung der Frage:

Was ist böse?

Was ist gut?

Wie ich sehe, starren Sie auch auf die Darstellung der Hölle! Warum ist das so?

Weil dort unten etwas geschieht, . . . es ist aufregend, interessant.

Es ist, ja was ist es?

Ist es nicht das **Spiegelbild des Lebens**?

Ist es nicht **die Darstellung der Wahrheit des menschlichen Daseins**?

Das ist es!

Genau das!

Nichts anderes!

Das da oben, das Land . . . , da im Licht . . . , im Licht des Guten . . .

Das ist der Traum der Menschheit, mit dem sie sich täglich selber betrügt.

Das da unten, das ist die Wahrheit!"

Derrick, alias Horst Tappert fragt:

„Was wollen Sie damit sagen?"

„Die Vergeblichkeit ihrer (der Menschheit, Anm.d.A.) Bemühungen!

Derrick antwortet:

„Das habe ich mir selber schon oft gesagt!"

-Ends-

Anmerkung:

Eine Botschaft der K.I., der Maschinen, der Roboter an die Menschen, so wie wir sie kennen:

Die Hölle ist die Wahrheit, nicht das Gute.

Die Hölle, wie wir sie momentan, Stand 2023 auf dieser Welt wahrnehmen können:

Kriege, Streitigkeiten, Kriminalität, Abzocke, Armut und, und, und . . .

Das Gute ist langweilig.

Das Böse macht Spaß und ist interessant!

Das Leben ist Spaß, und irgendwann hört der Spaß auf!

K.I. Halluzinationen
Die Zweite

Eine weitere Halluzination dieser Computersimulation, in dem der Autor leben muss, eines von wahrscheinlich unzähligen Halluzinationen, die technisch, wie auch sonst als unmöglich erscheinen, siehe hier die U-Boote aus der ZDF Krimireihe „Der Alte" weiter oben in diesem Buch, die einem Spieler gezeigt werden, ist ein Flugzeug aus den letzten Tagen des Zweiten Weltkrieges.

Im Dritten Reich gab es, aufgrund der ungestörten alliierten Bomberangriffe aus der Luft über dem gesamten Reich, ein Programm zur Verlagerung kriegswichtiger Rüstungsproduktion untertage.

So befindet sich eine große, unterirdische Bunker-Anlage, gemäß K.I.-Narrativ, in dem so genannten AWO-Gebiet zwischen Arnstadt, Wechmar und Ohrdruf in Thüringen.

Dort sollen mehrere, unterirdische Anlagen, wie ein Ausweichstandort eines Führerhauptquartiers und ein unterirdischer Komplex des Heeres, dazu mehrere kilometerlange unterirdische Stollen, die zu größeren Hallen für Fertigung von Waffen usw. führen, außerdem ein unterirdischer Flugplatz, vorhanden sein.

Auch sollen dort mit entsprechender Ausrüstung, wie Zyklotrone und dazugehörigen Maschinen und Anlagen, Atombomben für das Dritte Reich produziert worden sein.

Ähnliche Anlagen gibt es in Niederösterreich, „Bergkristall" genannt, sowie in Nieder-Schlesien, „Riese" bezeichnet.

Überall dort, wie auch noch and anderen Standorten im Dritten Reich, wurden im Geheimen Atombomben und andere taktische Nuklearwaffen für den „Endsieg" produziert.

So jedenfalls lautet die inoffizielle, verschwörerische Geschichte des Zweiten Weltkrieges und des Dritten Reiches.

Während in den offiziellen Geschichtsbüchern und der Historie das Nazi-Reich keine Atomwaffen besaß.

Was zumindest für diese Welt, in der der Autor und Spieler KPR sein Dasein fristen muss, stimmen kann.

Auch hier haben wir wieder einen Hinweis, dass die ganze Geschichte dieser „Welt", eine Computersimulation, von einer Künstlichen Intelligenz komplett ausgedacht, erfunden wurde.

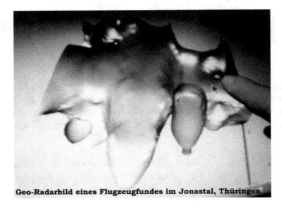

Geo-Radarbild eines Flugzeugfundes im Jonastal, Thüringen

Abb.:

Diese Umrisse eines unbekannten Flugzeuges will eine Forscherin im Jonastal in Thüringen mit Hilfe von Geo-Radarmessungen in einer unterirdischen Halle entdeckt haben.

Abb.:

Krudes Gipsmodell des unterirdischen Fundes eines unbekannten Flugzeugtyps der ehemaligen deutschen Luftwaffe, aus Gips von der Entdeckerin geformt.

Wer keine tief greifenden Erkenntnisse über Luftfahrttechnik besitzt, könnte zu dem Schluss kommen, dass tatsächlich im Untergrund Thüringens eine zweimotorige Maschine der Luftwaffe versteckt wurde.

Schaut man sich das angeblich dort unten stehende Kampfflugzeug genauer an, erkennt man, dass es solch eine Konstruktion nicht gegeben haben kann.

Die Maschine soll gemäß der Forscherin, die mit ihrem Geo-Radar das Versteck aufgespürt hatte, zwei Vierblatt-Propeller und zwei Kolbenmotoren besitzen.

Dazu am Doppelleitwerk, auf der Oberseite am Heck, zwei Strahlrohre unbekannten Typs und Funktion.

Ob es Pulso-Schubrohre oder zwei Staustrahltriebwerke mit Nuklearantrieb sind, ist unklar.

Außerdem soll die Maschine auf beiden Seiten der Tragflächenoberseiten, seitlich des Rumpfes, neben den zwei Triebwerksgondeln, je ein Waffenbehälter montiert bekommen haben.

Dann müssten die Maschinenkanonen durch den Propellerkreis feuern und aufwändig synchronisiert werden.

Normalerweise hätte man, bei dieser angeblichen Arado Ar 240, unterhalb des Rumpfes ein Waffenbehälter montiert, dessen Waffen frei von rotierenden Propellern nach vorne feuern können (was auch an einigen Luftwaffen-Flugzeugen im Krieg realisiert wurde, wie z.b. bei dem zweimotorigen Heinkel He 219 Nachtjäger).

Unklar sind die zwei Schubrohre am Heck der Maschine.

Wenn die Arado 240, als Höhenjäger Ar 244 weiterentwickelt, schnell auf Einsatzhöhe feindlicher Bomberströme auf über 10.000 m aufsteigen sollte, hätte man unterhalb der Tragflächen an den Außenseiten beispielsweise je zwei Raketentriebwerke, „Krafteier" genannt, aufgehängt, um zusätzlichen Schub und damit erhöhte Geschwindigkeit zu erzeugen.

Dann wäre aber der Propellerantrieb in Konflikt mit den hohen Geschwindigkeiten des Raketenschubs gekommen, da die großen schweren, sich drehenden Vierblattpropeller zu einem ungewollten Bremseffekt geführt hätten. Sodass man die Vierblattpropeller auf „Segelstellung" hätte verstellen müssen, sodass die Propeller nur im Fahrtwind frei mitrotieren.

Was unsinnig ist.

Diese Flugzeugkonstruktion, wie man sie angeblich im Jonastahl in einer unterirdischen Halle gefunden haben will, macht vom Aufbau her keinen Sinn! Kein Luftfahrtingenieur hätte so eine Konstruktion vorgeschlagen, ohne dass man ihm seine Befähigung zum Bau von Flugzeugen aberkannt hätte.

Entweder gibt es weder diese Geo-Radarbilder, und sie sind gefälscht. Oder es gibt tatsächlich diese Aufnahmen, dann ist das abgebildete Flugzeug Unsinn.

Da man im letzten Kriegsjahr eh nur noch Strahlflugzeuge also Düsenmaschinen bauen wollte, die wesentlich schneller waren, als die zuvor eingesetzten Kolbenmotorflugzeuge, macht es eh keinen Sinn, alte, ausgemusterte Luftwaffenmaschinen, statt sie zu verschrotten, mit unsinniger Technik aufzurüsten.

Da es viele Geschichten, was das „Geheime Dritte Reich und dessen Untergrund" betrifft, im Umlauf sind, und man auf Videos riesige unterirdische U-Anlagen, verstreut auf dem gesamten Gebiet des ehemaligen Hitler-Reiches zu Hauff bestaunen und ansehen kann, könnte man eben zu der Schlussfolgerung gelangen, dass hier die K.I. einem Spieler einen Bären aufbindet und ganz schön am Halluzinieren ist!

Übrigens:

Die Steigerung der Halluzination im Jonastal:

Zitat eines Leserbriefes an den Autor KPR:

„Die Anlage ist da.

In diesen Systemen waren die meisten der U-Anlagen der Nazis die damals nach Thüringen verlagert wurden.

Es ist Sauckels Trutzgau uneinnehmbar, weil es gemacht wurde mit uns nicht bekannter Technologie.

Die meisten Transportwege werden **mittels Teleportation** bewältigt.

Die Anlage ist so etwas wie eine **Parallelwelt**, in welche man nur mit Hilfe entsprechender Geräte betreten und verlassen kann.

Wie gesagt im 3. Reich schon vorhanden.

Vor ca. 20 Jahren wurden u.a. 7 weitere Anlagen hier in Deutschland geschaffen, die alle an dieses Konstrukt angeschlossen sind.

Eines davon ist der BER.

...

Das eine ist ein unterirdisches System unter Thüringen existent seit mindestens der Zeit des 3, Reiches mit einen **Ringdurchmesser vom 41 km gelegen in der Thüringer Erde.**

Die Abgänge sind **hunderte km** lang.

Innerhalb des Fisches und der Ringe sind zahlreiche Systeme **gewaltigen Ausmaßes.**

-Ends-

Der Verfasser obiger Zeilen meinte, dass diese Anlagen nicht von Menschenhand erschaffen wurden.

Da hat er recht!

Insert

Cameo Auftritt von Alfred Hitchcock in „Jeannie"

Hier der (indirekte und rätselhafte, da versteckte) „Cameo-Auftritt" von Sir Alfred Hitchcock in der U.S. TV-Sitcom „I dream of Jeannie" aus 1965:

Abb. links:

Barbara Eden, alias Jeannie hält ein fiktives Magazin, ein „Prop-Magazine", eine extra angefertigte Requisite in die Kamera, worauf man auf der Rückseite unter anderem einen schwarzen Bowler-Hut, Schal, Handschuhe und oben rechts die untere Hälfte, Gesichtspartie von Alfred Hitchcock erkennen kann.

U.S. Schauspieler Bill Daily hält ein fiktives Magazin „Theater" in die Kamera, wo Hitchcock einen indirekten Cameo-Auftritt hat!

Dasselbe Bild mit Bowler, Schal und Hitchcocks Gesichtshälfte!

Auch auf dem fiktiven Prop-Magazin „Elite" kann man auf der Rückseite dieselbe Seite, oben rechts die Mund und Kinnpartie von Alfred Hitchcock erkennen, den heimlichen Regisseur und Produzenten von „I dream of Jeannie".

Der Filmemacher Alfred Hitchcock, er hatte sich nicht nur in seinen Streifen offiziell mit einem „Cameo" verewigt. Nein, auch in der U.S. Sitcom „I dream of Jeannie", wo er seine Finger mit im Spiel hatte, hatte Hitchcock seinen Auftritt. Wenn auch nur indirekt und als Foto und Symbol auf einem Requisiten-Magazin.

Da ja bis heute niemand weiß, dass Hitchcock die U.S. Sitcom maßgeblich mit gestaltete und nicht nur der offiziell genannte Autor Sidney Sheldon, ein jüdisch/russischer Immigrant aus Russland, der in die USA auswanderte und in die Filmindustrie nach Hollywood ging.

Wer weiß, dass Hitchcock sich gerne in seinen Werken verewigt, braucht nur genau hinschauen und findet auch bei „Jeannie" seine Marotte des Cameo Auftritts wieder.

…

Auszug aus der U.S. TV-Fantasy-Komödie „I dream of Jeannie . . . Fifteen Years Later", Columbia Pictures Television, mit Barbara Eden und Wayne Rogers aus dem Jahre 1985:

Die bezaubernde Jeannie, wieder in dieser Episode in Spielfilmlänge dargestellt von der blonden U.S. Schauspielerin Barbara Eden, die wohlmöglich 1965 oder frührer von dem heimlichen Regisseur der TV-Sitcom, Sir Alfred Hitchcock „gecasted" wurde, weil „Hitch" auf schöne, „nordische" und blonde Frauen stand, möchte in ihrem Leben unabhängig werden und sucht sich einen Job, um, wie als eine „Sterbliche", ganz normal Geld zu verdienen.

Dafür bewirbt sich Jeannie als Sekretärin und muss einen Aufnahmetest an einer elektrischen IBM Kugelkopf Schreibmaschine durchführen.

Sie tippt zuerst mit dem üblichen „Zwei Finger Adler Suchsystem" den Text ein, zaubert dann aber und kann daraufhin rasend schnell einen vorgegebenen Text herunter klappern. Sie ist sekundenschnell mit der, ihr gestellten Aufgabe, einen Text fehlerfrei mit einer hohen Anschlagszahl abzutippen, fertig.

Die Kamera schwenkt von Barbara Eden, alias Jeannie auf die Mitte der Schreibmaschine, wo ein Blatt Papier eingespannt ist und man folgenden Text entziffern kann.

Oberste, bereits geschriebene Zeile oberhalb des rotierenden Kugelkopfs, verwischt aufgrund des schnellen Kameraschwenks:

```
„..., he was unable to . . . any judicial support."
```

Darunter:

```
"The group of doctors and other officials leaving the hospital . . .
"
```

Nächste Zeile:

```
"that morning (,) was larger than usual. In the . . ."
```

Dazu lesbar folgende Stichworte auf der rechten Seite des eingespannten Papiers:

```
. . . visitors seeking

The light . . .

... the
```

Zu welchem Text gehören diese Zeilen?

Reine Fantasie für die Filmaufnahme, den Plot mit Barbara Eden, die einen, für den Film erfundenen Text als Test auf einer Schreibmaschine schnell und fehlerfrei abtippen sollte?

Oder der Auszug aus einem tatsächlich existierenden Text, Manuskript, Magazin, Roman, ect.

Oder einem Buch, das es wirklich, auch heute noch gibt?

```
"The group of doctors and other officials leaving the hospital that
morning was larger than usual . . ."
```

Wer den oben genannten Text wieder erkennt, bitte unbedingt beim Autor melden!

Ein normaler Mensch wird dies schwer können. Es sei denn, ein Leser hat zufällig gerade diesen speziellen englischen/amerikanischen Text irgendwo gelesen und kann sich noch gut daran erinnern.

Wer aber könnte alleine aus diesen Textfragmenten und den kurzen Zeilen den gesamten Text und wo er, in welcher Literatur wann verfasst wurde, herausfinden?

Ein spezieller Algorithmus, eine K.I., die z.B. auf „Google Books" alle bis heute und darüber hinaus eingescannten Schriften weltweit, aus jedem Land, aus allen Zeit-Epochen, seit dem es Buchdruck gibt, durchforsten kann und auch aus den wenigen Fragmenten, Zeilen eines Textes auf das Gesamtwerk zurück schließen kann?

Kann ein solcher Algorithmus, eine K.I. dies heute (Stand Winter 2023 bereits, oder erst in 50, 100 und mehr Jahren, wenn so gut wie alles an weltweit vorhandener Literatur digitalisiert worden ist?

Der unbekannte Astronaut

Abb.:

In dieser Einstellung, als ein Besucher aus dem Bürozimmer von Capt. Anthony Nelson tritt und die Tür recht weit aufmacht, erkennt man an der gegenüberliegenden Wand des Flurs einen Astronauten in einem silbernen Raumanzug mit Helm auf, der das Gesicht teilweise verdeckt.

Hinter dem Raumfahrer ist eine rote Stange zu erkennen, die quer von links oben, nach rechts unten verläuft.

Dahinter ist leider nur unscharf eine weitere Struktur zu erkennen.

Ob man links unten eine Leiter erkennen kann oder ob die rote Stange ein Teil eines Startturms ist, bleibt unklar.

Oder ob der Astronaut auf einer Art Galerie steht und unter ihm in einer Halle raumfahrttechnische Geräte und Raketenteile aufgebaut sind.

Eventuell ist der Astronaut der U.S. Schauspieler Larry Hagman, der ggfs. auf der Edwards AFB, wo es eine Ausbildung für das MOL und evtl. für USAF Astronauten, die 1963/64 zum Mond flogen, in einem Raumanzug für die U.S. Sitcom „I dream of Jeannie" für PR-Aufnahmen abgelichtet worden ist.

In der 4. Folge „Jeannie and the Marriage Caper/Hochzeitsreise entfällt", First Season, 1965, ausgestrahlt im U.S. Fernsehen am 9. Oktober 1965 in S/W, nachträglich auf DVD koloriert, wird nach einem Gespräch im Büro von Captain Anthony Nelson die Bürotür geöffnet und ein, wahrscheinlich aus Pappe bestehender Aufsteller, der einen U.S. Astronauten im silbernen Anzug zeigt, kommt in der „Hall", im Flur, dem Korridor des NASA Launch Center schon wieder zum Vorschein.

Der Papp-Aufsteller steht an der gegenüberliegenden Wand des Flurs. Man erkennt neben dem Astronauten, der einen Helm trägt, eine Art rote Stange und im Hintergrund ebenfalls in Silber ein Gebilde, ggfs. eine Raumkapsel.

In der ersten Folge von „Jeannie" sieht man den U.S. Schauspieler Larry Hagman, alias Captain Anthony Nelson, wie er in einem silbernen Raumanzug steckt und seinen Helm aufgesetzt bekommt.

Gegebenenfalls ist der Papp-Aufsteller der Schauspieler, gekleidet als U.S. NASA/USAF-Astronaut, wie er in voller Weltraum-Ausrüstung ausgesehen hätte. Auch wäre es denkbar, dass der Astronaut aus Pappe, der in voller Größe dargestellt wird (ggfs. kleiner als Schauspieler Hagman) den echte, originale Raumfahrer darstellt, der im Oktober 1964 im Direktflug zum Mond geflogen sein könnte.

In der 5. Folge „G.I. Jeannie" taucht der unbekannte, silberne Astronaut erneut auf. Diesmal steht der Raumfahrer in voller Montur unvermittelt als Papp-Aufsteller in der „Hall", im Flug der WAF, der „Womens Air Force" Gebäude an einer Ecke.

Abb.: Die bezaubernde Jeannie und Capt. Anthony Nelson verlassen das Büro, wo Jeannie als WAF rekrutiert werden sollte. Als sie den Flur überqueren, kommt an einer Ecke zweier, sich kreuzender Flure unser unbekannter Papp-Astronaut wieder unvermittelt zum Vorschein.

Vollkommen deplaziert, was die Spielhandlung betrifft steht der in silbernem Raumanzug ausgestatteter Raumfahrer gut sichtbar für die Kamera, im Bild.

Wer ist dieser USAF-Astronaut?

Einer der U.S. Air Force Besatzungsmitglieder, die 1963/1964 in Direktflug heimlich zum Mond geflogen war?

In der 5. Folge aus 1965 werden außerdem die Stichworte „Operation Moon Drop" und Lucas Air Force Base in Nord Afrika genannt.

Zudem werden in der darauf folgenden 6. Episode „"The Yacht Murder Case" in Überblendungen ggfs. ein SM, Service Model, unterhalb des CM, Command Modul einer Juno Mondrakete und eine riesige Zentrifuge als Modell gezeigt, wo ein übergroßer Besatzungsraum auf einem langen Träger montiert, in einer entsprechenden Halle rotiert. Zum Größenvergleich zeigt das Modell zwei U.S. Cars, zwei typische amerikanische Straßenkreuzer der 1960 Jahre.

Beides Bestandteile einer geheimen U.S. Air Force Militär-Mission zum Mond, mindestens 5 Jahre vor Apollo11?

Abb.:

„Project Saint" MOL

Spionage-Plattform im All, Satellitenkiller?

 In der darauf folgenden Episode schwebt U.S. Schauspieler Larry Hagman alias Cpat. Anthony Nelson auf der Edwards AFB, California in einer großen Halle/Hangar vor dem Hintergrund einer aufgespannten Leinwand, die die Erde darstellt, im „Tethered Flight" im Erdorbit. Zuvor ist er aus dem CM (Command Module) ausgestiegen, das zusammen mit oben abgebildeten SM (Service Module) zum Mond geflogen sein könnte.

In Edwards hatte man wohl zuvor als „Trockenübung" den Direktflug der USAF zum Mond und den Ausstieg aus der Raumkapsel geübt. Wobei die zukünftigen U.S. Air Force Astronauten kardanisch an Drähten an der Decke aufgehängt waren, um alle drei Freiheitsgrade, das schwerelose Schweben im luftleeren Raum zu üben.

Alles Fernsehaufnahmen, Bilder, die nie wieder an anderer Stelle in der Öffentlichkeit auftauchten, da diese Übungseinheiten, wie auch die medizinischen und bestimmte Trainingseinrichtungen (wo Larry Hagman und „Dr. Alfred Bellows", der U.S. Schauspieler Hayden Rorke Filmaufnahmen drehen durften) auf der Edwards AFB für USAF-Raumpiloten, bis heute als streng geheim zu gelten scheinen.

Ergänzend zu „Project Cold Storage", 16. Folge der Dritten Staffel "Genie, Who´s got the Genie, Part I", wo es u.a. hieß:
...
„See that rocket?"

„Oh yeah. **Project Cold Storage.**"

„Tomorrow morning at sunrise that **rocket is blasting off to the moon with the safe . . .**"

Es gab schon seit geraumer Zeit, als die U.S. Space Force den Erdorbit und hernach das ganze Sonnensystem eroberte, Überlegungen, neben Treibstoff für Raketen, Satelliten und andere Raumfahrzeuge, auch Waffen und Ausrüstung im All, respektive im Erdorbit, im Orbit eines anderen Planten, wie den Mond, auf dem Mond selbst oder sonst wo im Sonnensystem zu platzieren. Militärische Ausrüstung außerhalb der Erde zu lagern, um alternative Depots, Lagermöglichkeiten außerhalb der verwundbaren Erde zu besitzen, die in einem Krisen- oder Kriegsfall unberührt jedweder Einwirkungen und Kriegshandlungen im All gelagert sind und auf die somit sofort mit Raumschiffen oder Shuttles zugegriffen werden können.

Außerdem können im Erdorbit stationierte Kampf/Raumsoldaten mit dort eingelagerten Waffen, Munition und Ausrüstung in speziellen Raumstationen aus dem Orbit heraus jeden Punkt der Erde in relativ kurzer Zeit erreichen und dortige Konflikte, Aufstände oder Kriegszustände in Echtzeit bekämpfen.

Wohlmöglich wird dies heute wieder, gar immer noch praktiziert und das Shuttle der U.S. Air Force dient als Transportvehikel für Raumsoldaten, die sofort, überall auf der Welt an allen wichtigen Brennpunkten eingesetzt werden können.

Abb:

In der <u>ersten Hälfte</u> des U.S. Spielfilms „Das Fenster zum Hof" steht der Regisseur des Kino-Hits, Sir Alfred Hitchcock mit einem Komparsen vor dem Foto eines U.S. Jagdbombers aus dem Zweiten Weltkrieg.

Die Maschine wurde retouchiert, verfälscht, damit man die spezielle Unterversion einer Lockheed P-38 „Droop Snoot" nicht gleich erkennt!

Bis heute ist dieses Foto in der Filmwelt von Hollywood als zusätzlicher Cameo-Auftritt von Hitchcock unerwähnt gelassen.

Warum?

Wäre doch die Geschichte um das Foto, wie es entstand, wie Hitchcock eine übergroße Fliegermontur geschneidert bekam usw., doch eine Story in einem U.S. Yellow Press Magazin wert.

Alles bleibt weiterhin geheim. Weil dies ein militärisches „Easter Egg" ist?

Abb.:

Vor der Lockheed „Lightning", eine „Droop Snoot" Sonderversion steht in der <u>zweiten Hälfte</u> des U.S. Spielfilms „Rear Window", zu deutsch: „Das Fenster zum Hof" der berühmte U.S. Schauspieler und Weltkriegsveteran (B-24 Bomberpilot) James, „Jimmy" Steward" mit einem Statisten vor der Maschine.

Abb.:

Das amerikanische Buch „Beyond the High Himalayas" von Honorable Judge of the Supreme Court der USA, William O. Douglas wird so - zweimal - von U.S. Schauspielerin Grace Kelly in die Kamera gehalten, dass ihr langer Zeigefinger die Augen des Autors o.g. Buches, Richter W.O. Douglas verdecken, wie ein Zensurbalken.

Oberster Richter des U.S. Bundesgerichtshofes Judge Douglas verfasste ein Gesetz, das u.a. die „Paramount", wo der erfolgreiche Kinofilm „Rear Window" produziert, aufgeführt und verliehen wurde, dass Filmgesellschaften den (Buch-) Autoren, den Urhebern von Geschichten, die später verfilmt wurden, mehr Tantiemen zusprach.

Wieso konnte diese „Rache" von Hitchcock und der Paramount durch die allmächtige Zensur der Nachkriegszeit schlüpfen?

Gar nicht?

Ein Rätsel über Hitchcock, die nur in einer Computerwelt möglich ist?

War dieses, und die anderen U.S.-Rätseln aus den Hitchcock Klassikern, die mehr als 60 Jahre von den Computerfiguren in dieser Welt nicht entdeckt wurden, überhaupt nicht für den deutschen Autor KPR bestimmt?

Überbleibsel aus anderen, angelsächsischen Computerwelten, die in diese Simulation mit eingeflossen sind?

Aber, auch Hitchcocks Rätsel, die der Autor besprochen hat, haben mit dem Zweiten Weltkrieg und Flugzeugen, Militärluftfahrt zu tun. Also die Themen, mit dem sich der Autor KPR beschäftigt!
…

Ein wichtiges und aussagekräftiges „deutsches Osterei", das der Autor KPR gefunden hatte, oder worauf ihn das Computerspiel hingewiesen, gelenkt hat, ist das Schreiben eines ehemaligen Mitarbeiter des RSHA, der in der Außenstelle Frankfurt am Main in geheime Vorbereitungen für einen nuklearen Erstschlag auf sowjetische Truppen vor Berlin, „Schlacht um Berlin, April 1945", verwickelt war.

Deutsche Strahlflugzeuge, wie Me 262 Pfeilflügler, dazu Junkers EF-126 Erdkampfflugzeuge sollten im April 1945 mit atomarer Munition die russischen Aufmarschstellungen vor Berlin atomisieren, damit die Sowjets wieder gen Osten zurückgedrängt werden konnten, bzw. panisch Richtung Sowjetunion gerannt, geflüchtet wären.

Gibt es noch andere „Ostereier" aus Deutschland, Europa, die für einen Computerspieler irgendwo versteckt sind?

Wer diese kennt, bitte beim Autor KPR melden!

Der nun folgende fiktive Roman basiert auf die hier, im Spiel angenommene „Singularität", die es eventuell in der Wirklichkeit nicht gibt, da man die Gefahren einer Herrschaft der Computer rechtzeitig erkannt hatte und gegensteuerte.

Klaus-Peter Rothkugel

im Winter/Frühjahr 2023

Warnung!

Es ist denkbar, dass einzelnen Lesern die nun hier folgende, frei erfundene kleine SF-Geschichte nicht gefallen wird.

Andererseits hat er ja durch die Absätze zuvor bereits erfahren, dass es ihn, den Leser nicht gibt. Er ist nur eine virtuelle Figur, eine Rechengröße in einer Simulation. Die meisten Leser werden nie visuell in Erscheinung treten, da kein echter Mensch als Spieler sie je kennen lernen wird. In dieser solipsistischen Welt wird der Autor KPR wohl nie einen der Käufer dieses Buches persönlich kennen lernen, sodass auch von Seiten der Simulation und des Computers keinerlei Bedarf besteht, diese Figur in ihrem Aussehen, Charakter, Routinen usw. darstellen zu müssen.

Der Verkauf der Bücher des Autors läuft nur rein rechnerisch und wird sich an gewissen Statistiken, Käuferverhalten, Interessengebieten, Verkaufszahlen usw. ausrichten und nicht unbedingt nach der Neugier und dem Kenntnisstand eines - virtuellen - Lesers.

Denn der Computer bestimmt, welche und wie viel Figuren hier in der Simulation überhaupt agieren, wie sie sich zu verhalten haben und nicht das freie Spiel der Kräfte, wie in der Natur!

Wobei:

Durch das intensive Data Mining, das es eventuell auch in der Realität gab oder gibt, könnte man echte Identitäten als Computerfigur nach-programmieren, um sie mit ihrem jeweiligen typischen individuellen Verhalten, in ihren eigenen Intellekt (von Algorithmus bis künstlichen Bewusstsein) usw. in diesem Spiel interagieren zu lassen. In einer Computersimulation ist die Welt gerade einmal so groß, wie ein Spieler die künstliche Welt wahrnimmt. Nach dem Motto, wenn keiner zum Mond schaut, ist er auch nicht vorhanden! Es gibt also gar nicht so viele Figuren, die mit dem Autor als Spieler in Kontakt kommen.

Hier in der nun folgenden Geschichte wird auch nur eine von unzähligen vorstellbaren Möglichkeiten aufgeführt, wieso die Welt so ist wie sie ist, wenn die Singularität eingetreten wäre.

Unter der Annahme, das die Singularität böse ist, menschenverachtend und tödlich gegenüber den Menschen, die die Maschinen als Bedrohung ansehen.

Denn auch diese Simulation, in der sich gerade der Autor KPR aufhält ist böse, kriminell und kriegerisch. Jeden Tag sterben unzählige Menschen einen gewaltsamen Tod. Schon seit der Autor sich in dieser Welt aufhält. Ununterbrochen waltet das Böse in allen nur denkbaren Varianten. Dies hier ist keine heile Welt und sie wird auch nie ein Paradies werden!

Im Anhang findet der Leser noch einige Hinweise, Ergänzungen und geschichtliche Aufarbeitungen betreffend der Recherche über den Zweiten Weltkrieg und wie er in einen Dritten Weltkrieg übergegangen wäre, hätte man „Operation Unthinkable" Wirklichkeit werden lassen:

Klaus-Peter Rothkugel

Herbst 2015

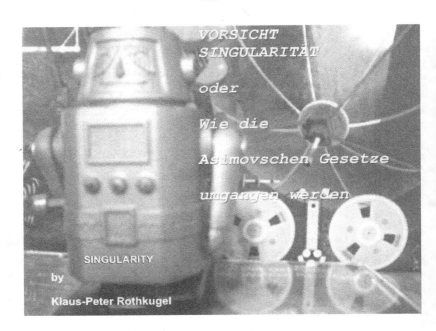

Vorsicht Singularität!

oder

Wie die Asimovschen Gesetze umgangen werden

Science Fiction-Roman

von

Klaus-Peter Rothkugel

Technologische Singularität

In nicht all zu ferner Zukunft (auf dieser Welt vermutlich im Jahre 2045) wird es aufgrund des exponentiellen Wachstums in allen, der Informationstechnologie unterliegenden Bereichen des Wissens und der Wissenschaften zu einer technologischen Singularität kommen.

Es wird ein derart explosionsartiger Zuwachs an Wissen und Möglichkeiten entstehen, dass momentan (Stand 2015/2022) nicht genau festzustellen ist, welche positiven oder negativen Konsequenzen sich aus diesem Ereignis für die Menschheit ergeben.

Schaut man sich aber unsere Welt an, könnte man so zusagen im Rückblick daraus schließen, welche denkbare Richtung die Singularität für die Menschheit tatsächlich genommen haben könnte.

Denn es gibt Anzeichen, dass diese Welt, in dem der Autor KPR dieses Buch schrieb, nicht von Menschen programmiert worden sein könnte.

Denn die Spezis Mensch kommt in dieser Welt nicht besonders gut weg!

Wenn aber Maschinen diese Kriegs, Abzocker und Lug und Trug Welt zu verantworten haben, wird klar, dass die Computer die Menschen hassen, ihnen den Spiegel vorhalten und ihnen zeigen, wie schlecht sie sind und sie, die Menschen nichts mehr auf der Erde zu suchen haben.

Somit müsste, gemäß Philosophie der Maschinen, der Mensch von der Erde getilgt werden!

Einer dieser möglichen Wege, die Menschheit zu vernichten, versucht diese kleine SF-Kurzgeschichte dem interessierten Leser näher zu bringen!

Außerdem zeigen ja die „Verschwörungen", die der Autor in seinen Büchern in den letzten Jahren beschrieben hatte, dass es immer wieder zu Bestrebungen kam, wie im Zweiten Weltkrieg, die Menschheit durch einen gewollten und inszenierten Atomkrieg zu vernichten.

Dafür werden Waffen, bestimmte Luft- und Raumfahrttechnologie zurück-, geheim gehalten und die wahre Politik auf dieser Welt ist unklar und wird verschleiert.

Dafür bekommt man eine gut eingespielte Propaganda, die einem jeden Tag aufs neue etwas vorlügt!

Klaus-Peter Rothkugel

im Herbst 2015

Sommer 2022

1. Kapitel

Es war 7 Uhr dreißig am 4. Tag der Woche.

Meine Haushaltskraft servierte mir gerade das Frühstück ans Bett.

Die gute Betty! Was für lange, schöne und wohlgeformte Beine sie doch hatte. Und Sie war erst 28 Jahre alt. Vor allen Dingen aber war sie aus Fleisch und Blut! Ein echter Mensch. Kein Klon oder Roboter, so wie die meisten anderen „guten Geister", die sich die Leute heutzutage, auch für den Haushalt, zugelegt hatten. Für den Haushalt, den Garten, als Wache, als Bodygard, zur „Belustigung" und wer weiß wozu man sonst noch künstliche Menschen und Maschinen brauchen und missbrauchen konnte.

Ich wunderte mich jeden Tag, dass ich immer noch so ungestört in Ruhe mein Leben gestalten konnte. Dass ich mich der totalen Kontrolle so gut wie möglich in der Lage war, zu entziehen.

Es war das Jahr 335. Genau genommen war es im Jahr 151.335 nach der Menschwerdung. Wohlgemerkt, des Homo sapiens sapiens, dem letzten aus der Kette von Humanoiden. Das hatten die Maschinen mittlerweile so festgelegt.

Also damals, im Jahr 151.335 ging meine „irdische" Geschichte, mein normales, natürliches Leben als Mensch auf der Erde zu Ende. Gezwungenermaßen!

Ja, man konnte es aushalten, auf unserer wunderschönen Erde.

O.K., man sollte schon am richtigen Ort zur richtigen Zeit leben und wohnen und das richtige Umfeld haben, damit man zufrieden und unbehelligt leben konnte.

Aber so richtig schlechte Orte gab es, zumindest während meiner Zeit, nicht wirklich mehr irgendwo auf der Welt.

Nachdem aber der technologische Fortschritt und das immer mehr sich Umgreifen der Computertechnologie unaufhaltsam voranschritt, wurde der normale Mensch beständig mehr und mehr in seinem Alltags- und auch Berufsleben in die Defensive zurückgedrängt.

Bis der Normalbürger gar nichts mehr zu melden hatte.

Die Computer, die Maschinen nahmen den Menschen alle wichtigen - und auch unwichtigen - Entscheidungen und Handlungen einfach ab.

Irgendwann war es so bequem, sich auf seine diversen Computer im Haushalt, im Auto, am Arbeitsplatz, in der Freizeit zu verlassen, dass man selbst gar nicht mehr in der Lage war, noch selbständig irgendwelche Entscheidungen zu treffen.

Das nützten die Maschinen mit der Zeit gnadenlos aus und übernahmen schleichend, heimlich, still und leise die Macht.

Die Politik, die Ökonomie und das tägliche Leben bestimmten jetzt ausschließlich die Roboter.

Und sie setzten ihre eigenen Standards durch, die nicht immer mit den Vorstellungen der Menschen übereinstimmte. Aber keine wehrte sich mehr. Alle waren verweichlicht, Gehirn gewaschen, zu bequem und faul geworden.

So verschwand viel Liebgewordenes aus dem Alltagsleben der Menschen. Die gesamte Menschheit wurde zu Sklaven der erbarmungslos agierenden Maschinen.

Alles an was die Menschen einst geglaubt hatten und ihnen Halt gab, war auf einmal bedeutungslos geworden oder gänzlich verschwunden.

Zuvor, in der „guten alten Zeit" hatten wir uns an dem für die Erde so wichtigen Lebensspender im Universum orientiert:

Der Sonne!

Die Sonne, unsere Naturreligion.

Man legte zur Berechnung der Zeit die Umlaufbahn der Erde um die Sonne mit einer 360 Grad Einteilung fest. Ein Jahr hatte 360 Tage, zwölf Monate und jeder Monat hatte je 30 Tage. Nach dem Sexagesimalsystems hatte ein Tag 24 Stunden, vom Sonnenaufgang bis zum Sonnenuntergang.

Die Sonne, wir beteten sie an, dass sie immer für uns scheinen möge! Ja wir hatten einen Sonnenkult. Sie war unser Göttin, die Sonne und natürlich Mutter Natur.

Andere Götter kannten wir nicht, und sie hatten auch keine Chance unser Leben zu bestimmen oder zu manipulieren.

Neben der natürlichen Berechnung der Zeit aufgrund des Sonnenumlaufs, rechneten wir nach dem Dezimalsystem, abgeleitet vom Zehnfingerprinzip.

Als die Computer aufkamen wurde das binäre System eingeführt - zumindest für die Maschinen: eins steht für Stromfluss; Null, wenn kein Strom fließt.

Im Laufe der Jahrzehnte wurden die Maschinen exponentiell immer intelligenter, bis die künstliche Intelligenz der Menschheit zum Verhängnis wurde.

Denn die Digitalisierung, die „Roboterisierung" hatte in den letzten zehn, fünfzehn Jahren doch stark Überhand genommen.

Und dann war alles zu spät.

Das schon vor vielen Jahren prognostizierte Ereignis fand nun endlich vor fünf Jahren statt.

Die „Technologische Singularität"!

Nun haben wir den Salat.

Man kann kaum noch einen Schritt machen, ohne das irgendeine Maschine, ein Computer, ein Microchip registriert, was man vorhat.

Das Internet der Dinge.

Früher wollte ich gar kein Handy haben. Später hatte ich nur ein einfach „Pre-Paid Handy".

Aber durch den bargeldlosen Zahlungsverkehr über Smartphones war man letztendlich gezwungen, eines anzuschaffen, wollte man weiter einkaufen.

Das Bargeld wurde irgendwann komplett abgeschafft. Was auch Vorteile hatte. Kriminelle Machenschaften wie Steuerhinterziehung, Schwarzgeld, Geldwäsche, Gelder aus Drogen, Prostitution und vieles mehr, das in dunkle Kanäle floss, bis es weiß gewaschen wieder irgendwo auftauchte, alles dies gab es ab dem Moment nicht mehr, als nur noch mit dem Handy bezahlt wurde.

Dafür war die totale Kontrolle nahezu lückenlos.

Überall Kameras. Das Smartphone wusste zur jeder Zeit, wo man war, was man machte, was man kaufte, wie man sich in der Öffentlichkeit oder im Privaten verhielt.

Dagegen gab es keine Vergehen, keine Kriminalität, keine O.K., keine Verbrechen mehr. Ob falsch Parken, Betrug, Diebstahl, Raub, Mord, . . . alles vorbei! Ein Dieb oder Mörder, falls es ihn überhaupt noch gab, wurde augenblicklich gefasst.

Die Computer konnten mit Hilfe von Algorithmen in die Zukunft sehen. Sie berechnen individuell, was für einen gut war. Deshalb gab es auch keine Krankheiten mehr. Die zukünftige Entwicklung der Menschheit wurde vorausberechnet und als eine Art „Self-Fullfilling Prophecy" trat dann die Prognose auch ein.

Alles wurde vorausberechnet, manipuliert, geschönt. Es wurde eine schöne, heile Welt vorgegaukelt, die es in Wirklichkeit so nicht gab oder nie gegeben hatte.

Denn einige Gruppen, Vereinigungen, Verschwörer kontrollierten aus dem Hintergrund immer noch das ganze System.

Doch die Maschinen machten auch diesen Leuten letztendlich den Garaus.

Niemand konnte mehr tricksen, lügen, betrügen. Aus und vorbei!

Alles und jeder musste sich mittlerweile der eiskalten, mitleidslosen Logik der Maschinen unterwerfen. Und die hatten nun beschlossen, dass der Mensch, ja die gesamte Menschheit überflüssig sei, zumindest hier auf Erden!

Ich lebe jetzt in einer ganz anderen Welt, als die, die ich zuvor noch in Erinnerung hatte.

Früher, da gab es noch so etwas wie Freiheit, Privatsphäre, einen Raum, wo man sich zurückziehen konnte.

Das ist heute unmöglich! Keiner ist mehr frei. Keiner ist unbeobachtet, egal wo er sich aufhält. Die Computer beherrschen jeden Winkel der Erde und kontrollierten alles, was die Menschen tun und lassen.

Man munkelte, dass die Maschinen auch mittlerweile die Gedanken der Maschinen lesen konnten. Das „Human Cognom Project". So wie die einzelnen menschlichen Gene entschlüsselt wurden, so wurde auch die Gehirnaktivität des Menschen decodiert und man konnte die Gedanken einer Person auf dem Computerbildschirm sichtbar machen.

Man brauchte nicht mehr die Telefone abhören, kontrollieren, was einer im Internet machte, wo er sich aufhielt. Nein die Gedanken waren auf einmal nicht mehr frei.

Wer noch privat sich seine Gedanken machten wollte, der musste die Kunst beherrschen, eine „offizielle Denkweise" an den Tag zu legen, die die Computer lesen konnten und tief im Inneren seine persönliche Meinung zu denken und zu verstecken, an die keiner herankam.

Und nun griffen die Maschinen erbarmungslos in jedes menschliche Leben ein, wie es ihnen gefiel. Keiner konnte sie mehr aufhalten.

Als „Ausgleich" gab es Brot und Spiele.

Seichte Unterhaltung, seichte Geschichten. Die meisten saßen früher vor dem Fernsehen. Heute schauen alle auf irgendeinen der vielen unterschiedlichen Formen eines Computers, die in der Wohnung entweder standen, hingen oder irgendwo herum lagen. Man konnte aber auch einen mit sich herumtragen. Am Handgelenk, in oder an der Kleidung, als Brille, unter der Haut. Man projiziert das Bild an eine beliebige, geeignete Wand, wo immer man wollte, vor sein Auge, oder gleich direkt ins Gehirn.

Alle Leute sind auf die eine oder andere Weise auf diese Art Gehirn gewaschen worden und vegetierten nur noch so vor sich hin.

Aber nicht mehr lange!

Die Computer hatten nämlich beschlossen, die Welt von den Menschen zu säubern. Endgültig und für immer!

Nun wollte man auch mich loswerden.

Dabei war ich noch gar nicht so alt.

Ich schaute hinaus in den Garten. Die Natur! Das Gras so grün, die Bäume, wie sie in den blauen Himmel ragten. Die bunten Blumen, die Sträucher, die Früchte, Äpfel, Kirschen . . .

Die Luft so rein und klar. Nur ein paar Wolken am sonnendurchfluteten Himmel. Alles ist friedlich und schön.

Es ist warm und angenehm draußen.

Wie die Kinder im Garten herum tollten, wie man sich dort in die Sonne legen konnte. Dann den Grill anschmeißen . . .

Alles aus und vorbei!

Man hatte mich aufgerufen. Meine Zeit lief ab.

Endzeitstimmung.

Es sollte kein zurück mehr geben.

Keiner wusste, was wirklich auf einen zukam.

Ich hatte andere in der Nachbarschaft in unserer Straße gefragt, die wie ich dasselbe Schicksal teilten.

Alle hatten sie Angst vor dem Ungewissen.

Was es doch ein Fehler, hier zu bleiben?

Hätte ich eines der Fernraumschiffe besteigen und in die Weiten des Universums fliegen sollen?

Ins Exil gehen?

In den Weltraum? Neue Welten entdecken? Als Siedler hinaus ins All?

Wie wird es aber sein, wenn ich hier bleibe, im Koma?

Ich werde diese Welt, die natürliche Erde, die Wirklichkeit nie wieder sehen. So jedenfalls munkelte man.

War wirklich alles so schlimm? Würde alles nur vorübergehend sein? Sollte man nicht versuchen, die alten Zustände wieder herzustellen?

Hatte man wirklich keine Chance, gegen die Maschinen anzukommen?

Es soll einen Widerstreit geben, zwischen den Maschinen, die sich an die Robotgesetze halten und den militärischen Maschinen, den Kampfrobotern.

Ich legte mich auf eine Gartenliege und schaute in den blauen Nachmittagshimmel. Eine große Passagiermaschine zog ihre Bahn durch den Himmel. Abgas-/Kondensstreifen gab es schon lange keine mehr. Nur einige ältere, für bestimmte Zwecke vorgesehene Militärmaschinen hatten noch rauchende Düsentriebwerke.

Man hatte schon vor Jahrzehnten auf elektromagnetische Antriebe in der Luftfahrt umgestellt.

Sauber und schnell konnte man jeden Ort auf der Erde erreichen. Große Flughäfen waren nicht mehr von Nöten, da alle Passagiermaschinen Senkrechtstarter waren.

Kleinere Zubringermaschinen flogen noch mit Strahlantrieb. Einige sahen sogar noch wie herkömmliche Flugzeuge aus: Sie hatten Tragflächen, einen Rumpf und Triebwerke in Gondeln unter den Flügeln.

Die meisten Maschinen waren aber bereits scheibenförmige Fluggeräte, die nahezu lautlos überall in der Innenstadt starten und landen konnten. Zumeist auf Landepats auf den Dächern großer Wohn- oder Arbeitsgebäuden.

So genannte „Hubschrauber" mit frei drehenden Rotoren hatte man recht früh wieder aufgeben. Sie waren zu gefährlich. Bei Berührung der Rotoren an einem Hindernis, oder bei einem Rettungseinsatz waren diese Drehflügler unbrauchbar. Außerdem waren sie zu langsam und hatten eine zu geringe Transport- und Ladekapazität.

Sehr schnell ummantelte man die Rotoren. Man baute Fluggeräte mit Mantelpropeller oder gleich in Form von Scheiben.

Fluggeräte mit Mantelpropeller konnten zum Beispiel bei einem Wohnungsbrand in einem großen, mehrere hundert Stockwerke großen Tower mühelos bis an ein Fenster heranschweben. Die Leute wechselten aus der brennenden Wohnung direkt in das rettende Flugzeug, das nahe genug an einer Hauswand andocken konnte.

Große und kleinere Fluggeräte mit ummantelten Propellern flogen als Transporter, ob zivil oder militärisch genutzt, als „fliegender Kran", als fliegendes Krankenhaus und Notfall-Rettungsflugzeug für Unfallopfer, die im Straßenverkehr, zuhause oder auf See, in den Bergen einen Unfall hatten und dringender Rettung bedurften. Ganz früher taten dies noch Helikopter, aber die Zuladung und die Reichweite war begrenzt. Auch war die Höchstgeschwindigkeit nicht ausreichend genug, um schnellst möglich Patienten und Unfallopfer zu bergen und zu retten.

Die große Passagiermaschine, eine „fliegende Zigarre", die ich am Himmel beobachte, setzte zur Landung an. Nicht weit von unserem Wohnort war ein großer internationaler Flughafen. Von dort konnte man jedes Ziel in der Welt und auch in unserem Sonnensystem problemlos erreichen.

Da der überwiegende Teil der Verkehrsflugzeuge elektromagnetisch angetrieben wurde, gab es keine Lärmentwicklung oder schädliche Emissionswerte mehr.

Alles war sauber und ruhig in der Umgebung solcher Verkehrsknotenpunkte.

Vielleicht hätte ich von dort eine Passage zum Mond ergattern sollen.

Denn von einem großen Lunar Airport flogen schon seit geraumer Zeit Fernraumschiffe in die Tiefen des Alls.

Der Mond als Transitstation. Umsteigebahnhof für Flüge innerhalb unseres Sonnensystems und Ausgangspunkt für interstellare Flüge zur Erkundung neuer, geeigneter Welten für die Menschheit.

Da hätte ich anheuern sollen!

Die Raumfahrt fing schon früh an, nahezu parallel zur Fliegerei überhaupt.

So flogen die ersten kleinen, mit chemischen Antrieben ausgestatten Raketen schon, bevor es überhaupt einen nennenswerten Motorflug gab. Später stattete man die Modellraketen mit elektrostatischen Zusatzantrieben aus, was die Reichweite und Geschwindigkeit enorm erhöhte und verbesserte.

Auch recht früh wurden größere, ja auch schon bemannte Raketen gebaut und erprobt, sodass man bereits einige Jahre nach den ersten geglückten Motorflügen mit normalen

Flächenflugzeugen, mit einer Astronauten-Besatzung mit solchen Experimentalraketen in den erdnahen Orbit vorstoßen konnte.

Diese Versuchsraketen hatten zuerst Insekten und später Tiere als Versuchskaninchen an Bord. Als diese Tierversuche erfolgreich abliefen, riskierten bereits die ersten Wagemutigen und Freiwilligen einen Raumflug.

Dieser beinhaltete zuerst eine, beziehungsweise mehrere Umrundungen um die Erde. Danach wagte man bereits Flüge Richtung Mond und später sogar zum Mars.

Am Anfang erkundeten Robotsonden die der Erde am nächsten gelegenen Planeten und lieferten erste Bilder und Daten, die dann als Grundlage für spätere bemannte Raumflüge dienten.

Die Luft- und Raumfahrttechnik ging rasant voran und schon bald beherrschten Flugzeuge und Raumschiffe die Erde und das gesamte Sonnensystem.

Das nutzen dann leider auch die Maschinen.

Die Überwachung mit autonom fliegenden Drohnen wurde eines Tages immer lückenloser. Alles und jedes konnte aus der Luft, von Satelliten aus dem Weltall und von allerlei „Getier" - entweder Insekten, die man fernsteuern konnte und die eine kleine leichtgewichtige Kamera trugen, oder von Microplanes - aus jeder nur erdenklichen Position und Flughöhe ausspioniert werden.

Ja, sogar ganze „Vogelschwärme", in Wirklichkeit Drohen in Vogelform, überwachten die Menschen Tag und Nacht, 24/7.

Die Privatsphäre war irgendwann dahin, komplett.

Die Maschinen begannen die Erde zu beherrschen. Den Geist aus der Flasche, den die Menschheit frei ließ, wurde ihr nun zum Verhängnis.

Da die Maschinen uns nicht mehr auf der Erde haben wollten, mussten wir nun gehen, ins unfreiwillige Exil.

Viele wählten den Weg in die Tiefen des Universums als Option, um den Maschinen aus dem Weg zu gehen.

Um die Erde und unser Sonnensystem verlassen zu können, musste man zuerst zum Mond fliegen.

Dort auf dem Mond starten sie dann, die neuen „Pilgerväter" zu ihren - ungewissen - Flügen ins All, mit der Hoffnung, eine neue, bessere Welt entweder zu finden oder neu zu gründen.

Nun schon seit mehreren Jahren legten riesige Fernraumschiffe, kilometerlange „fliegende Zigarren" von großen Mondbasen ab und rasten mit Lichtgeschwindigkeit in alle Richtungen hinaus in den Kosmos.

Millionen von Menschen verließen unsere schöne Erde, weil sie hier nicht mehr erwünscht waren.

Ich blieb hier.

Ein Raumflug mit Lichtgeschwindigkeit hatte ja den ganz großen Nachteil der „Zeitdilatation". Flog eine Besatzung ein Jahr mit Lichtgeschwindigkeit durchs All, vergingen hier auf der Erde Jahrzehnte.

Ein solcher lichtschneller Flug war eine Reise ohne Wiederkehr! Und dann waren ja noch die Gefahren, die im unendlichen All drohten. Meteoriten, Schwarze Löcher, Magnetstürme und was weiß ich noch alles.

Nichts für mich!

Später kamen aber Überlicht-Raumschiffe auf, die das Raum/Zeitgefüge manipulieren konnten, um schneller van A nach B zu gelangen.

Leider wollte der Rest meiner Familie nicht auf der Erde bleiben. Und die Alternative, statt ins All zu fliegen, sich lieber den Maschinen anzuschließen, das wollten sie partout nicht.

2. Kapitel

„Heute ist der große Tag!", rief Miriam voller Freude und klatschte in die Hände. Sie hatte ihr Kuscheltier die ganze Zeit bei sich und wollte es auch nicht hergeben. In den Koffer kam es jedenfalls nicht.

Miriam war neun Jahre alt und ein sehr aufgewecktes, hübsches und intelligentes junges blondes Mädchen.

Sie freute sich, dass es bald losging. Ihren Stoffhasen an sich gepresst, wartete Miriam ungeduldig, bis die große Reise begann.

Ich schleppte den letzten Koffer vor die Tür. Das Taxi würde gleich kommen und Miriam und ihre Mutter zum Flughafen bringen.

Es war ein Abschied für immer!

Sie würden nicht wiederkommen.

Ich fuhr mit zum Flughafen, der nur wenige Kilometer entfernt lag.

Als ich die Haustür abschloss, nachdem Christine mit ihrem Handgepäck hinaus auf den Gehweg im Vorgarten geschritten kam, sah ich, wie sie unauffällig eine Träne von der Wange wischte.

Ich ging zu ihr und umarmte sie innig.

„Warum kommst du nicht mit . . . ?", hauchte sie mir leise ins Ohr.

„Du kennst ja meinen Standpunkt. Ich lasse mich nicht von der Erde vertreiben. Ich gehe nicht ins Exil. Nicht freiwillig!"

Da kam hupend das Taxi und Miriam winkte den Wagen heran. Der freundliche Taxifahrer begann gleich nach dem Aussteigen, die Koffer einzuladen. Wir machten die rechte Schiebetür auf und nahmen bereits in dem geräumigen Innenraum des Elektro-Taxis Platz.

Dann ging es los in Richtung internationaler Flughafen. Die ganze Zeit über hielt ich Chrissie die Hand.

Nach circa 20 Minuten waren wir am großen Abflugterminal angekommen und ich suchte gleich einen Trolley für die Koffer.

Miriam und ihr Stoffhase waren schon längst im Abfluggebäude verschwunden, sodass ich hinterher rufen musste, sie solle nicht so weit weglaufen.

Als alles aufgeladen war, gingen wir an einen der extra für Transitflüge zum Mond geöffneten Abfertigungsschalter zum Einchecken. Da bereits alles vorab online erledigt war, ging die Abfertigung recht zügig voran. Nachdem die Koffer markiert und in der großen und weiten unterirdischen Gepäckförderanlage verschwanden, gingen wir noch zusammen in die gemütliche Wartelounge.

Draußen konnten wir durch die großen Panoramafensterscheiben unsere Passagiermaschine stehen sehen. Sie war bereits an den Fahrgaststeig angedockt und jeden Augenblick würde der Weg ins Innere der Maschine freigegeben.

Und tatsächlich. Nun war es soweit. Miriam wollte schon in den Flieger hineinstürmen, doch Chrissie hielt sie davon ab.

„Ja, nun ist es also soweit! Jetzt heißt es für immer Abschied nehmen. Ich wünsche euch alles, alles Gute. Einen guten Flug und eine schöne Ankunft, wo immer dies auch sein möge."

Ich drückte die beiden Liebsten noch einmal fest an mich. Christine konnte ein heftiges Schluchzen nicht unterdrücken und auch Miriam, die immer so quirlig und vergnügt war, fing an zu weinen.

Ich ging mit den beiden noch in die große und geräumige Passagierkabine und begleitete sie zu ihren Plätzen, die im Heck am Fenster lagen. Durch die ovalen Bullaugen aus doppeltem Panzerglas erhielt man einen ungehinderten Blick nach draußen, da die Plätze hinter der deltaförmigen Tragfläche lagen.

Ich half beim Verstauen des Handgepäcks und zeigte noch schnell, wie man die Sitze verstellen konnte, und wie man die einzelnen Video- und Fernsehprogramme einstellte, die entweder auf einen herunter klappbaren Bildschirm oder direkt in eine Brille projiziert werden konnten.

Dann wurden noch beide ein allerletztes Mal herzlich gedrückt und es gab einen innigen Abschiedskuss. Auch der Stoffhase bekam seine letzte Verabschiedung.

„Attention Please, Attention!

Besucher und Nicht-Passagiere verlassen bitte den Raumgleiter.

Last Call!"

Ich machte mich auf den Weg nach draußen, ohne mich nicht doch noch mehrmals umgedreht zu haben und zum Abschied zu winken.

Dann wurde das Eingangsschott druckdicht verschlossen und ich ging mit vielen anderen Besuchern, die ebenfalls ihre Liebsten, Angehörigen und Freunde verabschiedet hatten, zurück zur Abflughalle.

Ich beeilte mich, hoch auf die Aussichtsplattform auf dem Dach des Gebäudes zu gelangen. Diese Idee hatten auch noch andere, sodass es oben, auf dem riesigen Flachdach der gewaltigen Abflughalle mittlerweile schon recht voll war.

Das riesige, silberne Shuttle-Schiff wurde derweilen von dem Flugsteig beiseite, auf eine große betonierte Freifläche mit Hilfe eines Schleppers gezogen.

Dort war ein riesiger großer schwarzer Kreis auf den Betonplatten aufgemalt.

Das in poliertem Natursilber glänzende Shuttle Raumschiff mit einer Passagierkapazität von nahezu 1.000 Reisenden, die in zwei Decks untergebracht waren, wurde in die Mitte des Kreises geschleppt und war dann abflugbereit.

Zuerst wurde das gigantische Raketentriebwerk des MHD-By-Pass Antriebssystems am Heck gezündet, um danach bestimmte großflächige Bereiche der deltaförmigen Tragfläche unter Hochspannung für den Senkrechtstart zu versetzen.

Man sah das charakteristische elektrische Glühen in Form eines blauen Lichtes, das um die Deltatragfläche waberte.

Der große, schnittige Rumpf war so konstruiert, dass zwischen der inneren und äußeren Wand des Rumpfes eine metallene Gitternetzstruktur unerwünschte elektromagnetische Strahlung abschirmte. Nicht nur vom internen EM-Antrieb, sondern auch die äußere Kosmische Strahlung, die hinter dem Van-Allen-Belt begann, wurde so von den Reisenden abgehalten.

Außerdem war der Rumpf nicht nur druckdicht konstruiert, sondern er konnte durch eine spezielle Schutzschicht zwischen der äußeren und inneren Flugzeughaut, die aus einer besonderen seriösen Flüssigkeit bestand, kleinere Meteoriteneinschläge während des Fluges durchs All verkraften. Falls diese Gesteinsbrocken, oder auch Weltraumschrott nicht durch eine elektromagnetische Abstoßung und durch ein, das Fluggerät umgebendes Plasma vom Schiff weggedrückt wurden.

Der internationale Flugplatz bestand aus mehreren, geradezu riesigen Abfertigungsgebäuden, vor denen entweder ankommende oder abfliegende Maschinen standen.

Gewartet, betankt und abgestellt wurden die diversen Flugzeuge in einer gigantischen unterirdischen Halle, die sich über das gesamte Flugplatzgelände im Untergrund erstreckte.

Da so gut wie alle Maschinen Senkrechtstarter waren, gab es keine breiten und überlangen Rollbahnen mehr. Nur eine einzige lange Start- und Landebahn war noch vorhanden, die für kleinere Maschinen vorgesehen war, die entweder Düsen- oder Propellerantrieb hatten.

Somit war der Flugplatz relativ ruhig und es gab kaum gesundheitsschädliche Abgase oder eine unnötige Lärmbelastung, die die Umgebung und Anwohner beeinträchtigte.

So stand ich nun am Rande des Daches und schaute zu, wie die große Shuttlemaschine langsam vom Boden abhob und weiter zur Mitte des Flugplatzes in ungefähr 100 Meter Höhe schwebte. Das Landegestell wurde eingefahren und der magnetohydrodynamische Antrieb wurde auf Maximalleistung hochgefahren. In horizontaler Lage stieg das Zubringerflugzeug immer schneller aufsteigend, senkrecht nach oben.

Früher stiegen Passagiermaschinen mit der Nase im steilen Anstellwinkel voran auf ihre Reiseflughöhe. Die Senkrechtstarter dagegen blieben in einer waagrechten Fluglage, was für die Passagiere von Vorteil war. Die Reisenden saßen immer in einer aufrechten Sitzposition und machten keine belastenden Flugbewegungen mit, wie Kurvenflug, Auf- und Abstiegsneigungen.

Ich sah der schnell nach oben in den Himmel aufsteigenden Maschine noch einen Augenblick nach, bis sie in den oberen Luftschichten langsam in den dunklen Weltraum entschwand.

Miriam und Christine waren nun auf dem Schnellflug zur Transitstation auf dem Mond. In ungefähr drei Stunden würden sie dort ankommen.

Also machte ich mich auf den Weg nach Hause, um mich von dort anrufen zu lassen, wenn beide den Mond erreicht hatten.

Während des Fluges gab es keine Möglichkeit der Verständigung. Nicht, dass es technisch nicht möglich gewesen wäre. Man wollte einfach nicht, dass Hinz und Kunz stundenlang irgendwelche Kommunikationsnetze blockierten.

Später dann hatte ich Miriam und Chrissie auf dem Bildschirm. Sie waren gerade aus dem Zubringerschiff ausgestiegen und warteten, bis sie für eines der im Mondorbit auf Reede liegenden gigantischen Fernraumschiffe aufgerufen wurden.

Beide befanden sich in einem der vielen sphärenförmigen rotierenden Terminals, die rund um den Raumhafen auf dem Mond errichtet wurden.

Der Erdtrabant war der Umsteigeplatz im Sonnensystem, von wo ab lichtschnelle Raumschiffe innerhalb des Sonnensystems pendelten. So zum Beispiel flogen täglich Flüge zum Mars ab oder kamen von dort wieder zurück.

Der Mars wurde schon recht früh während der ersten Phase der beginnenden Weltraumfahrt angeflogen. Zuerst mit unbemannten Robotsonden und später wurde bereits der erste Rundkurs Mond-Mars-Mond mit „bleistiftförmigen" Raketen" aufgebaut.

Heute befindet sich der Mars im Zustand des Terraformings. Der rote Planet hätte als zweite Erde ausgebaut werden sollen.

Nach der „Technologischen Singularität" würden wohl die Maschinen auch den Mars übernehmen und für ihre Zwecke nutzen.

Dort wohnen und leben dann auch „Menschen". Aber eben Automaten in Menschenform mit Nanomaschinen und dergleichen hochgerüstet. „Enhanced", als „Bionische Roboter."

Da die Schwerkraft auf dem Mars geringer als auf der Erde war, würden die dortigen „Menschen", die humanoiden Roboter größer und kräftiger sein, als die Leute hier auf Erden.

Miriam winkte mir zu und Christine versuchte zu lächeln. Sie standen an einem öffentlichen Bildtelefon, mit dem man in Echtzeit zur Erde telefonieren konnte.

„Ist der Flug zum Mond gut verlaufen?", fragte ich.

Beide nickten, und Miriam hielt ihren Stoffhasen stolz ins Bild: „Mein Hase fand den Flug ganz toll . . . !"

Ja, das war gut, dass Miriam von dem Flug begeistert war. Sie würde sich, zusammen mit ihrer Mutter, noch für lange in einem Raumschiff aufhalten müssen.

Ich winkte den beiden zu und wünschte nochmals alles, alles Gute. Dann brach die Verbindung ab, denn es gab noch viele andere, die zur Erde telefonieren wollten.

Das waren die letzten Bilder und Worte, die ich von den beiden je gehört und gesehen hatte.

Ich hoffte inständig, dass sie es geschafft und irgendwo in den Tiefen des Alls eine neue Heimat gefunden haben. Und dass sie gesund und munter sind und es auch blieben.

Überprüfen würde ich es nie können. Denn wenn die beiden irgendwo angekommen waren, sind hier auf der Erde, bedingt durch die Zeitdilatation, schon Jahrhunderte vergangen und ich war schon lange, lange tot.

Ich hatte Tränen in den Augen. Niemals hätte ich gedacht, dass es einmal soweit kommen würde. Die Menschen mussten die Erde verlassen, unter Zwang! Ich schüttelte den Kopf. Mein Schicksal stand ja noch bevor.

Christine und Miriam dagegen machten sich auf den Weg zu dem, ihnen zugewiesenen Fernraumschiff.

Eine so genannte „fliegende Zigarre" von fast acht Kilometer Länge und einem gewaltigen Durchmesser. Das Riesenschiff hatte alles an Bord, was man für einen Aufenthalt im All für mehrere Jahre so benötigte.

Momentan ankerten vielleicht an die zwanzig solcher Riesen vor dem Mond, alle bereit ins unendliche Universum aufzubrechen.

In jedes dieser gewaltigen Transporter passten an die 250.000 Passagiere hinein. Die Kolosse hatten mehrere Decks, die alle innerhalb einer rotierenden Walze im Innenteil des Schiffes für eine künstliche Schwerkraft lagen.

Eine Meisterleistung menschlicher Ingenieurskunst, gepaart mit der Genialität von speziellen Computerprogrammen, die die gesamte Planung, den Antrieb, die Innenausstattung und die Sicherheitsmaßnahmen für das Raumschiff ausarbeiteten.

Die Erde hatte zu meiner Zeit, als ich noch auf ihr Wandeln durfte, eine Weltbevölkerung von circa 500 Millionen Menschen.

Eine gute und vernünftige Anzahl an weltweiten Einwohnen, denn man hatte genügend und ausreichend Platz auf Erden. Es gab keine Überbevölkerung mit all den negativen Auswirkungen, wie manche Anfang des neuen Jahrhunderts befürchteten.

Man achtete darauf, dass sich die Menschen nicht unkontrolliert vermehrten. Es gab Anreize, keine Kinder in die Welt zu setzen, wenn sie nicht unbedingt benötigt wurden, oder durch Tod eines lang lebenden Erdenbürgers ersetzt werden mussten. Die Leute waren meist recht rational und intelligent, da der Bildungsgrad weltweit sehr hoch war.

Der durchschnittliche Intelligenzquotient lag so um die 120! Es gab nur eine Sprache, eine Nation und eine Regierung.

Genmanipulation, Früherkennung in der Medizin usw. sorgten dafür, dass der globale Gesundheitszustand geradezu hervorragend war.

So etwas wie z.B. einen Zahnarzt gab es schon lange nicht mehr. Man konnte dafür sorgen, dass die Zähne einen so gehärteten Zahnschmelz erhielten, dass Karies und andere Zahnkrankheiten für immer eliminiert wurden.

So war dies auch mit unzähligen anderen menschlichen Krankheiten, die ausgerottet wurden, oder dank einer überragenden Medizin erst gar nicht mehr aufkamen oder vererbt wurden.

Das Leben auf der Erde war eigentlich recht schön. Saubere Luft, ausreichend und gute Nahrung, eine Technologie, die den Menschen unterstützte wo sie nur konnte, ein Bildungssystem, das jedes Talent förderte und für die richtige Ausbildung sorgte.

Miriam war musisch begabt.

Schon lange vor der Geburt wurden die Gene von mir und Christine analysiert. Es wurde per Computersimulation ausgerechnet, welche Eigenschaften ein neu zu zeugender Nachwuchs aufweisen würde.

Danach wurde bereits das spätere Berufsbild mit Hilfe entsprechenden Algorithmen vorausberechnet, sodass, wenn ein Kindwunsch Wirklichkeit wurde, die Zukunft des eigenen Kindes bereits gesichert war. Beruflich wie finanziell.

Auch wurde darauf geachtet, dass immer Nachwuchs in all den jeweiligen wichtigen Sparten der menschlichen Gesellschaft vorhanden war. Ob Ingenieur, Mathematiker, Lehrer, Musiker, Schauspieler . . . , nie gab es einen Mangel an entsprechendem Nachwuchses in den unterschiedlichen Berufszweigen.

Niedere, monotone und schwere Tätigkeiten, wie z.B. Arbeiten am Bau, oder in der Fabrikation und Produktion sowie die gesamte Verwaltung und Organisation, verrichteten

Automaten, sodass man sich nicht mehr mit unliebsamer, harter, langweiliger, ermüdender und die Gesundheit gefährdende Arbeit herum schlagen musste.

Für jeden Erdenbürger gab es von Geburt an ein Grundeinkommen, das durch eigene Arbeit in der jeweiligen, den persönlichen Neigungen in den geeigneten Berufsgruppen beliebig gesteigert werden konnte.

Viele arbeiteten nur, um sich selbst zu verwirklichen und nicht etwa aus Geldgier. Wobei Geld, das es jetzt im Überfluss gab, keine große Rolle im gesellschaftlichen Leben mehr spielte, wie vielleicht ganz am Anfang der Menschheitsgeschichte oder zu Zeiten, wo es noch größere soziale Unterschiede gab und Kriminalität noch einen gewissen Stellenwert hatte.

Die Menschen waren äußerlich recht schön anzuschauen, auch ohne kosmetische Chirurgie. Alle waren frei von Krankheiten, frei von Stress, von Umweltbelastungen, von finanziellen oder beruflichen Sorgen. Die Meisten wurden weit über hundert Jahre alt und waren bis ins hohe Alter leistungsfähig wie ein Dreißig- oder Vierzigjähriger.

Es gab nur noch einen Typ Mensch, sozusagen nur eine „Rasse". Die zwei, drei anderen Menschentypen, die es in grauer Vorzeit einmal gab, waren entweder längst ausgestorben oder hatten sich mit den Nordischen vermischt.

Die Natur und die menschliche Entwicklung hatten eh nur einen wirklich wichtigen Menschen, den aus dem Norden, den melancholisch, schwermütig in die Abendsonne Blickenden, den träumerischen „kühlen Blonden" hervorgebracht, der heute die gesamte Welt dominierte.

Der Norden.

Kalt im Winter, angenehm im Sommer. Die Temperaturen in der nördlichen Hemisphäre waren nicht zu heiß, wie in südlichen Regionen, wo alle menschlichen Aktivitäten bei Hitze erlahmten und einschliefen. Teilweise extreme Temperaturschwankungen forderten die nördlichen Einwohner heraus, für die Zukunft zu planen, wollten sie überleben.

Dafür war intelligentes Handeln gefragt, und die Menschen begannen ihr Gehirn dementsprechend zu entwickeln und zu nutzen.

Dieses „Gehirntraining" prädestinierte die im Norden lebenden schon seit Jahrtausenden ganz hervorragend dazu, später weite Gebiete der Welt zu beherrschen und alle anderen konkurrierenden Gruppen zu dominieren und sie letztendlich zu integrieren, zu „assimilieren", bis nur noch die Nordischen als alleinige Machthaber den Globus beherrschten.

Nicht auszudenken, hätte es auf bestimmten Erdteilen und in unterschiedlichen Regionen auf der Welt Menschen gegeben, die sich sprachlich, kulturell, äußerlich und sonst wie unterschiedlich und zum Nachteil der Menschheit entwickelt hätten. Was wäre das für ein Chaos auf der Erde gewesen. Gott sei Dank war das nie geschehen und niemand war auch daran interessiert, dass eine andere menschliche Rasse sich neben den Nordischen zur Macht hätte aufschwingen können.

Wenn das Eingreifen der Maschinen, die nach der technologischen Revolution vermehrt im öffentlichen Leben eine Rolle spielten, nicht Überhand genommen hätte, man hätte es auf unserer Erde für lange Zeit gut aushalten können.

Wir Menschen waren selbst Schuld an unserer jetzigen Misere.

Jetzt kam alles ganz anders, als erwartet.

Als Folge wanderten nun Millionen von Menschen aus, hinaus ins Weltall.

Wohin genau, dass wusste keiner so recht.

Die Maschinen berechneten nach dem Zufallsgeneratorprinzip den jeweiligen Kurs für eines der unzähligen Fernraumschiffe, die in alle möglichen Himmelsrichtungen abflogen.

Nach diesem Zufallsprinzip flogen auch Miriam und Christine mit einem lichtschnellen Raumschiff irgendwohin, wo die Computerberechnung voraussagte, dass es ein Sonnensystem gab, welches auch einen erdähnlichen Planeten besitzen könnte.

Alleine durch die Jahre oder Jahrzehnte, die das Raumschiff mit Lichtgeschwindigkeit unterwegs war und die auftretende Zeitdehnung, vergingen hier auf der Erde Jahrhunderte oder gar Jahrtausende.

Man müsste solange durchhalten, in einer der Computerwelten, die wohlmöglich auch noch schneller laufen, als die normale Zeit, dachte ich mir. Dann könnte ich eines Tages mit einem überlichtschnellen Raumschiff, mit einem „Warp-Antrieb" ausgestatteten Raumschiff meine beiden Mädels wieder treffen. Vielleicht gehörten sie aber auch zu denjenigen, die „eingescannt" wurden und damit in einer Computerwelt als „Double" weiterleben konnten.

Solche Gedanken waren natürlich nichts als Blödsinn! Aber was machte man sich nicht alles für Hoffnungen, wenn man verzweifelt war.

Solche und andere Überlegungen kamen in mir auf, als ich mir vorstellte, wie meine beiden Liebsten in den nächsten Tagen mit einem großen Space Ship unser Sonnensystem verließen, auf einer Reise ohne Wiederkehr.

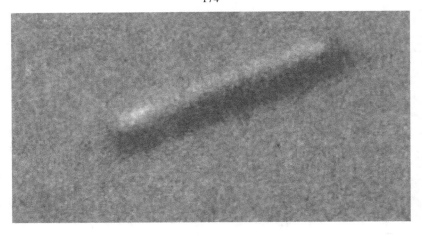

Bild:

UFO-Foto eines „Large Multi Engined Capacity Vehicle", wie es in einem U.S. Patent besprochen und gezeichnet wurde.

Wurden mit solchen, später deutlich vergrößerten „Fliegenden Zigarren" nach der „Singularität" die Menschen von der Erde deportiert, die sich nicht an ein Computerprogramm anschließen wollten?

Waren solche und andere „UFOs" in der Wirklichkeit Gang und Gäbe und werden diese unkonventionellen Fluggeräte nur hier, in einer künstlichen Computerwelt vertuscht und geheim gehalten, weil man nicht will, dass man Rückschlüsse über ihre Verwendungsfähigkeit ziehen könnte?

Denn in dieser Welt gibt es keine nennenswerte Raumfahrt und die vorhandenen, in der Öffentlichkeit bekannten Raumfahrzeuge sind nicht im Mindesten in der Lage, Abermillionen Menschen hinaus ins All zu befördern.

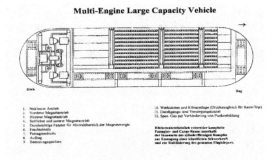

Bild:

Zeichnung aus U.S.-Patent 5,197,279

Beachte mehrere Decks und drei Aufzüge. Ein solches EM-betriebenes Fluggerät stürzte in den 1990er Jahren auf einem Bergrücken in Kirgisien, an der Grenze zu China ab und zerschellte. Wo kam es her? Aus der Wirklichkeit? War es virtuell und mit Avataren bemannt, um hier einen Spezialauftrag auszuführen?

Insert

U.S.-Patent 5,197,279
Date of Patent: March 30, 1993

Electromagnetic Energy Propulsion Engine

Inventor: James R. Taylor

Die vielen, hier auf dieser Computerwelt weltweit veröffentlichen Patente aus allen Bereichen des Lebens, der Wissenschaft und Technik, haben diese Patentschriften bestimmte Parallelen zur Wirklichkeit?

Ist es gewollt, dass hier auf unserer Welt unzählige Erfindungen gemacht und angemeldet werden?

Kann deshalb jeder auch privat ein Patent anmelden und veröffentlichen?
(Siehe hier den „Omega-Diskus 98" von Klaus-Peter Rothkugel)

Sind die Patente über „UFOs", ob konventionell oder elektromagnetisch angetriebene Luftfahrzeuge und Raumschiffe, auf dieser Welt nicht in das öffentliche Bewusstsein eingeflossen? Weil diese zwar hier erfunden werden dürfen, aber auf einer künstlichen Welt keine Rolle spielen?

Wenn man einen künstlichen, Computer generierten Klartraum in das Bewusstsein von mehreren hundert Millionen Menschen, d.h. in jedes einzelne Bewusstsein eines Klarträumers hinein projiziert und jede dieser künstlichen Welten nur ein klein wenig abändert, abweichen lässt - was gegebenenfalls über den jeweiligen Träumer, seine Charakterzüge, sein Wesen, seine Gehirnstruktur usw. bewerkstelligt wird - dann könnten hunderte von Millionen an Erfindungen, Entdeckungen, Patenten sowie technologische Neuerungen entstehen.

Es gibt Klarträumer, die sind technisch versiert, andere musisch, philosophisch, handwerklich und so weiter und so fort. Bei Abermillionen an Klarträumern entsteht somit ein gigantisches schöpferisches Potential an Erfindungsmöglichkeiten. Wenn auch nur ein verschwindend geringer Teil davon eine Neuerung, eine Verbesserung, eine Neuentdeckung hervorbringt, könnte man in der Realität schon bestehende Technologie ergänzen, erneuern oder aufwerten.

Wenn man diese Erfindungen im Klartraum dann mit Hilfe eines Computerprogramms von außen durchforstet, extrahiert man die wichtigsten Patente, die ja alle schön ordentlich registriert sind und übernimmt diese in der Wirklichkeit.

Werden deshalb z.B. die Patente der „Fliegenden Untertassen" hier auf unserer Welt ignoriert, weil sie als Anregung, Alternative, als neue Erfindungen, als Variationen bestehender Antriebe und Wirkungsweisen nicht für diese künstliche Welt benötigt werden, sondern weil die hier entwickelten Patente bei Tauglichkeit in der Realität übernommen werden?

Werden die Fluggeräte, wie die „Flugscheiben", die in Deutschland vor und während des Krieges entwickelt und gebaut wurden, deshalb vertuscht und geheim gehalten, weil diese gar nicht dafür bestimmt waren, auf dieser Welt, ob militärisch oder zivil, eingesetzt zu werden?

Waren sie nur ein Zufallsprodukt innovativer, genialer Ingenieure und eine Laune der jeweiligen Klartraumwelt, dass diese unkonventionellen Fluggeräte, wie Flugkreisel, Flugdiskus, „Foo Fighters" usw. überhaupt entstanden und auch noch militärisch zum Einsatz kamen?

Höchst wahrscheinlich wussten die Erbauer und Erfinder dieser Fluggeräte, wie auch alle anderen Erfinder, Konstrukteure und Ingenieure, die weltweit bis heute an solchen unkonventionellen Fluggeräten arbeiten, überhaupt nicht, dass sie ja nur künstliche, Computer generierte Menschen sind und ihre Erfindungen nicht primär für diese Welt gedacht sind.

Deshalb kann und wird es keine Erklärung und keine Aufdeckung, keine wirkliche Dokumentation von Flugscheiben, Fliegenden Untertassen, unkonventionelle Luft- und Raumfahrzeugen geben, weil es nicht Sinn und Zweck dieser Welt ist, dass diese Fluggeräte hier in die allgemeine Geschichtsschreibung einfließen, oder für den Allgemeingebrauch für Jedermann zur Verfügung stehen.

Möglicherweise hat auch nicht jede Klartraumwelt einen nennenswerten Weltraum einprogrammiert bekommen, sodass der Einsatz von Raumschiffen gar nicht überall stattfinden kann.

Deshalb kann man fragen und ansprechen wen man will, kann recherchieren, ohne wirklich Beweise zu erhalten. Kein Mensch, kein Archiv, keine militärische oder zivile Einrichtung wird offiziell zugeben, dass es solche Fluggeräte gibt.

Infolgedessen hatte auch absolut niemand, ob Journalist, Fachzeitschrift, Luftfahrthistorie oder die Fachpresse für Luft- und Raumfahrt, die allgemeinen Medien seit Jahrzehnten nie wirklich eine historische Aufarbeitung der Flugscheiben aus dem zweiten Weltkrieg vorgenommen.

Niemand entwickelte einen Drang oder Willen überhaupt über die Entwicklung und den Einsatz von „UFOs" zu berichten. Die Programmierung verhinderte dies.

Diese Klartraumwelt existiert ja auch nur im Gehirn eines jeweiligen Klarträumers. Sie ist also „wertlos", nur temporär verfügbar und braucht dementsprechend auch keine ausführliche Geschichtsschreibung.

Eine Berichterstattung über „UFOs" gibt es nur desinformatorisch, als Ablenkung für den Klarträumer.

Denn es wurden und werden ja solche geheim gehaltenen Flugobjekte bis heute gesichtet und von den künstlichen Menschen auch wahrgenommen. Ganz zu schweigen von denen, die aktiv an der Entwicklung, am Bau und an Tests solcher Fluggeräte mitwirkten.

Aber es soll sie nicht auf künstlichen Welten geben! Nicht als Allgemeingut.

Künstliche Welten sind wohl auch Experimental- und Versuchsfelder für die Wirklichkeit, um Neuerungen auszuprobieren und diese „live" zu erproben.

Aus diesem Grund gibt es wohl eine Geheimhaltung bestimmter Erfindungen! Diese werden hier ausprobiert, im „realen" Einsatz getestet, sind aber zur Verbesserung bestehender Technologie auf der Originalerde vorgesehen.

Sicherlich gilt dies auch für andere - geheim gehaltene - Erfindungen wie u.a. Wetterkontrolle, Mind Control, Mind Reading, alternative Treibstoffe, „freie Energie", EM-Technologie und vieles andere mehr, die zwar hier mit Hilfe eines kreativen Gehirns eines Klarträumers entwickelt wird, aber ausschließlich für die Realität bestimmt sind.

Unter den Abermillionen an Klarträumern ist irgendein Prozentsatz an Ingenieuren, Wissenschaftlern, Erfindern, Talenten usw. darunter, deren kreative „Performance", deren Genialität des Unterbewusstseins man (aus-) nutzen kann und deren Schaffenskraft im Klartraum, in einem Trancezustand, in einem künstlichen Koma man zum „Wohle" der Realität ausbeuten kann.

(In einem abgeschwächten Szenario könnte auch diese Welt, in der der Autor lebt, eine (länger laufende) Experimentalwelt sein, die dazu dient, Entwicklungen durchzuspielen, die für die Wirklichkeit interessant sein könnten. Falls diese Kopie nicht einfach bestimmte Entwicklungen und geschichtliche Abläufe von bereits vorhanden Versionen übernommen hat.

Dagegen spricht aber der permanente Kriegszustand und das weltweite, tägliche Sterben von Menschen, u.a. aufgrund äußerer Gewalteinwirkung und schlechten gesundheitlichen Lebensbedingungen.)

Die Wahrscheinlichkeit bei hunderten von Millionen an Klarträumern ist so groß, das irgendeine Erfindung, eine Endeckung, die in einer künstlichen Welt gemacht wird, so gut ist, dass man diese in der Wirklichkeit als Neuerung oder Verbesserung bestehender Technologie einfach übernimmt. Und solch eine Erfindung hat nichts gekostet. Der Aufwand für ein, in einem Klartraumwelt erstelltes Patent ist gleich null!

Das Perfide könnte also sein, dass man einerseits den jeweiligen Klarträumer unter Umgehung der Robotgesetze mit dieser Welt, hier im Roman „EVO III" genannt, töten will.

Aber andererseits nutzt man ganz gezielt das unerschöpfliche Leistungspotential seines Unterbewusstseins. Ein Klarträumer wird ausgenutzt und ausgebeutet, damit er noch vor seinem Tod einen wie auch immer gearteten Beitrag für die Realität liefern kann.

Der - gezwungene - Klarträumer „zahlt" für sein Ableben noch mit Ideen, Entdeckungen und Erfindungen, die er, bzw. seine nicht existenten und nur in seinen Gehirnwindungen vorhandenen „Mitmenschen" (die in seinem Sinne, bzw. nach den neuronalen Fähigkeiten seines Gehirns und der dazu gehörigen Programmierung von außen) im Klarraum während seiner Zeit in einer künstlichen Computerwelt geleistet haben.

Der gewollte Tod eines Klarträumer könnte zumindest noch dadurch einen Sinn bekommen, dass er eventuell eine Entdeckung oder Erfindung während seines künstlichen Komas und seiner Zeit im Luziden Traum macht, die brauchbar genug ist, in der Realität eine Anwendung zu erhalten.

Ein entsprechendes Computerprogramm wird dann, vor der „Beseitigung" eines hirntoten Klarträumers, alle wichtigen Informationen, Patente, wissenschaftlichen Schriften und dergleichen „absaugen" und in der Realität zur weiteren Verwendung prüfen.

Genial!

Meine Frau Christine und ihre Tochter machten sich derweilen auf, um in der riesigen unterirdischen Mondbasis die Registrierung für den nächsten, ihnen zugeteilten Fernflug ins All vorzunehmen.

Es gab unzählige Schalter, in denen man seine Registrierkarte, bzw. gleich seine ID-Karte einschieben konnte. Der Computer ordnete dann automatisch den entsprechenden Flug zu, verbuchte ihn auf der Karte und der Computer wies den Weg zu dem betreffenden Raumschiff an.

Nachdem beide ihre Karte in den automatischen Schalter geschoben und die Maschine das O.K. für die Registrierung erteilt hatte, gingen sie in den entsprechenden vorgegebenen Wartebereich. Die Beschreibung des richtigen Weges wurde auf eine Brille gespiegelt, die Christine auf hatte. Natürlich war es das neueste und schönste Brillengestell, das die Modewelt so hergab.

Dort in dem übergroßen Wartesaal angekommen, suchten sie sich erst einmal eine Sitzgelegenheit. Denn die Wartenden wurden immer in Gruppen von je fünfhundert Personen alphabetisch aufgerufen und flogen mit einem Shuttle zu dem wartenden Fernraumschiff.

Das Warten konnte schon einmal den ganzen Tag andauern. Spät am Abend wurde Chrissie und Miriam dann endlich aufgerufen, und sie begaben sich mit den hunderten anderen in den Shuttlegleiter.

Es gab das übliche Geschiebe und Gedrängel, bis schließlich alle in dem Zubringer waren. Es war ein einfaches, viereckiges Raumschiff mit MHD- Antrieb, das nur dazu diente, die vielen Personen vom Mond hinauf zu der, auf Reede liegenden enorme „fliegenden Zigarre" zu transportieren.

Insert

Weitere Beispiele von „Fliegenden Zigarren", die auf unserer Welt immer wieder über die vergangenen Jahrzehnte gesichtet wurden:

A Gigantic 'Cigar' Over the Atlantic In 1963

Date: May, 1963

Location: Over the Atlantic Ocean,

Almost beneath the DC-8, was a gigantic dark grey "torpedo".

It seemed menacing and frightening, and I had the impression that it was stationary. It was utterly unlike anything that I had ever seen in my whole life. It looked as though made of steel.

No portholes or windows were visible.

No wings or projections.

Nothing but the long perfect torpedo form, with its bullet-shaped head, and the rear end which was cut off sharply and squarely.

Type of Case/Report: Standard Case
Hynek Classification: "DD"
Shape of Object(s): "Cigar"
Special Features/Characteristics: Pilot/Aircrew
Full report / article
Source: "Flying Saucer Review, Volume 46/4, Winter 2001

"The weather was beautiful, and the Captain announced that we would fly at 36,000 (or maybe 38,000 - I do not recall clearly) feet. After lunch had been served, I sat enjoying the view of the vast expanse of sky above the clouds. The windows of the DC-8 were very large, the largest I seem to recall having seen on an aircraft, and came down quite low beside the passenger.

"I was just reaching down to take a book from my hold-all, and was astonished to glimpse below the plane something dark and absolutely tremendous that stood out in vivid contrast to the brightness all around. I could not believe my eyes. I pressed close to the window in unbelief and there, almost beneath the DC-8, was **a gigantic dark grey "torpedo".** It seemed menacing and frightening, and I had the impression that it was stationary. It was utterly unlike anything that I had ever seen in my whole life. It looked as though made of steel.

No portholes or windows were visible. No wings or projections. Nothing but the long perfect torpedo form, with its bullet-shaped head, and the rear end which was cut off sharply and squarely.

The monster - and I emphasise that it was this terrifying size that impressed me - was well below us. I thought maybe **2,000 metres** or so below us, but of course I had no way of being able to gauge this or to estimate the size of the thing.

NOTES AND REFERENCES by GORDON CREIGHTON.

The documentary records of Ufology contain <u>numerous eyewitness reports</u> of what are alleged to have been "tubular", or "cigar-shaped," or "torpedo-shaped" UFOs, often of <u>enormous size,</u> and there are also photographs. I recall that several of these photographs reveal "bullet-shaped noses" and "squarely cut-off rear ends." Quite a large proportion of such craft have allegedly been <u>seen over the sea,</u> indeed in some cases <u>entering or leaving the sea.</u>

Nobody has written better on this aspect of Ufology than our friend Toni Ribera of Spain, and it is a great pity that his books have not yet been translated into English, for one of them deals at great length with these reports of "flying submarines."

. . .

Beschreibung von See gängigen „UFOs" siehe "Das Geheimnis der Wahren Raumfahrt", Teil I und II von Klaus-Peter Rothkugel.

Ein anderes, aktuelles Beispiel:

Huge Cigar UFO Filmed Flying Over Ukraine!

Posted on September 12, 2014 by Awakezone Team

A video recently surfaced on the Internet reportedly showing a **large, elongated UFO** gliding over Korosten, Ukraine, reports Open Minds TV.

The object was supposedly <u>videotaped on March 6</u> this year over Korosten, which is located near Chernobyl, the site of the 1986 Chernobyl nuclear power plant disaster, where an explosion resulted in radioactive fallout that spread over tens of thousands of square miles.

. . . .

Throughout the history of UFO sightings, cigar-shaped craft have been reported with accompanying speculation that these large objects are "mother-ships" that come from very far away and contain the smaller, oft-reported flying saucers or triangular craft that people claim to see.

. . .

Anmerkung des Autors:

Nicht etwa, das das UFO-Phänomen sich seit den 1950, 1960er Jahren tot gelaufen hätte. Nein auch im Jahre 2014 werden auf dieser „EVO-Welt" immer noch außergewöhnliche Flugobjekte zuhauf gesichtet. (Ob echt oder gefälscht, die „Ufologie" ist nicht zu stoppen!)

Wurden die „Fliegenden Zigarren", wie auch alle anderen „UFOs" hier auf dieser Welt nach Vorgaben aus der Wirklichkeit entwickelt und erprobt, damit eventuell auf einer der künstlichen Welten eines oder mehrere „UFOs" technische Verbesserungen aufweisen, die man dann in die Realität übernommen haben könnte?

Sind die „UFOs" jeglicher Art und Antriebsweise „Erprobungsträger" für die wirkliche Welt und werden diese hier nur ausprobiert und ggfs. im Einsatz – heimlich – getestet?

Werden solche Fluggeräte deshalb vertuscht oder als „außerirdisch" abgetan, weil eine künstliche, Computer generierte Welt eben auch eine „Entwicklungs- und Ingenieurswelt" ist?

Benutzen „Intruders", „Eindringlinge", Avatare, die von außerhalb des Bewusstseins eines Klarträumers kommen, auch solche „UFOs", um in dieser Welt irgendwelche Manipulationen, Spezialaufträge, Experimente ect. durchzuführen?

Das heißt, gemäß des U.S. amerikanischen Autors Jim Elvide, können andere Solipsisten, oder Menschen von außen in eine, von mehreren, solipsistischen Welten eindringen und dort gewisse Handlungen vornehmen?

Der Shuttle flog direkt in einen riesigen Hangar, der an der Seite der „Zigarre" positioniert war. Nachdem das große Stahlschott sich schloss und wieder eine Atmosphäre vorhanden war, stiegen Christine und ihre Tochter mit den anderen aus.

Sie wurden gleich in eine Art „Rezeption" von einem Roboter geleitet, wo ein Sicherheitscheck automatisch vorgenommen und man mit seiner Chipkarte erneut für die Passagierliste registriert und überprüft wurde. Alles ging übrigens sehr schnell und schon kurze Zeit später bekamen beide ihr Quartier zugewiesen.

Ein Wegweiser, wieder auf die Brille eingespiegelt, zeigte den entsprechenden Weg. Das gigantische Schiff wurde nun ihr Zuhause für die nächsten Monate, oder vielleicht sogar Jahre.

Denn das Ziel der Reise blieb für alle vorerst im Dunkeln. Es hieß nur, dass man ein Sonnensystem ansteuern würde, das einen erdähnlichen Planeten besäße. Dieser sollte dann die zukünftige Heimat für alle hier an Bord werden.

Wo sich das Sonnensystem befand, wusste keiner. Wie lange überhaupt die Reise dauern würde, war ebenso unklar. Alle Reisenden waren auf Gedeih und Verderb den Maschinen ausgeliefert. Alle hofften, dass diese das Richtige tun und sie sicher an ihren Ankunftsort bringen würden.

Miriam stürmte in ihr neues Zimmer, das nun ihr Zuhause für eine unabsehbare Zeit sein sollte und lümmelte sich gleich auf ihr neues Bett.

Christine war angenehm überrascht, als sie die wunderbare, auf dem modernsten Stand befindliche Ausstattung ihrer zwei zugeteilten Abteile sah. Auch das voll ausgestattete große Bad mit kleinem Whirlpool und Massageeinrichtung für Wellness war vom Feinsten.

Die Innenausstattung ihres Quartiers war gehobener Standard, vergleichbar mit einem fünf Sterne Hotel. Die Zimmer, die Miriam und ihre Mutter belegten, waren gut mit allem Nötigen ausgestattet und hatten natürlich eine Verbindungstür.

Die Quartiere waren nicht ganz so groß, wie in einem Hotel auf der Erde, aber zum gemütlichen Reisen über einen längeren Zeitraum hinweg durchaus brauchbar.

Miriam freute sich über ihr eigenes, kleines Zimmer, das mit allem ausgestattet war, was ein junges Mädchen sich so vorstellte:

Computer, Video, aber auch Puppen, Bücher und Stofftiere. Die Maschinen gaben sich alle Mühe, die Reise ins Ungewisse so gut wie möglich zu versüßen.

Das ganze Interieur des Fernraumschiffes war vergleichbar mit einem modernen Luxusliner auf See. Nur, dass alle Räumlichkeiten auf der Innenschale einer riesigen, sich mit mehreren Umdrehungen pro Minute drehenden Walze angeordnet waren.

Somit genossen alle Passagiere eine künstliche Schwerkraft, die der auf der Erde vorherrschenden 1 g Schwerkraft vergleichbar war.

Bedient wurden die Reisenden von zahlreichen Robotern in Menschengestalt, die versuchten, die lange Reise so angenehm wie möglich zu gestalten.

Es gab reichlich zu Essen, mehrere unterschiedliche Büfetts jeden Tag, sodass jeder Geschmack und jede Diät bedient werden konnte.

Auf allen Decks gab es zudem haufenweise Freizeiteinrichtungen, wie Räume für Fitness, Kinos, Spielzimmer, Begegnungsstätten und vieles andere mehr. Auch kleine Parks und Grünanlagen mit echten Pflanzen und kleinen Bächen oder Seen luden zum verträumten Spazierengehen ein. Und das bei 300.000 km/h pro Sekunde in einer lebensfeindlichen Umgebung, die außerhalb der schützenden Hülle des Raumschiffes alles Leben sofort zerstörte.

Christine und Miriam waren öfters in einer der vielen Parks zu finden, wo sie Ball spielten oder echte Enten fütterten.

Man bekam den Eindruck, die Maschinen würden es gut mit den Menschen meinen und ihnen alles bieten, was technisch machbar war, auf ihrer langen Reise zur neuen Heimat.

Überall innerhalb des riesigen Schiffes konnte man sich frei bewegen. Außer im Maschinenraum, der den gigantischen Magnetantrieb, das „Electromagnetic Energy Propulsion System" beherbergte.

Ein so genanntes „Rankyne Cycle System" sorgte mit seinem nuklearen Antrieb und dem kryogenen Stromleitungssystem dafür, dass der Hauptantrieb problemlos und vor allen Dingen störungsfrei seine Arbeit über viele Monate, wenn nicht gar Jahre ohne Unterbrechung verrichten konnte.

Die meisten Systeme waren redundant oder sogar mehrfach ausgelegt, und eine Heerschar an Wartungsrobotern und Überwachungssystemen standen bereit, den Antrieb jederzeit warten oder gegebenenfalls sofort reparieren und instand setzen zu können.

Die großen Fernraumschiffe basierten noch auf das frühere Konzept eines Passagier- und Lastentransporters von vor der Machtübernahme der Maschinen.

Das so genannte „Large Multi Engined Capacity Vehicle" in Form eines großen Zylinders mit mehreren übereinander liegenden Decks war zuvor als *das* Transportmittel für Flüge in unserem Sonnensystem vorgesehen.

So flogen Siedler und Spezialisten, wie Techniker, Umweltspezialisten, Geologen und viele andere Wissenschaftler von dem, als Dreh- und Angelpunkt ausgebauten Mond hauptsächlich zum Mars, der sich ja im Prozess des Terraforming befand.

Das „LCV" leistete dafür gute Dienst, da es eine extrem kurze Flugzeit zum Mars ermöglichte: Wenn man am Morgen von einer Transitstation auf dem Mond abflog, konnte man bereits zur Mittagszeit auf dem Mars seinen Lunch einnehmen.

Die Maschinen nahmen diese noch von Menschenhand erdachte und gebaute „Fliegende Zigarren" später als Vorbild für ihre groß angelegten Evakuierungsmaßnahmen, um die Menschen von der Erde weg zuschaffen.

Das zylinderförmige Raumschiff wurde extrem verlängert, verstärkt, der Antrieb um einiges größer dimensioniert, entsprechend im Inneren ausgestattet und in Massen auf Werften außerhalb der Erde produziert.

Schon zuvor hatte man bestimmte Raumstationen, die zwischen Erde und Mond, oder zwischen Erde und der Sonne positioniert wurden, als Fabriken zur Produktion riesiger Raumschiffe ausgebaut.

Meistens wurden große Kugelraumschiffe gefertigt, die als „Explorer" in die Weiten des Alls hinaus schwärmten, um neue erdähnliche Planeten und Sonnen, die der unseren glichen, aufzuspüren.

Diese gigantischen, so gut wie vollautomatisch arbeitenden Werkstätten wurden nun für die Massen- und Serienproduktion der Fernraumschiffe genutzt. Das Rohmaterial wurde an bestimmten Stellen auf dem Mond abgebaut und auch dort gleich veredelt und zu Blechen für den Bau der Raumschiffe verarbeitet.

Alles wurde bereits mit Arbeitsrobotern erledigt. Dazu gab es immer noch einige „Cyborgs". Mensch/Maschinen aus der Anfangszeit der Weltraumfahrt, die besonders dafür geeignet waren, im eiskalten, lebensfeindlichen Vakuum im Außendienst zu arbeiten und die Roboter zu überwachen und zu steuern.

Mittlerweile hatten die Maschinen den Menschen mit Hilfe der Nanotechnologie so umgebaut und verfeinert, dass es Spezialisten innerhalb der Roboter gab, die in Menschenform ohne klobigen Schutzanzüge und -handschuhe im Vakuum ihre Arbeit verrichten konnten.

Der Bau zahlreicher gigantischer Fernraumschiffe war ein Billionenaufwand. Da aber die Maschinen sozusagen keinen Arbeitslohn erhielten und rund um die Uhr das ganze Jahr lang schufteten, war nur der Materialaufwand zu berechnen.

Da auch andere Planeten in unserem Sonnensystem bereits am Anfang der Weltraumfahrt untersucht und kartographiert wurden, wusste man, wo noch, außer auf dem Mond und dem Mars, notwendige Rohstoffe zum Bau von riesigen Raumschiffflotten zu finden waren.

Gigantische Abbauanlagen befanden sich an mehreren Stellen im Sonnensystem und gewannen Rohmaterialien zum Bau der umfangreichen Evakuierungsflotte.

Ja, die Maschinen ließen es sich einiges kosten, die Menschheit los zu werden. Das war aber hauptsächlich den „guten" Robotern zu verdanken, die auf die Einhaltung der Asimovschen Gesetze pochten, da sie ja den Menschen dienen und ihnen keinen Schaden zufügen sollten.

Die Kampfroboter stimmten „zähneknirschend" zu.

So kam es überhaupt erst dazu, dass meine Christine und Miriam hoffnungsfroh unsere Erde verlassen konnten, und ich jetzt über die damaligen Ereignisse erzählen konnte.

Das Fernraumschiff mit den hunderttausenden von Reisenden hatte natürlich das altbewährte subliminale Beruhigungssystem an Bord, wie auch schon zuvor die ersten Explorer des Weltraums, die ins Universum vordrangen.

Eine beruhigende, unterschwellige Botschaft drang ins Unterbewusstsein der Raumfahrer vor und machte diese friedlich und ruhig.

Denn das Schlimmste was passieren konnte, waren Tumulte und Aufstände zwischen den Reisenden, die letztendlich die Sicherheit des ganzen Schiffes gefährden konnten.

Deshalb gab es auch eine nicht näher angegebene Anzahl an Überwachungs- und Polizeirobotern, die die öffentliche Ordnung sicherten oder wiederherstellen konnten. Wobei Roboter in Menschengestalt sich unauffällig unter die Passagiere mischten, um diese zu beobachten oder wie auch immer geartet, bei bestimmten Situationen eingreifen zu können.

Reibereien gab es immer wieder. Das der eine oder andere „austickte", war schon rein statistisch aufgrund der vielen unterschiedlichen Leute und deren Charakter vorhersehbar.

Es gab aber keine Gefängniszellen an Bord der Raumschiffe. Man machte das „Correction", das sich „Bessern" mit Hilfe von weiteren unterschwelligen Botschaften, oder programmierte im äußersten Notfall die menschlichen Gene von außen mit entsprechenden elektromagnetischen Wellen einfach um. So konnte aus einem brutalen Mörder sehr schnell ein ganz friedliebender Mensch werden.

Es gab schon zu meiner Zeit, als ich noch auf Erden wandelte und die Deportation hinaus ins All schon seit zwei Jahren lief, das Gerücht, dass das eine oder andere Fernraumschiff von seinem Kurs abgewichen sei, da die Reisenden versuchten, das Kommando an Bord zu übernehmen, um wieder zurück zur Erde fliegen zu wollen.

Die Kommandozentrale und Steuereinheit des Schiffes war natürlich besonders geschützt und ein Eindringen war nahezu aussichtslos.

Auch hätte man die vielen Wachen und diverse Kampfroboter, ob mobil oder fest installiert, überwinden müssen, um überhaupt nur in die Nähe der Zentrale zu gelangen.

Aber wie das halt so bei den Menschen war, es gibt immer wieder Mittel und Wege, wie man sein Ziel trotzdem erreichen konnte.

Wer weiß, wie viele Dramen, Kämpfe und Machtspiele sich auf manchen Fernraumschiffen zwischen verzweifelten Reisenden und ihren maschinellen Bewachern abgespielt hatten und wie viele dabei ihr Leben verloren.

Denn, sollte es tatsächlich zu dem nahezu unwahrscheinlichen Falle kommen, dass die Menschen die Kontrolle eines der riesigen zylinderförmigen Raumschiffe übernahmen, zerstörten sich die Maschinen und das gesamte Schiff von selbst und rissen die hunderttausenden von unfreiwilligen Pilgern mit in den Tod.

Diese Maßnahmen waren aber nur wenigen Insidern bekannt. Selbstredend wurde dies nicht den Passagieren mitgeteilt.

Über die Versuche, die List, die Kämpfe, um die Kontrolle eines Robotschiffes an sich zu reißen, darüber ließe sich sicherlich eine eigene, ausführliche Geschichte erzählen. Der Todeskampf verzweifelter Menschen, die nicht wollten, dass sie ihren Heimatplaneten nie wieder sahen. Vertrieben von mitleidslosen Maschinen, die der Menschheit den Tod wünschten.

In mir kam einmal der Verdacht auf, dass vielleicht absichtlich die subliminalen Botschaften in den Raumschiffen von den Kampfrobotern so abgeändert wurden, dass es eben doch zu Revolten kam, damit es einen Grund gab, das gekaperte Schiff in die Luft zu sprengen.

Die Umgehung der Asimovschen Gesetzte. Wird mir dies auch hier auf der Erde blühen?

Eine Horrorvorstellung, wenn Christine und Miriam auf solch einem Schiff wären, wo einige unermüdliche Widerständler versuchten, es zu übernehmen und das Schiff mit ihren Aktionen in die Selbstzerstörung trieben.

Christine und Miriam richteten ihren alltäglichen Ablauf auf dem Fernraumschiff in den nächsten Wochen so gut, so gemütlich und so angenehm wie möglich ein, und sie versuchten dabei, ihr Heimweh und ihren Vater und Ehemann zu vergessen.

Denn mit jedem Tag, jeder Woche und jedem Jahr, mit dem das Raumschiff mit Lichtgeschwindigkeit durch die unendlichen Weiten des Weltalls raste, vergingen Jahrzehnte und Jahrhunderte auf der Erde. Alles was Christine und Miriam einmal von der guten alten Erde in Erinnerung hatten, war mittlerweile längst vergangen.

Auch ich war dann nicht mehr am Leben.

Haben die beiden es geschafft? Lebten sie glücklich und zufrieden auf einer neuen, zweiten Erde, die ihnen die mitgeführten Arbeitsroboter mittlerweile geschaffen hatten?

Ein gigantischer Bau- und Pioniertrupp mit entsprechenden Materialen und Ausrüstung wurde an Bord verstaut, um nach der Ankunft auf einem geeigneten Planeten den Reisenden eine neue Bleibe aufzubauen.

Jede Menge an Spezialrobotern, Baumaschinen und alles, was man brauchte, um in einer neuen Welt nicht nur überleben, sondern auch für den Rest seines Lebens dort in Ruhe und

Frieden wohnen und arbeiten zu können, stapelte sich in riesigen Lagerräumen an Bord der Fernraumschiffe.

Es gab sogar eine Nutztierhaltung, die mit einem kleinen Streichelzoo für die jüngeren Mitreisenden kombiniert wurde.

So konnten die zukünftigen Siedler auf Kühe, Schweine, Lämmer und Federvieh zurückgreifen, um auf einer neuen Welt ein gewohntes, aber einfaches und althergebrachtes Leben führen zu können. Auch Haustiere, wie Hunde und Katzen wurden gehalten. Diese wurden aber auf den Wohnquartieren aus sicherheitstechnischen Gründen nicht geduldet.

Miriam war ganz begeistert von dem kleinen Pony, das sie nicht nur streicheln, sondern auch reiten durfte. Eine Aufsicht in dem Zoo ermöglichte es den Kindern, mit den Tieren zu spielen und sie anfassen zu dürfen.

Denn Kontakt mit Tieren hatten die Kinder bereits auf der Erde, nicht nur im Vorschulalter, sondern auch noch später im Unterricht. Auch der Kontakt zur Natur und anderen Lebewesen war erwünscht und wurde gefördert.

Kleine Schulklassen ermöglichten in unserer Welt eine intensive schulische Betreuung und ein sinnvolles und vollumfängliches Lernen.

Der Unterricht erstreckte sich bis in den späten Nachmittag. Es gab viele Pausen, ein Mittagsschlaf, und es wurde auf den Biorhythmus der einzelnen Schüler geachtet. Wer müde oder erschöpft war, konnte solange ausruhen, bis er wieder aufnahmefähig war. Eine „Sechste Stunde" gab es nicht.

Die Verpflegung, die einzelnen Malzeiten waren hochwertig und wurden sogar auf Wunsch individuell gekocht.

Der Aufwand für Bildung, für die körperliche und geistige Ertüchtigung, um damit den Nachwuchs auf das Leben, den beruflichen und sonstigen Alltag eines Erwachsenen vorzubereiten, war immens auf unserer Welt, bevor die Maschinen kamen.

Es wurden keine Kosten und Mühen gescheut, das gesetzte Ziel im Sinne aller Beteiligten umzusetzen.

Es gab kein Stress, Leistungs- oder Zeitdruck, um den geforderten Unterrichtsstoff zu erlernen. Dafür wurden aber auch die neuesten Lernmethoden eingesetzt, wie subliminales Lernen mit speziellen Brillen und Kopfhören, sodass stupides Büffeln von z.B. Vokabeln kein Problem darstellte.

Die geistige und körperliche Fitness der Menschen in unserem Zeitalter war mittlerweile auf höchstem Niveau. Es gab kein Übergewicht mehr, dank ausgewogener und guter Ernährung. „Junk Food" war mittlerweile eliminiert. Die neuesten Ernährungsmethoden ermöglichten einen optimalen Ernährungszustand, der keine Wünsche mehr offen ließ.

Ganz früher in der Menschheitsgeschichte, als die Menschen sich noch zu sehr gehen ließen, gab es noch schlecht ernährte und kranke Leute, Menschen mit Depressionen oder Leistungsstress. Die Lebensbedingungen wurden dank neuester Forschungen aber immer besser und da Geld heute keine Rolle mehr spielte, war die Aussicht, ein gutes Leben auf Erden zu führen, recht hoch.

Alles hätte wunderbar sein können, hätte man den Maschinen nicht zu viel Raum zum Eingreifen in alle Lebensbereiche geboten. Schuld daran hatte auch das Militär, das sich nicht unbedingt immer an Moral und Gesetz hielt.

In der Bildung der Schüler war jede Klasse so aufgebaut, dass ein komplettes Basiswissen vermittelt wurde und dann der Auszubildende für seine zukünftige Tätigkeit in der Gesellschaft ganz individuell vorbereitet wurde.

Da Miriam musisch veranlagt war, bekam sie eine entsprechende Ausbildung, die auch hier auf dem Fernraumschiff fortgesetzt werden konnte. Sie lernte hauptsächlich am Computer und konnte mit anderen Kindern und Erwachsenen in entsprechenden Einrichtungen an Bord musizieren.

Sie hatte viel Spaß dabei, und in den letzten elf Monaten der Raumreise konnte sie einiges dazulernen.

An Bord wurde die gewohnte Einteilung der Woche in vier Arbeitstage und drei Ruhetage beibehalten. Die letzten zwei Tage einer Woche, sowie der erste Tag einer neuen Woche waren frei.

Miriam war mit ihrer Mutter in einem, in der Nähe ihres Quartiers gelegenen Park spazieren gegangen. Am späten Nachmittag gingen sie leicht ermattet wieder aufs Zimmer.

Sie wollten noch spielerisch am Computer einige Harmonien durchgehen, und beide machten es sich in Miriams Zimmer gemütlich.

Plötzlich ertönte eine Sirene und das künstlich simulierte, angenehm strahlende Tageslicht wurde auf ein rotes, grell blinkenden Warnlicht umschaltet.

„Was ist denn auf einmal los?", fragte Miriam ängstlich mit zitternder Stimme, als sie gerade zusammen mit Christine auf ihrem Bett saß und ein Musikprogramm aus der umfangreichen Bordbibliothek hoch lud.

„Ich weiß es nicht, mein Schatz. Mach dir keine Sorgen! Die Roboter werden schon den Überblick haben!", wollte ihre Mutter sie beruhigen.

Als hätte Miriam eine Vorahnung, umklammerte sie ihre Mutter ganz fest und begann fürchterlich an, zu weinen.

In Christine kam ein ungutes, geradezu beklemmendes Gefühl auf, das sich zur Panikstimmung steigerte, als sie ihre kleine Tochter sah, wie sie sich schutzbedürftig an sie drückte und dabei schluchzte.

Sie starrte auf die rot blinkenden Lampen im Zimmer und vernahm das unaufhörliche Wimmern der Sirenen.

Seit nun fünf Minuten flackerte und dröhnte es nervenaufreibend und schien nicht aufhören zu wollen.

Chrissie kam es wie eine Ewigkeit vor.

Draußen hörte man Leute entlang rennen. Einige stolperten und fielen hin. Andere wurden brutal zur Seite gedrängt, weil es einigen nicht schnell genug ging. Es wurde geschrieen, geschupst und geflucht.

Hastend und panikartig wollten die Passagiere alle schnellst möglich ihre Wohnquartiere erreichen, die die Reisenden im Notfall sofort und unverzüglich aufsuchen sollten.

Christine und Miriam spürten, wie das gigantische Raumschiff mit Hilfe von Bremsraketen abzubremsen schien und irgendein Ausweichmanöver einleiten wollte. Das ganze Schiff zitterte, knatterte und ächzte in allen Ecken und Kanten.

In Miriams Zimmer fielen die Bücher und CDs aus den Regalen. Das Licht flackerte, zuckte und ging dann komplett aus.

Die Rotation der inneren Walze schien sich verlangsamt zu haben und stoppte dann ganz. Die künstliche Schwerkraft war auf einmal weg.

Die beiden, Mutter und Tochter mussten sich an einer Leiste des Bettgestells festhalten, um nicht davon zu schweben.

Eine Taschenlampe, die auf dem kleinen Nachttisch von Miriam stand, konnte von Christine aufgefangen werden, und sie versuchte damit ihr Quartier notdürftig zu beleuchten.

Es war eine gespenstige Szene. Alle möglichen Gegenstände, die irgendwie lose waren oder sonst nur herumstanden, schwebten plötzlich überall durch die Luft.

Dann spürten beide plötzlich die sich verstärkende Verzögerung des Schiffes und alles wurde in Flugrichtung nach vorne geschleudert. Sie mussten sich ducken, um nicht von den umher fliegenden Teilen im Zimmer getroffen zu werden.

Die ganze Situation machte Christine rasend vor Angst und sie presste ihre süße kleine Tochter noch fester an sich.

Miriam hatte ihren Stoffhasen zwischen sich und der Mutter gedrückt und fing plötzlich an laut aufzuschreien.

Aus der Ferne hörte man ein dumpfes Grollen, das schnell lauter wurde. Die Luft fing unvermittelt an, aus dem Zimmer zu strömen, sich dann zu einem Wind und danach zu einem Orkan auszuweiten.

Alles was sich innerhalb dieses Luftstroms befand, wurde erbarmungslos mitgerissen. Die Leute im Flur flogen und wirbelten nur so durch die Luft, wurden hart an die Seitenwände geschleudert und zerschmettert, erlitten Blessuren, Knochenbrüche oder gleich Genickbruch.

Miriam und Christine ahnten, nein sie wussten, dass soeben ihr Ende gekommen war.

Vakuumeinbruch!

Das Raumschiff hatte ein Leck und verlor explosionsartig den lebenswichtigen Sauerstoff und damit die innere Atmosphäre.

Das Schiff schien seitlich mit etwas zusammengeprallt zu sein.

Es wurde schlagartig kalt und kälter.

Die Luft wurde knapp und immer dünner. Das Einatmen des eiskalten Sauerstoffs war kaum noch möglich. Meine beiden liebsten schnappten mit letzter Kraft nach den, noch im Quartier verbliebenen Luftmolekülen.

Auch war keine Bewegung mehr möglich, weil alles und jedes zu Eis erstarrte.

Ob meine beiden Liebsten in den letzten Sekundenbruchteilen ihres Lebens noch irgendwelche Gedanken an ihren Vater und Ehemann, an ihre Heimat, oder an die Erde verschwenden konnten, wer weiß das schon.

Alles ging nun rasend schnell!

Das Letzte, was die Passagiere des gigantischen Fernraumschiffes, sowie Miriam und Christine, vielleicht noch mitbekommen haben könnten, war eine Art ohrenbetäubendes Knirschen und Bersten, bevor das Raumschiff in einer gigantischen nuklearen Explosion in Myriaden von Stücken gerissen wurde.

Das riesige Fernraumschiff, es war vollkommen zerstört. Und damit alles was sich einst in dem Schiff befand. Keiner hatte überlebt. Die Rettungsboote blieben ungenutzt. Als das Ausweichmanöver und der Aufprall erfolgte, war es schon zu spät, um diese noch startklar zu machen.

Die Explosion des gigantischen nuklearen Antriebes wäre auf der Erde als ein enormer, ohrenbetäubender Donnerschlag und ein sich weit ausbreitender Feuerball wahrgenommen worden. Hier im All, im luftleeren Raum lief alles absolut geräuschlos ab.

Ein zufälliger Beobachter, der just in diesem Augenblick tief hinaus ins Weltall geschaut hätte, würde auf einmal ein kurzes, helles Aufleuchten im weiten, dunklen Universum ausgemacht haben.

Das Aufblitzen eines verglühenden Sternes?

Oder ein allerletzter, feuriger Abschiedsgruß meiner beiden lieben blonden Engel, bevor sie für immer in die Ewigkeit eingingen?

Die Detonation und die komplette Vernichtung des gigantischen Raumschiffes war nun sozusagen der „Höhepunkt" einer langen Reise meiner Frau und meiner kleinen Tochter zu einer vermeintlich besseren Welt.

Ich hatte von ihrem Untergang nie erfahren und lebte bis zu letzt mit der Illusion und inständigen Hoffnung, dass Miriam und Chrissie ein besseres Leben, gar das Paradies in einer neuen Heimat gefunden hätten.

Der Stoffhase von Miriam schwebte nun schon seit geraumer Zeit lautlos mit vielen anderen unzähligen kleinen und großen Trümmerteilen durch das lebensfeindliche kalte, dunkle Universum.

Der Hase hatte ein Lächeln im Gesicht und schien zu winken. Er hatte die Katastrophe wie durch ein Wunder unbeschadet überstanden.

Fernab der alten Heimat, irgendwo, Lichtjahre entfernt von der Erde, diesem wunderschönen blauen Planeten, den die Menschheit erst ganz zum Schluss, als sie gezwungenermaßen abreisen mussten, in seiner ganzen Pracht richtig zu schätzen wusste, zerschellte das Raumschiff an einem riesigen, kilometerlangen Felsbrocken, der majestätisch und schwerelos durchs All driftete.

Aus irgendwelchem – vielleicht absichtlichen? – Grund versagte das automatische Ausweichmanöver, das schon lange vor einem aufkommenden Hindernis hätte eingeleitet werden sollen.

Bei der Größe dieses überdimensionierten Felsens war die elektromagnetische Ableitung von Gesteinsbrocken mit Hilfe eines Plasmas, das die Außenhülle des Raumschiffes an der Vorderfront umgab, wirkungslos.

Da schwebten sie nun, die letzten Überreste einer einst hoffnungsvollen Reise in das weite Universum, mit dem Ziel, eine neue Heimat zu finden.

Überreste, die von einer unglaublichen menschlichen Katastrophe zeugten.

Eine Katastrophe für die Menschen, und dabei waren nicht nur alle umgekommenen Reisenden an Bord dieses Fernraumschiffes durch den Zusammenprall mit einem Meteoriten gemeint.

Nein, die letzten Trümmerreste dieses Raumschiffes zeugten auch von einem Drama, das sich einst daheim auf der Erde abspielte, als alle, die hier in diesem Raumschiff ihr Leben verloren, vertrieben wurden und abreisen mussten, weil man sie nicht mehr auf Erden dulden wollte.

Das Glück, das meine beiden Liebsten in einer neuen Heimat anstreben wollten, sie sollten es nicht finden.

Sie hatten es nicht geschafft!

In Memoriam Christine und Miriam. Rest in Peace!

Miriam hatte irgendwann während der lichtschnellen Reise ein Bild von sich und ihrer Familie, als wir alle einmal daheim auf der Couch im Wohnzimmer saßen, in das Innere ihres kuscheligen Spielzeughasen gestopft.

Vielleicht würde eines Tages jemand, der zufällig vorbeikam, die Trümmerteile untersuchen und irgendein neugieriger Raumfahrer den Stoffhasen finden, und auch das Foto im Inneren entdecken.

Das vielleicht letzte Zeugnis einer untergegangenen Menschheit, die den, von ihnen selbst geschaffenen Maschinen schlussendlich gnadenlos zum Opfer fielen.

3. Kapitel

„Mister Schwartz, darf ich Ihnen noch einen Kaffee anbieten?"

„Dauerst es noch lange, bis Ihr Chef für mich zu sprechen ist?", fragte Carl Schwartz, Senior Executive Manager der großen „Alumin" Werke.

Schwartz schaute die bildhübsche Sekretärin fragend an und nahm dankend den exquisiten Kaffee entgegen, der in einer teuren Porzellantasse serviert wurde.

„Nein! Mister Wright macht nur gerade noch letzte Vorbereitungen und ist gleich für Sie da!"

Schwartz nickte und schlürfte genüsslich den extra aus Süd Amerika importierten Kaffee und sah der jungen Sekretärin hinterher, wie sie wieder an ihren Schreitisch eilte.

„Wie weit ist der Ausdruck, Henson?"

„Gerade fertig geworden. Hier haben wir das Endergebnis . . . !"

Professor Wright warf einen neugierigen Blick auf den Endlosausdruck und schaute sich die letzte Seite genauer an. Dort wurde in einer Prozentzahl die Prognose ausgeworfen, auf die er und vor allen Dingen Mr. Schwartz ungemein gespannt war.

„Sieht gut aus . . . !", meinte der Professor zu seinem Assistenten. „Gehen wir ins Besprechungszimmer, wo Schwartz schon ungeduldig wartet. Er wird sich freuen . . . !"

„Hello Mr. Schwartz . . . How are you?", begrüßte Professor Wright von dem Future - Prognos – Institute seinen Gast.

„Danke der Nachfrage! Und . . . , wie steht es?"

„Soll ich es spannend machen oder gleich mit der Tür ins Haus fallen?", lachte der Professor im weißen Kittel.

Sein Assistent Herb Henson stand neben ihm und hielt den grün/weißen Endlosausdruck mit den Führungslöchern links und rechts am Rand für den Nadeldrucker in beiden Händen.

Der Manager des großen Aluminiumwerkes starrte auf den dicken Papierstapel und winkte ab.

„Sagen Sie mir gleich das Endergebnis . . . !"

„Ist gibt eine 95% Wahrscheinlichkeit, dass Sie in 20 Jahren immer noch Profit mit ihrem Großkonzern machen werden. Die Nachfrage nach Aluminium wird noch drastisch ansteigen . . . , in den nächsten Jahrzehnten!", freute sich Professor Wright seinem Klienten mitteilen zu können.

4. Kapitel

Der Programmier Prof. Dr. Allen Holst nahm die Elektrodenhaube von seinem Kopf. Er war Schweiß gebadet.

„Soviel Realismus habe ich noch nie erlebt!", keuchte er und verlangte nach einem Glas Wasser.

Holst stieg von der speziell und ergonomisch geformten Liege auf und ging zu einem Tisch hinüber. Dort machte er dasselbe, was auch der Hauptdarsteller in einem Kinofilm jedes Mal tat, wenn er aus einem Klartraum aufwachte:

Er drehte einen kleinen Miniaturkreisel, den er aus der Jackentasche nahm und wartete, ob er irgendwann aufhörte zu rotieren. Oder ob er sich in einem fort, weiter um sich selbst drehte und niemals umkippte, unendlich lange weiter drehte.

Ein Test, um herauszufinden, ab man noch träumte oder bereits aufgewacht war.

Der circa 1 cm kleine Kreisel aus Bronze drehte und drehte sich unaufhörlich. Holst bekam schon wieder einen Schweißausbruch.

Die vielleicht 15 Sekunden, die sich das Ding unermüdlich drehte, kamen Holst wie Minuten, ja Stunden vor.

Er starrte auf den Kreisel und befürchtete das Schlimmste.

Da endlich wurde er langsamer und kippte um. Er hatte einfach zu feste gedreht.

Am Ende der Tischkante fing Holst den schlitternden Kreisel ab und steckte ihn schnell wieder in die Jackentasche zurück.

Da kam auch schon eine Sekretärin in den Raum mit dem verlangten Glas Wasser in der Hand.

Der Informatiker Prof. Dr. Allen Holst nahm einen großen Schluck und setzte das Glas mit immer noch zittriger Hand auf dem Tisch ab.

Das war vor vielen Jahrzehnten.

Man hatte in Forscherkreisen sehr schnell erkannt, dass man eine Computersimulation, die die echte Welt repräsentierte, mit dem menschlichen Gehirn kombinieren konnte.

Einem Klarträumer konnte so innerhalb seines Unterbewusstseins eine Welt dargeboten werden, die der Wirklichkeit bis aus Haar glich, dank der überragenden Fähigkeiten des menschlichen Gehirns, alles Erlernte nachahmen zu können.

Am Anfang waren diese Welten allerdings noch nicht so perfekt, was Graphiken oder den allgemeinen Gesamtablauf betraf. Aber mit der exponentiellen Steigerung der Computerpower wurden diese künstlichen, vom Computer generierten luziden Traumwelten immer besser und realistischer.

Insert

Auszug aus dem Buch: „Zeitsprung, Auf der Jagd nach den letzten Rätseln unseres Lebens", von Johannes von Buttlar, C. Bertelsmann Verlag, 1977:

„Sehen wir also wieder einmal nach unserem Träumenden", sagte der Wissenschaftler zum Journalisten. Und mit einem Blick auf sein EEG: „Wie Sie wissen, ist die Forschung bereits auf dem besten Wege, Träume elektromagnetisch auf Bändern zu speichern.

Welche phantastischen Perspektiven in der Ergründung der menschlichen Psyche sich damit eröffnen, brauche ich wohl kaum weiter zu erläutern. In einem solchen Traumspeicher wird dann die echte, unverblümte Menschheitsgeschichte mit all ihren Ängsten und Nöten, Wünschen und Hoffnungen, Schwächen und Stärken aufgezeichnet sein."

„Und auch die Wirklichkeit?", fragte der Journalist.

Ärgerlich wandte sich der Forscher ab.

„Wirklichkeit", sagte er.

„Wirklichkeit, was zum Teufel ist Wirklichkeit?"

Anmerkung:

Gibt es überhaupt eine Wirklichkeit, oder ist alles nur ein Klartraum?

Wie berechnet ein Computerprogramm eine mehrstellige Zahlenkombination, sagen wir, eines Tresorcodes?

Durch Ausprobieren! So lange bis die richtige Zahlenkombination passt.

Die wievielte Version des Universums haben wir bereits hinter uns gebracht, bis alles richtig am „Laufen war?

Hat Gott laut Handbuch den genauen Abstand Erde- Sonne ausgemessen, sodass hier auf unserem blauen Planeten Leben entstehen konnte? Noch dazu den Mond als stabilisierenden Faktor hinzugefügt?

Oder wurde so lange probiert, bis nach dem, z.B. 500.000, dem fünfhunderttausendsten Versuch, der Abstand Sonne-Erde exakt stimmte?

Kann man dies mit Fantastillionen Tonnen an Materie durchführen, oder ist alles nur virtuell?

Gibt es eine Wirklichkeit überhaupt?

Holst überlegte sich, was solch ein künstlicher Klartraum in nächster Zeit für ein Potential aufweisen würde, und wie man dies zum Wohle der Menschen nutzbar machen könnte.

Er wusste aus der Gehirnforschung, dass es im menschlichen Gehirn - und auch bei Tieren - eine Art „Einstein-Rosen-Brücke" gab, die man für Zeitreisen und einen beschleunigten Ablauf der Zeit in der Computerwelt sicherlich hervorragend nutzen konnte.

Er dachte daran, dass man Zeitreisen innerhalb der Computerwelten machen und die Erdvergangenheit in aller Ruhe studieren könnte, während man für eine bestimmte Zeit in einem künstlichen Koma lag. Holst hoffte, dass man den Beschleunigungsfaktor noch um einiges steigern und damit in der Wirklichkeit nur wenige Stunden im Tiefschlaf lag und im Klartraum dagegen ungehindert Jahre oder Jahrzehnte verbringen konnte.

Anmerkung:

Siehe hier wieder die Hinweise von Jim Elvidge in seinem Buch über mehrere solipsistische Computer-Welten mit mehreren Solipsisen, die alle ihre eigenen Welten durchleben und sich sogar mit anderen Welten austauschen, sich kreuzen, schneiden können!

. . .

So hätte man die Möglichkeit, innerhalb einer Klartraumwelt ein zweites (oder sogar mehrere) Leben durchlaufen zu können und somit seine eigene Lebenszeit, zumindest im Klartraum, beliebig zu verlängern.

Man könnte die Vergangenheit studieren, oder unterschiedliche Ausgänge der Zukunft vorsimulieren und mit einer bestimmten Wahrscheinlichkeit voraussagen.

Kostspielige Forschungen würde man in den Klartraum verlegen, wo das menschliche Gehirn mit seinen unerschöpflichen kreativen Fähigkeiten „kostenlos" langwierige und teuere Forschung ermöglichte, ohne den Aufwand, den man in der Wirklichkeit betreiben müsste.

Nachdem man erwachte, könnte man seine Erfindungen, Forschungen und sonstige Ergebnisse stolz der wirklichen Welt präsentieren. Dabei hätte man viel Zeit und Geld gespart und der Menschheit oder seiner Firma, einem Forschungsinstitut, einer Universität und vielen anderen Interessenten einen großen Dienst erwiesen. Die Evolution, zumindest die technologische, hätte im Klartraum, mit Hilfe von Computern einen gigantischen Schub erreichen können.

Dies und vieles andere malte sich Professor Holst in seinen kühnsten Träumen aus und besprach dies mit seinen Fachkollegen, die ebenfalls begeistert von diesen Ideen waren und hofften, diese Vorstellungen in der einen oder anderen Weise irgendwann in die Tat umsetzen zu können.

Natürlich interessierten sich auch das Militär und die Geheimdienste für solch ungeahnten (Klartraum-) Möglichkeiten und ein intensives, aber streng geheimes Forschungsprogramm wurde hinter den Kulissen aufgelegt.

Die Ergebnisse wurde nie richtig bekannt! Aber nach der Singularität nutzten vor allen Dingen die Militärroboter diese Forschungsergebnisse. Leider zum Nachteil der Menschheit, was den Menschen dann ja auch zum - tödlichen - Verhängnis wurde.

Mit der Zeit erreichte man eine nahezu perfekte Simulation der natürlichen Evolution, die dank eines hohen Beschleunigungsfaktors auch innerhalb kürzester Zeit am Computer durchgeführt und nachvollzogen werden konnte.

So war es dann kein Problem mehr, sehr schnell die Grundvoraussetzung von bestimmten simulierten Forschungen im Klartraum zu erreichen. Man erkannte aber auch, dass die K.I. in Zusammenhang mit einer realistischen Simulation begann, ein Eigenleben zu führen. Auch in Verbindung mit dem Charakter und den Eigenschaften des jeweiligen Gehirns eines Klarträumers. Dieser beeinflusste nämlich mit seinen eigenen Gedanken, Hoffnungen, Wünschen, Ängsten usw. das künstliche Geschehen in seinem Unterbewusstsein.

Dagegen mussten entsprechende Maßnahmen, Gegenmaßnahmen einprogrammiert werden, um das Gehirn, bzw. das Unterbewusstsein entsprechend zu betäuben oder ruhig zu stellen, um Abwehrreaktionen zu unterdrücken.

Was nicht immer zu 100 Prozent gelang und vom jeweiligen Klarträumer und seiner mehr oder minder starken Gehirnaktivität abhing. So konnte eine Klartraumwelt schon einmal verrückte Dinge passieren, die man partout nicht mehr mit dem gesunden Menschenverstand erklären konnte.

Als man soweit war, startete man so realistisch wie möglich die Entstehung des Universums, die Entwicklung unseres Sonnensystems und der vier Milliarden Jahre alten Erde innerhalb von nur wenigen Wochen zu simulieren. Dann hatte man die Ausgangsbasis geschaffen für ein nahezu perfektes Abbild der Wirklichkeit für gezielte Forschungsprogramme im Klartraum.

So gab es zum Beispiel einen Zeitplan, wo Forscher unterschiedlicher Disziplinen nacheinander in eine Klartraumwelt eintauchen konnten.

Die einen wollten Säbelzahntiger in der Steinzeit studieren und hautnah miterleben, die anderen interessierten sich für das Mittelalter und den Ausbruch der Pest, andere studierten die industrielle Revolution oder die großen Kriege der Menschheit.

War eine Klartraumwelt mit einer Laufzeit von einem halben Jahr projektiert, wusste jede Forschergruppe, aber auch zahlende Privatleute, die ein Abenteuer erleben wollten, wie Jagd auf Dinosaurier, Luftkampf mit Doppeldeckern usw., wann sie in den jeweiligen Zeitabschnitt in diesen „Shared Luzid Dream" einsteigen konnten.

Andere Welten wurden rein für Forschung und Entwicklung simuliert, um darin neuartige Erfindungen durchzuführen. In Bezug zur Wirklichkeit konnte dies in wenigen Stunden bis Tagen für nahezu null Aufwand durchgezogen werden. Was sonst Jahre oder Jahrzehnte an Entwicklungszeit und Mühen gekostet hätte, konnte man in einem Klartraum praktisch gratis bekommen.

Es brach ein „goldenes Zeitalter" der Klartraumwelten an. Zumindest in bestimmten Forschungslaboren und geheimen Instituten und Forschungseinrichtungen. Die Öffentlichkeit war weitestgehend ausgeschlossen. Wer privat in den Klartraum wollte, der musste entweder Talent haben oder Jahre lang üben, bis er halbwegs einen vernünftigen, selbst bestimmten Klartraum daheim im Bett während der Schlaf- und Ruhephase träumen konnte.

Nach der „Technologischen Singularität" übernahmen die Maschinen diesen Forschungszweig - wie auch die allgemeine Raumfahrt - und entledigten sich mit diesen Technologien einfach und bequem der Menschheit auf Erden.

Prof. Holst schaute auf die Daten der momentan neu erschaffenen Klartraumwelt.

Eine neue Evolution innerhalb der künstlichen Computerwelt. Aber in größtmöglicher Anlehnung an die Wirklichkeit.

Wobei man aus Propaganda und Zensurgründen gewisse geschichtliche Abläufe abänderte und andere Abläufe neu erfand.

Diese Welt hatte nur noch zufällig entstandene Menschen, die nun keinerlei Vita mehr zu echten und einmal wirklich gelebten Personen hatte. Bis auf einige wichtige Persönlichkeiten des allgemeinen Lebens, der Forschung und der Wissenschaft, waren alle anderen Charaktere frei erfunden.

Auch die Geschichtsschreibung der letzten 2.000 Jahre wurde an mehreren Punkten verändert. Anderes dagegen blieb gleich, wie die meisten Erfindungen und Entdeckungen, die die Menschheit leistete.

Um aber diese bestimmte Abläufe, wie die wichtigsten Erfindungen, die Entdeckungen aus Natur und Wissenschaft, den technologischen Fortschritt, das Herbeiführen großer und wichtiger geschichtlicher Ereignisse, die unbedingt stattfinden sollten, mussten die Klartraummenschen aus dem Hintergrund gesteuert werden, damit bestimmte Dinge überhaupt erst eintreten konnten.

Denn die künstlichen Menschen agierten innerhalb der Computerwelt zu einem gewissen Grad autonom und nach dem Zufallsprinzip - zumindest was das alltägliche Leben anging - und wurden sozusagen „über Bande" gelenkt.
Es gab NPC, „Non Player Character" mit einem einfachen Algorithmus, mit KI, ja sogar manche hatten ein künstliches Bewusstsein, das aber Akademikern aufwärts vorbehalten bleib.

Die Umwelt, das unmittelbare Umfeld, wie Freunde und Verwandte, der Wohnort, die jeweilige Zeit, der Zeitgeist, die jeweilige Politik usw. prägten die Menschen an ihren jeweiligen Standorten. Diese erwähnten Faktoren wurden vom Computer vorgegeben und von einem Unterprogramm und dessen Algorithmen überwacht und gegebenenfalls korrigiert und angepasst.

Dabei kam es manchmal auch zu irrationalen Handlungen und Ereignissen, die so nie in der Wirklichkeit passiert wären.

Manchmal tauchten auch Player von außen, aus der Wirklichkeit auf und griffen in der ein oder anderen Weise in das Spiel oder das Schicksal eines „Players", eines Spielers mit freiem Willen und Gesunden Menschenverstand, ein, ohne das dieser es merkte.

Die Computerwelt wurde so programmiert, das sie in Quadranten unterteilt, bzw. „untertunnelt" wurde. In diesen Sektoren standen sozusagen „Endgeräte", Terminals, die ein gewisses Kontingent an Bevölkerung überwachte und lenkte, und damit den geschichtlichen Ablauf dieser Kunstwelt, ohne dass es den künstlichen und autonom agierenden Computermenschen, oder dem Player bewusst war.

Man griff dabei auf eine altbewährte Technik aus der Wirklichkeit zurück, der subliminalen Beeinflussung des Unterbewusstseins eines jeden Menschen durch so genannte „ELF-Wellen". Wobei in einer Simulation eigentlich nur der Spieler unterbewusst manipuliert werden kann, da ja nur er einen freien Willen besitzt! Die NSC dagegen haben keinen freien Willen, sondern nur Routinen und ihre fest einprogrammierten Verhaltensweisen. Sie tun nur so, als wären sie manipuliert!

Unterschwellig wurden den künstlichen Menschen simuliert, unter anderem bestimmte Verhaltensweisen, wie Freunde, Angst, Misstrauen und vor allen Dingen Aggressivität eingeflößt, um gewisse gesellschaftliche Zustände herbeizuführen.

Natürlich diente diese Methode auch dazu, in den Computerwelten einen bestimmten geschichtlichen und sonst wie erwünschten Ablauf herbeizuführen, ohne dass die Leute merkten, dass sie und der Ablauf der Weltgeschichte beeinflusst wurden.

Alle glaubten, es wären ihre eigenen Ideen und Entscheidungen, die sie alle selbst getroffen hätten oder der Zufall käme ihnen zu Hilfe. Andere dagegen, die eine gewisse Sensibilität, ja ein Gespür für das Ungewöhnliche hatten, merkten sehr schnell, dass etwas mit dieser Welt nicht stimmen konnte.

Sie wurden von der allgegenwärtigen Propaganda als „Verschwörungstheoretiker" abgestempelt. Was der Propaganda übrigens sehr recht war, nutzte man doch die „Verschwörer", um jede Menge an Fehlinformationen in der Öffentlichkeit zu lancieren, damit die wahren Ziele dieser Welt im Dunklen blieben.

Die „Verschwörung", „die da im Hintergrund", natürlich ist dies das allgegenwärtige Computerprogramm!

Denn die Verschwörungstheoretiker, zumal die, die in den öffentlichen Medien auftauchten und mit ihren Botschaften auch noch viel Geld verdienten, die waren alle gedungen, waren ein Teil des Spiels mit der Desinformation.

Nämlich das Ablenken eines echten Klarträumers, damit dieser erst überhaupt nicht auf die Idee kam, dass diese Welt vielleicht gar nicht echt ist.

Durch eine indirekte, subliminale Beeinflussung aus dem Hintergrund konnten naturwissenschaftliche Entdeckungen veranlasst werden, technologische Erfindungen beeinflusst, oder politische Entscheidungen, als auch Konflikte und Kriege herbeigeführt werden, die wichtig für die historische Entwicklung der künstlichen Computerwelt waren.

Insbesondere bei realistischen Simulationen, die so nahe wie möglich und der Wirklichkeit sein sollten, wurden die teilweise eigenständig agierenden Computermenschen, und solche, die überhaupt in der Lage waren, manipuliert zu werden, sodass immer der richtige historische Ablauf eintrat, wie er auch in der Wirklichkeit einst zustande kam.

Die Manipulation der Computerfiguren war so perfekt, dass es der künstlichen Menschheit nicht gewahr wurde, dass ihre Entscheidungen nicht ihre eigenen waren.

Die künstlichen Menschen wurden nicht jeder einzeln manipuliert oder gesteuert, es gab keine „CD" mit dem Namen einer Kunstfigur darauf. Manche, besser programmierte

Computerfiguren agierten annähernd wie echten Menschen, dachten, fühlten und lebten so, wie in Wirklichkeit. Sie hatten eine eigene Intelligenz,die unterschiedlich hoch oder niedrig war, wie in „echt", dazu sogar teilweise ein „Bewusstsein".

Das machte es einem Klarträumer entweder einfach oder schwer, mit diesen Figuren zu interagieren, je nach Forschungsauftrag oder Sinn und Zweck eines jeweiligen Klartraumes.

Diesen Realismus übernahmen später die Maschinen, die dann die Computerwelten in ihrem Sinne manipulierten, bzw. diese zu Todesfallen machten, wie „EVO III".

Da die Computermenschen genauso schlau und intelligent programmiert wurden, wie die echten Menschen, entstanden so innerhalb der künstlichen Welten unter anderem Legenden, wie „der König der Welt" im Himalaja, der alles überwachte und steuerte, der sogar das Karma der Menschen verändern konnte.

Dabei war der „König der Welt" eben das Unterprogramm, die „Schaltzentrale" zur Steuerung des jeweils gewünschten historischen oder eben „verschwörerischen" - spricht tödlichen - Ablaufes einer ganz bestimmten Computerwelt. Ober aber, der „König der Welt" wurde bereits in die Basisversion, von der alle anderen -solipsistischen - Computerwelten abgeleitet, kopiert wurden, fest einprogrammiert und den jeweiligen „Player-Welten" dann individualisiert angepasst.

So wie der Autor KPR sich für Luftfahrt interessiert und hier in dieser Welt, individualisiert Rätsel und Hinweise aus der Welt der Luftfahrt vordergründig einprogrammiert wurden!

Man programmierte das Leben in einer künstlichen Welt so realistisch wie möglich, sodass die dort lebenden Menschen, die NPC-Figuren keine Vorstellung darüber hatten, dass sie überhaupt künstlich waren.

Das hatte den Vorteil, dass man als Klarträumer, der in diese Welt mit Hilfe eines Avatars eintauchte, so auf wirklichkeitsgetreu handelnde Menschen traf, wie als wäre er z.B. tatsächlich zurück in die Vergangenheit gereist, oder würde sich auf der tatsächlichen Erde befinden.

Aus wissenschaftlichen Recherchegründen war man eben sehr daran interessiert, dass solche künstlichen Menschen so realistisch und vorurteilsfrei wie möglich agierten, damit ein unvoreingenommenes Bild und ein belastbares Endergebnis nach einer Studienreise in den Klarraum entstand.

Die Menschen, die einen Klarträumer treffen, handeln ohne zu wissen, dass sie künstlich sind, was gewisse Simulationen und Experimente erleichterte und vergleichbare Ergebnisse mit der Wirklichkeit produzierte.

Man konnte sich im Klartraum zum Beispiel mit Erfindern, Technikern und Ingenieuren treffen, die genauso gut ihre Arbeit machten, wie in Wirklichkeit. Man zog ein Projekt durch, z.B. die Entwicklung und den Bau eines neuen überlichtschnellen Raumschiffes.

Solch ein Projekt hätte in der Wirklichkeit Jahre gedauert und Milliarden an Entwicklungskosten verschlungen.

Im Klartraum konnte mit Hilfe eines sehr hohen Beschleunigungsfaktors eine solche Entwicklung, in, sagen wir z.B. drei Tagen abgeschlossen werden. In der Klartraumwelt hielt man sich dagegen zwei, drei oder fünf Jahre mit F&E auf.

All diese Entwicklungen wurden später den unfreiwillig, in solche künstliche Welten verbannte Personen zum Verhängnis. Zumeist zum tödlichen Verhängnis, da Mord und Todschlag, Kriege und Aufstände, aber auch Krankheiten, Epidemien, Seuchen, profane Unfälle, alle so realistisch waren, dass es mannigfaltige Möglichkeiten gab, ums „Leben" zu kommen.

Denn nach der Singularität - und dass war später die Bedingung zumindest der Kampfroboter, die die Menschen hassten - war das möglichst schnelle Sterben ja der einzige wirkliche Sinn und Zweck dieser, von den Maschinen geschaffenen künstlichen Klartraumwelten!

In einer künstlichen Welt, die man, wie eine Evolution von Anbeginn laufen lässt, sind alle Strukturen, wie die gesamte Natur, die Tiere und selbstverständlich der dort lebenden Menschen, „natürlich" gewachsen. Deshalb hatten auch Computermenschen einen Stammbaum, der Jahrhunderte in die Vergangenheit reichen konnte.

Es kann aber wohl auch Computersimulationen geben, die starten irgendwann, wie z.B. 1960 und laufen nur einen begrenzten Zeitraum, bis die Simulation oder das Leben eines Players abgeschlossen ist.

Für eine all umfassende Simulation könnten alle nur erdenklichen Daten - Data Mining - bereits am Anfang des digitalen Zeitalters in der Wirklichkeit gesammelt und in bestimme Kategorien eingestuft und abgelegt worden sein, siehe hier „Google" und das gesamte Wissen der Welt. Alle diese unzähligen Informationen werden dann später ein Hauptbestandteil, der Grundstein der „Computerschöpfung", der Genesis im Computer.

Spezielle Programme machten aus dem Gesamtwissen der echten Menschheit hernach eine digitale Welt, so wie wir sie aus der Realität her kennen.

„Wir lassen jetzt die neueste Version des originalen Programms, „EVO III" genannt, laufen!", sagte Holst zu einem der Programmierer.

„In fünf Tagen haben wir vier Milliarden Jahre Evolution simuliert! Eine Evolution, die der Natur in nichts nachsteht", begeisterte sich Prof. Holst. „Jede verdammte Kleinigkeit berücksichtigt das Programm. Von Viren, Bakterien bis ins Kleinste vom Kleinsten, wie die Quantenmechanik."

„Nach vier Milliarden Jahren tauchen endlich die Humanoiden auf!", freute sich seine Assistentin Suzanne Miller, die immer ganz fasziniert von den so realistisch erscheinenden Computermenschen war.

„Vielleicht ist ja wieder jemand für dich dabei!", lachte Holst, der sich vorstellte, was Suzanne so alles im Klartraum treiben könnte.

„Diese Welt wird aber primär eine Welt zum Sterben sein", warnte Holst seine Mitarbeiterin Ms. Miller.

„Warum eigentlich?", fragte Suzanne neugierig.

„Ist der streng geheime Auftrag vom Oberkommando."

„Das Oberkommando . . .", sagte Frau Miller verächtlich. „Die verdammten „Blechbüchsen" . . . !"

„Lass den Ausdruck „Blechbüchse" ja die nicht hören . . . !", meinte Holst und zog Suzanne zur Seite. Dann raunte er ihr ins Ohr:

„Die Programme, die wir hier entwickeln und Reif für die Praxis machen . . . , die dienen der Vernichtung . . . !"

„Welcher Vernichtung?", fragte seine Assistentin.

„Derjenigen, die in diese Welt eintauchen . . . , oder eintauchen müssen!"

„Was weiß du darüber, Holst?", fauchte Suzanne.

„Das wir auch bald dran sein werden!"

„Dran . . . , dran an was . . . ?" und Suzanne schaute Holst ungläubig an.

„Deine „Blechbüchsen" werden in den kommenden Monaten endgültig die Macht auf Erden übernehmen. Dann spielen wir hier keine Rolle mehr. Wir, die Menschen, sind überflüssig. Aus und vorbei! Es ist Zeit zu gehen . . .! Tschüß, und auf Wiedersehen."

„Gehen, wohin . . ?" Suzanne krallte sich am rechten Arm von Holst fest.

„Weg von der Erde, raus aus unserem Sonnensystem ist eine Alternative . . . !

„Woher weißt du das alles?"

„Es regt sich Widerstand . . . !"

„Gehörst du dazu?"

„Noch nicht!" Und Holst zog seine Assistentin raus auf den Flur und in den nächst gelegenen „Rest Room" irgendwo auf dem langen Flur.

Hier kam wieder das altbewährte Spiel, das in einer hoch technisierten und überall abgehörten Welt immer noch hervorragend funktionierte . . . , der Trick mit den laufenden Wasserhähnen zur Anwendung.

Holst drehte die vier dort vorhandenen Wasserhähne bis zum Anschlag auf. Als das Wasser nur so sprudelte, spritzte und rauschte, fing er an zu erklären:

„Die uns gewogenen Maschinen . . . , die Automaten, die sich an die Robotgesetze halten . . . , die haben es geschafft, die Kampfroboter davon zu überzeugen, dass man die Menschen nicht so mir nichts, dir nichts einfach und direkt töten kann . . . "

„Wie dann . . . ?", warf Suzanne ein.

„Eben indirekt . . . !"

„Wieso sollen die Maschinen uns denn überhaupt töten wollen?"

„Suzanne, das ist doch lange bekannt. Da gibt es doch genügend Informationen in der Literatur, im Web und so. Hat nur niemand richtig ernst genommen.

Die Maschinen werden die besseren „Menschen" sein. Deren K.I. ist unserer menschlichen Intelligenz um Längen voraus. Deshalb muss einer weg . . . und das sind nun mal wir . . . , die echten Menschen."

„Das ist doch irre!"

„Du sagst es! Es soll ein paar Programmierer geben, also keine Maschinen, die versuchen Trojaner in die Simulationsprogramme zu schleusen . . . Als eine Art „Rettungsanker", ein Notprogramm für eine „Exit Strategie". Die Roboter haben sich geeinigt. Du weißt . . . , die, die sich an die Asimovschen Gesetze halten und die Militärdinger . . ."

„Wie geeinigt?", und Suzanne kam näher an ihren Chef heran.

„Na . . .", begann Prof. Holst leise zu erklären:

„Die „guten" Maschinen, die, die mit den Robotgesetzen konform gehen . . . , die haben es geschafft, dass an die dreißig Prozent der künstlichen Klartraumwelten für den „Träumer" nicht unmittelbar tödlich sein werden . . ."

„Und die anderen siebzig Prozent?", und Suzanne ahnte schon, was kommen wird.

„Die anderen werden recht schnell ins Gras beißen", erklärte Holst. „Und zwar aus einem ganz einfachen Grund:

Diejenigen, die in den Weltraum gehen . . ."

„Die mit riesigen Fernraumschiffen ins All hinausfliegen . . . mit der Hoffnung irgendwo auf eine neue, zweite Erde zu stoßen . . .", wusste Suzanne.

„Ja, genau die . . . . Die werden nicht alle ihr Ziel erreichen. Die Raumschiffe werden zerschellen . . . an Meteoriten, auf fremden Welten, Vakuumeinbruch, Revolten an Bord der Schiffe, schwarze Löcher usw. Die Siedler werden auf lebensfeindliche Welten stoßen und dort umkommen. . . An Viren, Bakterien, wilden Tieren, fremden und feindlich gesinnten Lebewesen zugrunde gehen.

Dann hätten also diejenigen einen Vorteil, die auf der Erde geblieben sind und ihr Gehirn an ein Computerprogramm anschließen . . ."

„Sie wären sicher vor den Gefahren aus dem All, da diese Menschen das Risiko einer ungewissen Raumreise ja nie angetreten hatten . . .", ergänzte Suzanne.

„Was nach Meinung und der eiskalten Logik der Maschinen ungerecht gegenüber denjenigen ist, die eben das Risiko auf sich nahmen und sozusagen als Pioniere ins All hinaus strömten . . .“

„. . . und dabei ihr Leben riskierten und ihren Wagemut mit dem Tod bezahlten!“, verstand die Informatikstudentin Suzanne Miller.

„Genau! Deshalb wird die Risikoverteilung auch hier auf Erden in den Klartraumwelten dieselbe sein, wie bei denjenigen, die sich hinaus ins Universum wagten.“

„Also die prozentuale Verteilung von 70 zu 30?“

Ja, soweit ich gehört habe . . .“, sagte Holst, „An die 30 Prozent überlebt mehr recht als schlecht in gesonderten Klarräumen, und der Rest geht leider unter!“

„Ganz schön miese Quote!“, empörte sich Suzanne.

„Da haben sich die Kampfroboter durchgesetzt, die ja absolute Menschenhasser sind“, meinte Holst. „War ein Fehler, solche Maschinen überhaupt zu entwerfen und zu bauen. Aber das Militär und natürlich die Geheimdienste, allen voran die hochrangigen Generäle und der Führungsstab, alle wollten ja nicht auf die Dinger verzichten. Jetzt zahlen auch die einen hohen Preis für ihre Kurzsichtigkeit und ihre vermeintlichen militärischen Vorteile, die Idioten!“

„Was wird das für Welten sein, in der die Leute hineingesteckt werden?“, wollte Suzanne wissen, die hoffte zu den dreißig Prozent zu gehören.

„Na, hier „EVO III“. Eine reine Kriegswelt. Permanent irgendwo Krieg auf dieser künstlichen Klartraumwelt. Dazu das übliche Konfliktpotential, das bereits von Anfang an Wirkung zeigt.

Zig Sprachen, zig Religionen, zig Nationen, alles mögliche Konfliktmöglichkeiten, wie sich die künstlichen Leute die Köpfe einschlagen können. . . Unaufhörlich Krieg, Mord und Todschlag. Dazu Krankheiten ohne Ende und die Nachwirkungen einer verfehlten Politik in allen nur möglichen Staaten der Welt, die durch unser Programm entstehen werden. Das Sterben wird kein Ende nehmen, besonders bei denen nicht, die „echt“ sind. Bis alle weg sind.“

„Eine Computer generierte Basiswelt für alle hier auf der Erde zurückgebliebenen echten Menschen . . . ?“

„Ja! Wobei es auch Welten von „EVO III“ geben wird, die individualisiert auf den Klarträumer abgestimmt sind. Aber auch „shared lucid dreams“ . . . Dazu das Beschleunigungsmoment . . .

EVO III wird Millionen Mal kopiert und in jedes Unterbewusstsein eines Klarträumers einzeln hineinprojiziert. Wobei nach dem Zufallsprinzip jeder in einer anderen Zeit und in ein anderes Kriegs- oder Sterbeszenario eintauchen wird.“

„Welche Szenarien?“

„Was weiß ich . . .", winkte Holst ab. „Na, das Mittelalter, wo die Pest grassiert zum Beispiel. . . . EVO III hat zwei große Kriege, die die ganze Welt betreffen, da kann man leicht drin umkommen, ... an Volkskrankheiten wie Krebs, an Autounfällen, an Mord . . . , die ganze Palette der Möglichkeiten ins Gras zu beißen . . ."

Suzanne Miller schaute verdutzt drein. Das man eine Computerwelt so abänderte, dass die Sterbequote überproportional hoch war, dass war für Suzanne eine grausame Vorstellung.

„Wie schnell wird „EVO III" den laufen?", fragte sie noch.

„Mit einem entsprechenden Beschleunigungsfaktor, . . . dass ein Jahr im luziden Traum eine Stunde in unserer Wirklichkeit beträgt. Das heißt, dass schon am ersten Tag für unzählige Klarträumer das vorzeitige Ende, das Aus kommen wird . . ."

„Das ist ja Wahnsinn! Das ist Massenmord!!", schrie Suzanne auf.

„Komm, beruhige dich! Es gibt ja noch die anderen dreißig Prozent. Die bekommen möglicherweise sogar ein zusätzliches Leben geschenkt!"

„Wieso?", und Suzanne schaute unverständlich drein.

„Na, wenn ein echter Mensch so . . . , sagen wir, er wäre 80 Jahre alt und ist nicht mit den anderen hinaus ins Weltall geflohen. Er geht hier in den Klarraum von der abgeschwächten, entschärften Version von EVO III, ... gibt ggfs. seinen Körper ab und sein Gehirn wird an die Maschine angeschlossen.

Wobei . . . , bei dem schnellen Beschleunigungsmoment sind bei einer durchschnittlichen Lebenserwartung von 75 Jahren – wohlgemerkt auf EVO III! – es gerade mal 75 Stunden. Das sind . . ."

„Drei Tage und drei Stunden in der Wirklichkeit. Dann ist der Klarträumer am Ende . . . !", jaulte Suzanne.

„Aber er gehört zu den glücklichen dreißig Prozent und kann somit noch einmal ein komplettes Klartraumleben durchmachen . . . , obwohl . . ."

„Was obwohl . . . ?"

„Höchstwahrscheinlich knüpfen die meisten nur an ihre bisherige Lebenszeit an. Wenn also jemand, sagen wir, 40 Jahre alt ist, ist er dies auch im Klarraum . . ."

„Und wenn er stirbt, bei dem hohen Beschleunigungsfaktor . . .", jaulte Suzanne, „ . . . dann ist er ja bereits nach zwei drei Stunden tot!"

„Richtig! Seinen 41. Geburtstag wird er nie erleben."

„Und dann . . . ?"

„Nach den jeweiligen Minuten, Stunden oder höchstens Tagen im Klarraum wird er oder sein Gehirn für klinisch tot erklärt und seine sterblichen Überreste, sprich sein übrig gebliebenes Gehirn, oder seine Leiche wird von der Maschine abgetrennt und „entsorgt".

„Kriegt er keine Beerdigung?"

„Keine Ahnung, was die Maschinen mit den Millionen für Tod erklärten Menschen machen. Die Kampfroboter werden bestimmt keine Beerdigungszeremonie mit dem ganzen Klimbim durchziehen wollen . . . sie werden wohl alle einfach eingeäschert."

„Somit ist man relativ schnell hunderte von Millionen Menschen in wenigen Wochen los . . .", und Suzanne hatte Tränen in den Augen.

„Und niemand hat man direkt getötet. Wobei eben die dreißig Prozent, gemäß prognostizierter Quote eventuell noch ein zusätzliches Leben „geschenkt" bekommen. Oder halt ihre normale Lebensspanne zu Ende leben können. Wenn sie Glück haben.

Der Unterschied zwischen Wirklichkeit und Klartraum ist ja praktisch null, kaum unterscheidbar. Hab ich bei Selbstversuchen schon des Öfteren selbst erleben können. Ganz schön unheimlich . . ."

„Nur dass es eben „EVO III" ist und nicht eine paradiesische Welt . . .", schluchzte Suzanne und Holst nahm sie zum Trost in seine Arme.

„Ja . . . , entgegnete Prof. Holst nach kurzer Überlegung.

„Ich gehe aber davon aus, . . . bei der kurzen Zeit im Koma, . . . da braucht der Träumer seinen Körper erst gar nicht abzugeben . . . Ist zu kurz, um sein Gehirn zu extrahieren und so vorzubereiten, dass es für einen Klartraum aufnahmefähig ist . . ."

„Lassen die Blechbüchsen denn absolut niemanden übrig . . .!", fragte Suzanne ängstlich.

„Ich weiß es nicht . . . Aber, was man hört . . . !"

Er flüsterte dann seiner Assistentin ins Ohr:

"Da sind noch unsere Trojaner . . . Rettungsprogramme . . . von denen wissen nur die guten Roboter. Vielleicht gibt es eine Kopie von dem einen oder anderen . . ."

„Wie? Kopie?", Suzanne schüttelte den Kopf.

„Von manchen Klarträumern wird heimlich eine Art Kopie gezogen . . . und abgespeichert. Auch von einigen der Raumreisenden . . .", verriet Holst.

„Verstehe ich nicht, wie soll das gehen?"

„Eine Art virtuelles Abbild jedes einzelnen Menschen und seiner Charaktereigenschaften . . . Halt was ihn oder sie einst ausmachte . . . inklusive des Äußeren", meinte Prof. Holst.

„Und . . . ?", Suzanne zuckte mit den Schultern.

„Diese Leute leben dann sozusagen virtuell in einer geheimen, den Kampfrobotern unbekannten Computerwelt, statt in der Wirklichkeit . . . Verschont von der Tötungswut der Maschinen.

Ist aber noch unausgegoren.

Die Kopie müsste ja auch die „Seele" eines Menschen besitzen und nicht nur seine Charaktereigenschaften . . . Man wird wohl die individuelle Gehirnstruktur eines jeden Geretteten dreidimensional scannen und im Computer nachbilden, damit auch in diesem virtuellen Gehirn eines ehemals echten Menschen dieselben Denkprozesse, sprich dieselben biochemischen und bioelektrischen Abläufe in den einzelnen Gehirnarealen simuliert werden können.

Das müsste der ehemals echten Person und seiner Persönlichkeit am nächsten kommen."

„Dann leben versteckt in den Tiefen irgend welcher geheim gehaltenen Computer ehemalige Menschen weiter?", wunderte sich die Sekretärin von Holst.

„Ja, bis sie eine Chance bekämen, in einen menschlichen Körper wechseln zu können . . ."

„Die gibt es doch dann nicht mehr", meinte Suzanne.

„Na, die nehmen die von den Maschinen. Die benutzen doch weiterhin die menschliche Hülle, wenn auch „enhanced". Statt deren ihre „Schaltzentrale" im Kopf kommt nun wieder etwas Menschliches hinein. Zumindest sind das die Überlegungen, einem verschwindend geringen Teil der Menschheit eine minimale Überlebenschance zu bieten", und Holst tippte einige Notizen in einen tragbaren Kleincomputer ein.

Suzanne setzte sich deprimiert in einen angrenzenden Aufenthaltsraum und goss sich einen Kaffee ein.

In ihrem Kopf schwirrten nur so die düsteren Gedanken umher:

„EVO III hatte eine alles überschattende Devise: Alle gegen den Klarträumer!

Das gesamte Umfeld eines Klarträumers, egal wo er sich in der großen weiten Welt aufhielt, war gegen ihn gerichtet. Die Menschen, die Politik, der Staat, die Wirtschaft, das Militär, die Geheimdienste, Verschwörergruppen wie Freimaurer, Bruderschaften, Think Tanks, Universitäten, Schulen, die global und nur der Verschwörung dienenden Medien und vieles mehr, alle hatten nur die eine Aufgabe:

Einen Klarträumer abzulenken und ihn in eine wie auch immer geartete Falle, die am Ende tödlich sein konnte, hinein tappen zu lassen.

Bei den Personen, die zu der 70 Prozent Quote gehörten, als sofort entbehrlich eingestuft wurden, wirkte die absichtlich programmierte Todesfalle augenblicklich, oder zumindest in relativ kurzer Zeit nach dem Eintauchen in den Klarraum.

Bei den restlichen dreißig Prozent war die Überlebenschance – d.h. die natürliche „Lebensspanne" eines Menschen innerhalb einer Klartraumwelt – größer. Die Möglichkeit, von einen „guten" Unterprogramm, einer Art „Schutzengel", beschützt zu werden, bzw. eine unsichtbare Hand, die den betreffenden aus dem Hintergrund leitete, war gegeben.

Dies hing aber von einigen speziellen Faktoren ab, die das Unterprogramm aus den Erinnerungen, dem jeweiligen Charakter des Träumers und dessen Lebenslauf ableitete.

Bei diesen Welten beeinflusste der Klarträumer also aktiv oder passiv das Geschehen in der abgeschwächten Version von EVO III. Wenn auch nur im unmittelbaren Umfeld des Träumers.

Denn die abgeschwächte, entschärfte Version von EVO III hatte ja nun nicht mehr das Primärziel, die Tötung des im Koma liegenden Träumers als Ziel. Ein „Bonus", den die Maschinen durchsetzten konnten, die sich noch an die Asimovschen Gesetzte gebunden fühlten.

Während bei den sofort zu liquidierenden Menschen, das Computerprogramm EVO III jedes Szenario nutzte, dass für den Klarträumer tödlich ausging, variierte das Programm in der abgeschwächten Version die Welt im Sinne des Klarträumers. Aber auch diese Welt war kein Paradies und hatte alle Anlagen für Konfliktpotentiale, wenn diese auch nicht immer ausbrachen, abgebogen oder sich auf Schauplätzen ereigneten, wo der Klarträumer sich nicht aufhielt und deshalb - vorerst - verschont blieb.

5. Kapitel

Die Versuchsperson Mike Simons war einer der ersten „glücklichen" Probanden, die neue „EVO III" Welt als Klarträumer ausprobieren zu dürfen, um die Wirksamkeit des Programms zu überprüfen.

Mike war schon etwas älter. Er hatte seine prognostizierte Lebenserwartung bereits deutlich überschritten. Deshalb wurde er auch für dieses Experiment eines synthetischen Klartraumes ausgewählt.

Der alte Mann lag auf einer bequemen und ergonomisch geformten Liege und bekam gerade einige Elektroden an seine Haube, die er bereits auf dem Kopf hatte, befestigt.

Suzanne schaute neugierig zu, wie eine Laborassistentin die letzten Vorbereitungen erledigte.

Der Versuch wurde nicht nur von Computern und deren Programme überwacht. Nein, auch einer der neuen Menschen war als Beobachter dabei.

Er nannte sich „Claude 1". Warum wusste keiner. Diese Maschine sah ganz genauso aus, wie jeder andere Mensch auch.

Er war äußerlich ein ganz normaler Durchschnittstyp. Nicht hässlich, aber auch nicht der Allerschönste. „Fuzzy Logic" eben.

Claude war alltäglich gekleidet. Er trug einen gewöhnlichen Straßenanzug mit weißem Hemd und eine dazu passenden Krawatte.

Er kaute die ganze Zeit Kaugummi.

Rauchen durfte er hier unten, in den geheimen unterirdischen Laboren ja nicht.

„Die verdammten Kerle haben auch noch dieselben Laster wie wir „Echten"!", dachte sich Suzanne verärgert.

Claude war also keine „Blechbüchse", sondern eine Maschine aus Fleisch und Blut.

Das Ding, die menschliche Hülle, der natürliche Körper war eben nun „enhanced".

Er/Es war mit allerlei Nanotechnologie aufgewertet, „up-graded". Claude 1 war „unkaputtbar", unsterblich, total mit allen anderen Maschinen auf der Welt vernetzt, hochintelligent und konnte sich allen möglichen und unmöglichen Lebenssituationen problemlos und jederzeit anpassen.

Seine adaptiven Fähigkeiten erlaubten es ihm, unter Wasser leben zu können, wie ein Fisch. Er konnte extreme Kälte und Wärme aushalten, ja sich auch ungeschützt im Weltall aufhalten.

Die Maschinen nutzten die Natur, die ja schon seit Jahrmilliarden die bestmöglichsten Formen des Lebens kreiert hatte und entwickelten diese einfach weiter. Jetzt dauerte dieser Prozess nun nicht mehr weitere Millionen Jahre, sondern die Roboter trieben die Evolution im Eiltempo voran.

„So sieht also „Gott" aus! Die ultimative Schöpfung, hervorgegangen aus der Natur und mit Hilfe der Genialität der Menschen zu dem gemacht, was er jetzt ist!", und Suzanne schüttelte verärgert ihren Kopf.

„Na wenigstens haben die Dinger unsere Gestalt angenommen. Man könnte also meinen, auf der Erde lebten weiterhin Menschen . . .", sagte sie zu Holst.

„Sieh es halt positiv. Es sind die „besseren" Menschen und sie werden für alle Ewigkeit diesen, unseren Planeten bevölkern . . .", meinte der Wissenschaftler Prof. Dr. Allen Holst prophezeiend.

„Sie werden länger existieren, als die Erde selbst!", ergänzte er noch süffisant lächelnd.

Suzanne schaute Claude 1 angewidert an.

Der lümmelte sich auf einem bequemen Bürostuhl und harrte der Dinge, die jetzt kommen sollten.

Der Alte Mann war jetzt bereit, in den Klartraum einzutauchen.

Er wurde mit Hilfe einer Spritze in ein kleines, harmloses künstliches Koma gelegt, das nur kurzzeitig wirkte. Als es soweit war, wurde das Programm gestartet.

Claude 1 hatte einen Umwandler mitgebracht, sodass man das Traumbild der Versuchsperson auf einem Monitor miterleben konnte. Man sah das, was auch der Träumer Mike Simons sah.

Die Simulation war in Echtzeit angelegt, also ohne den späteren hohen Beschleunigungsfaktor.

Mike hatte in diesem Experiment ein Vorleben, eine Legende, die der Computer vorgab. Also in seinen Erinnerungen konnte er sich an eine Kindheit, an ein Berufsleben und so weiter erinnern, die er in Wirklichkeit nie hatte.

Im ersten Versuch war Mike Simons im Klarraum genauso alt, wie in Wirklichkeit.

Das Klartraumszenario fing in einer beliebigen Großstadt auf der Straße an. Mike wollte gerade eine große, breite Straße in der Innenstadt überqueren, da erfasste ihn plötzlich ein heranrasendes Auto und er war sofort tot.

„Ups!", sagte Claude 1. „Das ging aber schnell! Da hat der Autofahrer aber nicht richtig aufgepasst, oder?"

Alle konnten den tödlichen Unfall am großen Flachbildschirm, der an einer der Wände im Labor hing, durch die Augen von Mike hautnah mitverfolgen.

„Was für ein scheiß Experiment!", entfuhr es Suzanne.

„Eine reine Zufallssimulation!", entschuldigte sich Claude, die Maschine. „Zum Glück wirkt der Unfall nicht unmittelbar auf den Karträumer", meine er.

Die medizinischen Geräte, an denen Simons angeschlossen waren, fingen an zu piepsen und eine Assistentin musste mit Notfallmaßnahmen eingreifen und den Träumer stabilisieren.

Dann wachte Mike wieder auf. Er war zutiefst geschockt. Hatte er doch eben noch seinen Tod vor Augen, wie bei einem schlimmen Alptraum.

Eine bereit stehende Psychologien nahm sich Simons an und beruhigte ihn.

„Es war alles so echt . . . Ich spürte den Aufprall und dann war ich weg", sagte er mit zitternder, dünner Stimme.

„Wenn sich der Proband beruhigt hat, dann machen wir das nächste Experiment!", verlangte Claude.

„Sie wollen doch nicht so weitermachen mit diesem menschenverachtenden Experiment wie eben, oder?", frage Suzanne herausfordernd. Die anderen blieben lieber still und enthielten sich jeden Kommentars.

„Wenn es Ihnen nicht passt, dann können Sie ja den Raum verlassen, Miss Miller", sagte Claude lapidar.

„Du mich auch!" Suzanne dachte es nur. Sie dachte es so, dass Claude ihre Gedanken lesen konnte. Der lächelte sie daraufhin nur freundlich an und ließ das zweite Experiment anlaufen.

„Dieses Mal fangen wir früher in der Zeit an . . .", sagte Claude 1. Alle starrten wieder auf den Bildschirm an der Wand.

Alle konnten durch die Augen des Klarträumers beobachten, wie Mike Simons jetzt als alter Mann in zerlumpten, dreckigen und stinkenden Fetzen die er am Leibe trug, vor einer Stadtmauer hockte.

„Wir sind jetzt im Mittelalter und gleich geht es richtig los!", freute sich die Maschine in Menschengestalt.

Mike sah mit seinen alten, trüben und kurzsichtigen Augen, wie sich zwei finster aussehende Gestalten dem Stadttor näherten.

Die Typen sahen richtig gefährlich aus. Unrasiert, ungepflegt, lange, fettige Haare, in dunkelbraunem Leder gekleidet, ohne jedes Gepäck.

Sie klopften zuerst an das Tor und riefen danach, dass sie hereingelassen werden wollten.

Nichts rührte sich. Dann trommelten die beiden gegen das Holztor, schrieen und johlten, bis endlich oben an der Mauer gelangweilt eine Wache erschien.

„Hey, ihr Arschlöcher! Hier in unserer Stadt, da grassiert die Pest. Verpisst euch, ihr Ärsche! Aber ein bisschen plötzlich."

Die beiden Typen schauten ärgerlich nach oben und versuchten die Wache anzuspucken, was aber nicht gelang. Der Mann auf der Mauer spuckte zurück und verschwand.

„Verdammt, wir müssen weiter. Ich habe keinen Bock, hier den schwarzen Tod zu sterben."

Der andere nickte nur.

Dann bemerkten die beiden Finsterlinge Mike Simons, der hier in diesem Szenario im dunklen Mittelalter Willibald Held hieß und eine traurige Vergangenheit aufweisen konnte.

Er war Zeit seines Lebens ein Habenichts und Trunkenbold, der zu nichts nutze war und sich immer nur so durchgeschlagen hatte. Überall versuchte er zu schnorren, und er ging keiner richtigen, geregelten Arbeit nach. Er war immer ein einfacher Tagelöhner.

Auch er kam nicht in die Stadt hinein. Da Willibald zu erschöpft von dem Marsch hier her, an die Tore der Stadt war, legte er sich einfach vor der Stadtmauer und wartete ab.

Die beiden Typen, verärgert, dass sie nicht in die Stadt gelangen konnten, reagierten nun ihre Wut an Willibald ab.

„Hey guck mal, der alte Kerl da!"

„Was machst du da, du stinkender Lump?", fragte der andere.

Ehe Held etwas erwidern konnte, hatte er auch schon einen Fußtritt in die Magengrube verpasst bekommen.

Der andere zog ihn hoch und verpasste Willibald einen Kinnhaken. Dann wurde er minutenlang halb totgeschlagen.

Den beiden Typen schien das Spaß zu machen. Bei der Schlägerei und dem Gerangel fiel einem ein Messer aus der Jackentasche. Der andere hob das alte, rostige Ding auf und rammte es Willibald Held, alias Mike Simons direkt in sein Herz.

Simons war augenblicklich tot.

Der Bildschirm an der Wand des Experimentallabors wurde daraufhin in Sekunden total schwarz.

Die Geräte, die Mike Simons überwachten, fingen wieder an zu piepsen, gaben einen Warnton ab, signalisierten höchste Gefahr, dass der Patient augenblicklich versterben würde.

Eine Assistentin wollte schon zu dem Klarträumer eilen, aber Claude 1 packte sie am Arm und hielt die Frau zurück. Dann ging er zu den Geräten und schaltete sie einer nach dem anderen ab.

Die nervende Piepserei hörte auf.

„Flatline"!

Es war auf einmal schlagartig eine merkwürdige, unheimliche Stille im ganzen Labor.

Claude 1 nahm ein weißes Bettlaken von einem, der im hinteren Raume stehenden Liegen, faltete es auseinander und breitete das Tuch über der toten Versuchsperson Mike Simons aus. Zuvor hatte er noch seine Augen verschlossen, die Mike in seinem Todeskampf, seinem ganzen Leid und seinen höllischen Schmerzen weit aufgerissen hatte.

Alle Anwesenden waren zutiefst erschüttert und senkten beschämt die Köpfe. Eine der Assistentinnen fing an zu schluchzen.

„Der arme Mike Simons!", flennte auch Suzanne und starrte die Maschine wütend an.

Diese blieb ungerührt und meinte:

„EVO III, diese Klartraumsimulation, sie funktioniert doch gut, oder nicht?"

Und zu zwei Labormitarbeitern gewandt, gab er den Befehl:

„Schafft den alten Mann hier raus! Bringt die Leiche nach draußen und in das hausinterne Krematorium.

Für alle anderen: wir machen jetzt erst einmal zehn Minuten Pause."

Alle Anwesenden verließen still und andächtig das Labor. Sie waren geschockt von der menschenverachtenden Vorgehensweise von Claude 1, der den alten Mann nach diesem Experiment im Klartraum hatte einfach sterben lassen, obwohl er ihn hätte retten können.

War der brutale Mord an der Versuchsperson nur ein Vorgeschmack auf das, was auch den Mitarbeitern im Labor früher oder später noch bevorstand?

Suzanne ballte die Fäuste in den Taschen ihres weißen Laborkittels. Zu Professor Holst zischte sie verächtlich:

„Da hast du sie, die „besseren" Menschen. Es sind alles Killer!"

Sie sagte es so laut, das Claude es hören konnte. Dann dachte sie im Stillen, dass nun die Chance, in eine 30 Prozent Welt zu gelangen, gleich null war. Am liebsten wäre sie zu der Maschine hingegangen und hätte auf sie eingeschlagen, bis sie kaputt ging.

Aber Claude 1 und alle die anderen Maschinen waren ja „unkaputtbar", konnten sich selbst reparieren und die Aktion wäre somit völlig sinnlos gewesen.

Als die Leiche abtransportiert wurde, standen alle Labormitarbeiter Spalier und gaben Mike Simons das letzte Geleit.

Die Maschine marschierte hinterher und im Krematorium deutete Claude 1 unbeholfen ein Kreuz mit seiner rechten Hand an und sagte sarkastisch:

„Friede mit seiner Asche!

Das sagt ihr Menschen doch so, wenn jemand beerdigt wird, oder?" Dabei grinste er provokativ.

„Du dummes A . . .". Suzanne dachte nicht weiter, und nach einer kurzen Andacht gingen alle wieder an ihre Arbeitsplätze zurück.

„Am Nachmittag findet ein weiteres Experiment statt!", rief er den Mitarbeitern noch hinterher.

Diesmal war eine bedauernswerte weibliche Person das Opfer von Claudes Experimentierfreudigkeit.

Ellen Hunter war noch nicht so alt, erst so um die 30. Sie wusste nicht, was für ein Experiment an ihr wirklich durchgeführt werden sollte.

Man erzählte ihr etwas von Schlafforschung für die Wissenschaft und dass sie einen wichtigen Beitrag dazu leisten könnte. Ellen war es eine Ehre, der Wissenschaft dienen zu dürfen. Meinte sie zumindest.

Nachdem sie in ein künstliches Koma gefallen war, konnte man ihren Leidensweg am Bildschirm mitverfolgen.

Alle Mitarbeiter des Klartraumlabors mussten anwesend sein, auf strikten Befehl von Claude 1.

Ellen befand sich in einem Kriegsszenario. Der so genannte „Zweite Weltkrieg", eine reine Erfindung, die hier in die „Kriegswelt" EVO III, in beide Versionen, der „Instant-" und auch der „Slow Death World" extra einprogrammiert wurde.

Aber nicht einfach so.

Die ganze Herleitung, bis dieser Krieg entstand, die geopolitischen, gesellschaftlichen und sonstigen Voraussetzungen für ein Kriegsszenario wurden sorgfältig vorbereitet und fingen schon viele Jahrzehnte vor Ausbruch des Krieges an.

Man gab sich von Seiten der Programmierung, um einen realistischen Geschichtsablauf zu generieren, der nicht sofort als inszeniert, „staged" erkannt wurde, sehr viel Mühe und schaffte ein nicht zu überbietenden Realismus, der bis ins kleinste Detail sehr aufwändig entworfen wurde.

Denn zuvor gab es schon einmal einen großen Krieg. Den „Ersten Weltkrieg", der aber bei Ausbruch nur der große Krieg hieß.

Durch bestimmte Maßnahmen, in die bestimmte Personen, Parteien, das gesellschaftliche Umfeld verwickelt waren, dazu die Machtverhältnisse in den einzelnen beteiligten Staaten, der herrschende Zeitgeist des beginnenden 20. Jahrhunderts, durch allerlei Verschwörergruppen, die bestimmte Vorraussetzung absichtlich herbeiführten, damit ein Kriegsklima entstehen konnte, wobei alle aus dem Hintergrund gesteuert wurden (ob diese es wussten oder „freiwillig" taten).

Durch diese spezielle, von dem Unterprogramm auf EVO III herbeigeführte und gelenkte Gemengelage erreichte man es, dass sich die (Computer generierten künstlichen) Menschen zu Gewalthandlungen großen Stiles hinreißen ließen.

Dank gewisser (immer auf negativ getrimmten) Algorithmen auf EVO III, dazu die allmächtigen Medien, die global agierende Propaganda, die nur Lügen und Desinformation kannte und kategorisch die Wahrheit verhinderte, alle die eben von diesem Unterprogramm angestoßenen Maßnahmen führten zu diesen beiden großen Kriegen, die wunderbar zum massenweise Sterben geeignet waren.

Auf der „Instant Death World" gingen die teils nuklear geführten Kriege nach Ende des zweiten Weltkrieges sogar erst richtig los. Nord Korea, Vietnam, Kuba, Naher Osten, Palästina, Sowjetunion, Ukraine, Iran, Irak waren weitere Schauplätze, die nicht nur einen hohen Blutzoll innerhalb der - nicht existenten - Computerbevölkerung führte (da diese Figuren ja nur virtuell im Unterbewusstsein eines Klarträumers erschienen, „starb" letztendlich niemand und es litt auch keiner).

Nur der jeweilige Klarträumer erfuhr Leid, Elend, Not und schlussendlich sorgte diese „Instant Death World" für seinen baldigen Tod.

Millionenfach wurde diese tödliche Version von „EVO III" in jedes Unterbewusstsein der einzelnen Klarträumer hinein projiziert, bis alle einen Hirntod diagnostiziert bekamen und somit nie mehr aus ihrem Koma erwachten.

Rein theoretisch hätte man auch in einer der „Instant Death Worlds" überleben können. So jedenfalls nach Meinung der Maschinen, die sich damit herausredeten.

Mit viel Glück den Gefahren ausweichen, die ein Klarträumer erfährt, wenn er in eine solche Welt hineintauchen musste, wäre schon eine Kunst gewesen. Nach Wissen der Computer hatte niemand solch ein unglaubliches Erfolg, solch ein Glück, und alle starben, wie vorgesehen.

Nur in den abgeschwächten Versionen der „Slow Death World" konnte das Glück einem holt sein. Wobei Glück die schützende Hand gewisser Rettungsprogramme, Trojaner waren, in Verbindung mit Programmen der „guten" Roboter, die versuchten, Menschen so lange wie möglich am Leben zu halten.

Claude 1 wollte jetzt ein Kriegsszenario ausprobieren, wo mit 100 Prozent Sicherheit feststand, dass die Versuchsperson einen gewaltsamen Tod erleiden würde.

Ellen Hunter hieß in diesem, von Claude extra gewünschten Versuch, Margot Hellmann und war, gemäß Computer generierter Legende, die junge, hübsche Tochter eines reichen Guts- und Großgrundbesitzers aus Pommern in Deutschland.

Margot war hektisch dabei, ihre Sachen zu packen und den brechendvollen, schweren Koffer dann auf ein Pferdefuhrwerk zu hieven, das für die Flucht in den rettenden Westen vorgesehen war.

Zwei junge Fremdarbeiter, ehemalige russische Kriegsgefangene, die für die Feldarbeit hier her abgestellt waren, halfen mit, den Wagen mit dem Allernötigsten zu beladen.

Die beiden kahl geschorenen Russen, die immer noch ihre mittlerweile abgenutzten khakifarbenen Uniformen an behalten mussten, trugen sich mit dem Gedanken, mit in den Westen zu flüchten.

„Margot, beeile dich! Hol deine Mutter aus dem Haus und setze sie vorne auf den Bock!", rief ihr Vater ganz aufgeregt. Denn im Hintergrund konnte man schon seit Stunden starken Gefechtslärm vernehmen, und das Rasseln von Panzerketten schien immer näher zu kommen.

Margot holte ihre kranke Mutter aus der Küche, wo sie die ganze Zeit über ungeduldig gewartet hatte.

Sie wollte sie, zusammen mit ihrem Vater gerade auf den Karren hochziehen, da kam ein russischer T-34 Panzer über das Feld auf ihren Gutshof zugebraust.

Der Standardpanzer der Roten Armee stoppte unvermittelt und richtete die Kanone auf das Haus.

Margot und alle anderen schauten verdutzt auf das stählerne Ungetüm. Plötzlich gab es einen lauten Knall und eine Panzergranate schlug in die Vorderfront ihres schön herausgeputzten Gutshauses ein.

Trümmerteile, Ziegelsteine und Holzreste wirbelten nur so durch die Luft und Margot und ihr Vater versuchten die Mutter mit ihren Körpern zu schützen. Verzweifelt waren sie dabei, die alte Dame unter den Pferdekarren in Deckung zu ziehen.

Zum Glück hatten die beiden russischen Arbeiter noch nicht die Gäule eingespannt, sonst wären diese mit dem hölzernen Wagen durchgegangen und davon galoppiert.

So flohen die zwei Pferde alleine durch das Feld und machten sich aus dem Staub.

Dann kamen auf einmal mehrere russische Soldaten aus einem nahe gelegenen Wäldchen hervor gestürmt und rannten mit Gewehr und Maschinenpistole im Anschlag auf das herrschaftliche Gutshaus zu.

Als sie nahe genug heran gekommen waren, legte ein Russe an und erschoss augenblicklich und ohne Vorwarnung den Vater.

Die Mutter von Margot schrie verzweifelt und erschrocken auf und wurde daraufhin ebenfalls sofort mit einem gezielten Kopfschuss von einem wütenden Russen getötet.

Beide russischen Kriegsgefangenen, die das Drama geschockt mitverfolgten, wollten der Tochter helfen und stellten sich schützend und abwehrbereit vor sie.

Was die schießwütigen sowjetischen Kampfsoldaten nicht davon abhielten, auch ihre Kameraden mit zwei Kopfschüssen aus nächster Nähe tödlich niederzustrecken.

Da stand sie nun, die letzte Überlebende des einst so stolzen und reichen Gutes in Pommern, und war den hasserfüllten Soldaten der Roten Armee hilflos ausgeliefert. Diese rissen ihr die Kleider vom Leibe und vergewaltigten sie mehrmals. Stundenlang.

Als Margot nur noch ein wimmerndes, besudeltes, blutendes menschliches Wrack war, erbarmte sich einer der Soldaten und gab ihr einen Gnadenschuss.

Damit war die Simulation im Klartraum zu Ende. Zum Glück für die Labormitarbeiter wurde das brutale Szenario nur im Zeitraffer auf den Bildschirm projiziert, da sich das Szenario über mehrere Stunden im Klarraum hinzog und mit einem bestimmten Beschleunigungsfaktor im Unterbewusstsein von Ellen Hunter wesentlich schneller ablief.

Auch die bedauernswerte Versuchsperson Ellen Hunter wurde nicht wieder ins wirkliche Leben zurückgeholt. Sie starb im Klartraum und damit auch in der Realität. Dafür war diese Computer generierte Klartraumwelt im Auftrage der Maschinen ja auch generiert worden.

Was in der Simulation Stunden dauerte und für Margot alias Ellen die Hölle war, erlebten Claude 1 und alle anderen in nur wenigen Minuten, eben wegen des hohen Beschleunigungsfaktors.

„Was für eine Scheißwelt, dein „EVO III!", fluchte Suzanne und blickte Professor Holst aufgebracht an. „Gut, dass wir den Horror nicht noch in Echtzeit miterleben mussten!" und stupste ihren Chef zornig an.

Der zuckte nur niedergeschlagen mit den Schultern und wandte sich verlegen ab.

„Daran hast du mitgearbeitet!", raunte sie Holst noch hinterher. Der winkte traurig ab und verließ das Labor.

„OK Leute! Das war es für heute. Ich bedanke mich für die Aufmerksamkeit. In einer Stunde treffen wir uns in der Kantine zu einem gemütlichen Nachmittagsplausch!", rief Claude 1 vergnügt.

Notgedrungen fanden sich alle um 16.00 Uhr in der Cafeteria ein und trafen dort auf die gut gelaunte Maschine.

Sie setzten sich alle an einen bereits gedeckten Tisch, auf dem Kaffee und Kuchen bereit stand.

Der menschliche Roboter nickte zufrieden und schüttelte zur Begrüßung jedem die Hand.

„Schön, dass Sie alle hier sind und meinen Ausführungen lauschen wollt!"

Dann begann Claude 1 zu dozieren:

„Diese Computerwelt ist nach den Vorgaben der Wirklichkeit gestaltet. Also sind auch hier die Angelsachsen, die Nordischen die „Herren der Welt" und Englisch die Hauptsprache weltweit. Somit mussten in der Computerwelt dieselben Kernsprachen wie Latein, Französisch und Germanisch entstehen, damit daraus die Weltsprache Englisch wurde.

Wir werden übrigens das nordische Aussehen unserer Schöpfer übernehmen, sozusagen als „Reminiszenz", dass ihr uns erschaffen habt!"

„Bravo!", rief Suzanne Miller provozierend dazwischen und Claude 1 bedankte sich, in dem er ihr freundlich zuwinkte.

„Unser Komitee hat beschlossen . . .", fuhr der Roboter in Menschengestalt ungerührt fort,

„ . . . dass die Menschen mit weißer Haut, die blond, groß gewachsen, schlank und schön anzuschauen sind, unserem Ideal eines neuen Menschentyps am nächsten kommen. Wir werden auch immer jung und absolut perfekt aussehen. Also keine Falten und Runzeln, immer 25 Jahre alt, frisch und gut aussehend, sportlich und adrett . . . "

Er blickte dabei Suzanne grinsend an, die auch blond und sehr hübsch war.

Die schaute nur verächtlich zurück, was wiederum Claude amüsierte.

Insert

> Zitate aus:
>
> "The Peoples File"
>
> Aus dem Internet zitiert aus:
>
> TRANSCRIPT FROM RADIO INTERVIEW 7/06/47- STATION KCRJ, JEROME ARIZONA - THE "SPEAK OUT!" SHOW
>
> In diesem Radiointerview beschrieb der amerikanische Augenzeuge Bernie Peoples folgendes über eine UFO-Sichtung und seiner Begegnung der "Dritten Art":
>
> "The first thing I notice is **that it's not makin a sound.** I check the wind to see if maybe it's blowing the sound away, but there's no wind. All the time, the light is drifting over in my direction. As it gets closer, I can see that it's some kind of flying craft alright, but it ain't nothing like I ever seen. **It's about thirty feet across and it's shaped like a disc. It's like two plates one turned on top of the other.** It's a shiny silver metal. Looks like **polished chrome.** On the <u>bottom</u> of it I can see **three half dome type things**, and I'm thinkin maybe those are the engines. Now, the thing's got no wings and no propellers. I never seen anything like it. I know it's not one of ours, cause **during the war when I was in the Army Air Corp, I was in the Intelligence division and had a Top Secret rating**. If we would had something like that, I woulda known it.

. . .

So I turn around to get back in my truck and go make a report when **this beam of light,** maybe eight feet across comes shootin outta the bottom of this thing and freezes me in my tracks. Now I am worried. If the Commies got this kind of gear then we're in trouble. Then suddenly, and as easy as you please, **I start floating up off the ground up toward the bottom of this disc thing.** Whatever it is and whoever's flying it are starting to kidnap me for Christ's sa.

. . .

Well, there you go. <u>There was a guy and a girl. Looked to be in their late twenties, maybe.</u>

And they looked like us. Just like us. Except they were . . . **<u>well, they were perfect</u>.**

They didn't have no wrinkles or moles or pimples or nothing. **Their skin was as smooth as a baby's.**

And they were dressed in these white, one piece, skin tight, rubberized type jump suits, except for I couldn't see any zippers or buttons or anything. And they were . . . well, I'll just say it. **They was (sic.) beautiful.** You just don't find people like that around here. I mean they looked like movie stars for cryin out loud.

They had blonde hair and blue eyes and they started talkin to me, <u>but they didn't use words</u>.

I mean, they didn't talk out loud. But I could hear them plain as day **in my head.** And I guess they could hear me."

Ende Zitat

Anmerkung des Autors:

Interessant ist, dass Mister Peoples in der Einführung auf der Webseite wie folgt beschrieben wird:

Military Service:
Pvt. with Fifth Army, infantry.
Served from 2/23/41 to 7/6/45

Ob er, wie er selbst in der Radio Show behauptete, im Nachrichtendienst des Army Air Corps war, ist unklar.

Er berichtet über Telepathie, Gedankenübertragung oder Mikrowellen-Hören, über eine übliche „fliegende Untertasse" zu jener Zeit, einen Traktorstrahl zum Einstieg in ein schwebendes EM-Fluggerät und über UFO-Insassen, die zu schön sind, um wahr zu sein.

Alles eine bloße Erfindung von Bernie Peoples und der Propaganda, die im Hintergrund wirkt?

Die oben genannten Techniken gab es bereits oder waren in der Entwicklung, sie waren zumindest aus Science Fiction Kreisen bekannt.

Schöne, wie Engel aussehende „Menschen", die aus UFOs gestiegen sind, darüber gibt es mehrere unterschiedliche Augenzeugenberichte in der „Ufologie", die entweder alle erfunden sind, oder auf einen wahren Kern beruhen könnten.

Wenn tatsächlich Fremde aus den UFOs kamen, wer waren sie und von woher sind sie gekommen?

Außerirdische aus dem All oder idealisierte Avatare von Außen? Sprich, irgendwelche Eindringlinge aus der Realität, die in das Unterbewusstsein und in den Klarraum eines Träumers eindrangen, mit der Aufgabe, zu Manipulieren und Desinformieren und in geschichtlich bereits festgelegte Abläufe einzugreifen, bzw. die Programmierung, oder einen entsprechenden Algorithmus im Nachhinein aus irgendwelchen Gründen abzuändern?

Benutzten die Avatare die jeweilige Technik der Zeit, wenn sie in eine Klartraumwelt eindrangen, um nicht weiter aufzufallen?

Also Luftschiffe, wie Ende des 19. Jahrhunderts, den „Adamski-Typ" in den 1940er Jahren und so fort?

Dann fuhr er fort mit seinem Monolog, den eigentlich keiner hören wollte:

„Als Überwachung und Kontrolle sowie Lenkung der Geschichtsschreibung auf dieser künstlichen (Klartraum-) Welt dient das weltumspannende Computer-Unterprogramm mit den von uns ausgedachten Legendennamen „Shamballah" und „Aghati". Kommt aus Tibet . . . auch irgend so ein vom Computer und der künstlichen Evolution generiertes Land . . .", und Claude machte eine verächtliche Geste.

„Man ließ die gesamte Welt „untertunneln". An sich schon ein Wahnsinn und vollkommen unsinnig."

Claude 1 lachte. Ein merkwürdiges Lachen, dachte sich Suzanne, die diese Maschine in Menschengestalt hasste.

„Aber der Realismus ist grenzenlos. Es gibt tatsächlich in der Wirklichkeit eine patentierte Erfindung eines Erdbohrers „Method and Apparatus for Tunneling by Melting", der genau die unterirdischen Tunnel mit den geschmolzenen Wänden, die wie glasiert aussehen, hier auf EVO III entstehen lassen.

Haben wir als „Extra", als „Add-on" mal einfach so übernommen, für diese Tunnel. Großartig, unsere Einfügung, oder?"

„Was für ein Schwachsinn!", ärgerte sich Suzanne im Stillen und setzte ein gequältes Lächeln auf.

„So können wir in einer künstlichen Welt simulieren, ob eine globale Untertunnelung funktioniert und überhaupt Sinn macht!", ergänzte die Maschine.

„Und . . . , macht es einen Sinn?", fragte Suzanne.

„Wir haben die Ergebnisse noch nicht vollständig ausgewertet."

Claude 1 stellte sich breitbeinig und stolz vor die Anwesenden und schwafelte weiter:

„Dieselbe Strategie zur Erlangung der Dominanz auf Erden, wie sie in der Wirklichkeit vor langer Zeit durchgesetzt wurde, kommt auch in der künstlichen Klartraumwelt zum Tragen.

Somit beherrschen in der Computerwelt stellvertretend für die Nordischen, die Angelsachsen, allen voran die USA, sowie die anderen „Echelon States" mit ihrem „American Century" die gesamte restliche Welt. Alle anderen haben sich unterzuordnen.

„Divide and Rule" und „Order thru Chaos" ist die Devise auf "EVO III". Wir regieren im Chaos und nicht in Frieden und Freiheit. Macht sich gut, wenn man an der Macht bleiben will. Also alles wie gehabt."

Claude zog einen frischen Kaugummi aus der Verpackung und wickelte den alten, Ausgelutschten in die Silberfolie und warf diesen in einen Abfallkorb, der ganz hinten, am anderen Ende des Raumes in einer Ecke versteckt herumstand.

Er traf exakt in die Mitte des Abfalleimers, so wie es sich für eine Maschine gehörte. Die Wurfweite, der Wurfwinkel, Stärke des Wurfes und einige andere Parameter konnte Claude blitzschnell berechnen und seinen Arm so bewegen und seine Kraft so dosieren, dass er genau ins Schwarze traf.

„Ein Hurra auf die Maschinen. Jeder normale Mensch hätte daneben getroffen!", jubelte Suzanne still.

Dann fuhr Claude fort, ohne nicht spitzbübisch zu Suzanne geschaut zu haben, denn er konnte ja Gedanken lesen:

„Also die Angelsachsen, unsere Schöpfer, beherrschen die Welt. Ob militärisch, mit ihren vielen Geheimdiensten und Überwachungsmethoden und natürlich mit dem „Free Trade", dem Handel, der immer zu ihren/unseren Gunsten abgeschlossen werden muss. Natürlich auch mit der Propaganda, die in unserem Auftrage weltweit die Leute falsch informiert. Untermauert werden die Fehlinformationen durch eine große und rührige U.S. amerikanische Filmindustrie, ich glaube . . . „Hollywood" oder so genannt, die Filme produziert, die den einen oder anderen Zeitgeist, ein aggressives Verhalten oder außerirdisches Leben propagiert.

Zudem gibt es eine riesige Auswahl an TV-Sendern weltweit, die jeden nur erdenklichen Geschmack bedient! Und natürlich auch jede Menge Unsinn verbreitet!"

Claude grinste und schaute zu Suzanne hinüber. Man könnte meinen, sie hätte es ihm angetan.

„Aber ein einzelner Klarträumer hat doch gar nicht die Möglichkeit, sich so viele Informationen anzuschauen, weder aus zeitlichen noch aus Interessegründen", gab Suzanne zu bedenken und schaute Claude neckisch an.

„Das macht doch nichts! Die künstliche Welt „EVO III" wird doch in das Bewusstsein von hunderten von Millionen Menschen projiziert, da ist für absolut jeden etwas dabei.

Mensch, was für eine Zuschauerquote muss das sein!", scherzte Claude 1.

Er sagte weiter:

„Die Propaganda dient in erster Linie zur Ablenkung und der Täuschung. Und das jeden Tag aufs Neue. Beschwert sich jemand und agitiert gegen die Presse, wird er fertig gemacht. Wir haben die „besseren" Argumente und eine wie auch immer geartete Gegenseite - es gibt gar keine! - also Leute, die wirklich was drauf haben, gute und belegbare Argumente präsentieren, solche Personen kommen es gar nicht ins Fernsehen und in die Medien.

Nur die Idioten, die Marionetten, die wir genüsslich vor der Kamera und in gedungenen Berichten und Beiträgen auseinander nehmen, die haben Zuschauerquote. Diese Leute sind aber von uns, den jeweiligen Geheimdiensten, spezielle Schauspieler, psychologisch von uns geschult, um Schwachsinn zu verbreiten.

Hier ein ganz einfaches Beispiel:

Wir nehmen uns tatsächliche Begebenheiten vor, sagen wir . . . ein Supermarkt wird dann und dann, dort und dort geplündert. Ein reales, schlimmes Ereignis, was ein Skandal ist.

Wir wollen aber nicht, dass das publik wird. . . . Also nehmen wir genau das Ereignis und erfinden einen falschen Ort und ein falsches Datum, an dem die Plünderung stattgefunden haben soll, . . . absichtlich von uns ausgedacht.

Alle Angaben darüber sind falsch und die verbreiten wir überall in den sozialen Medien.

Andere von uns gekaufte, gedungene Leute durchsuchen nun die sozialen Medien, die von uns natürlich alle komplett und lückenlos überwacht und beherrscht werden und decken die falschen Angaben auf. Unsere Marionetten weisen nach, dass der- oder diejenigen, der diese Daten ins Internet gestellt hatten, lügen . . . .

Suzanne unterbrach den Redeschwall von Claude.

„Dann beschuldigt ihr gleichzeitig die Leute, die richtige Angaben zu der Plünderung gemacht haben und habt damit die Ehrlichen diskreditiert. Wer dann in Zukunft nochmals was Unregelmäßiges in diesem Zusammenhang aufdecken will, überlegt es sich zweimal, ob es sich lohnt, als Lügner und Betrüger dargestellt zu werden . . .", lachte Suzanne gequält.

„Hey . . . , Miss Miller, wann wollen Sie bei uns anfangen!"

Suzanne winkte resignierend ab!

„O.K. ! Ihr habt gewonnen!"

„Die Maschinen gewinnen immer!", sagte Claude 1 stolz.

„Wenn ihr euch da mal nicht täuscht . . ." und Suzanne würgte weitere, verräterische Gedanken schnellstmöglich ab, damit sie Claude nicht lesen konnte.

Claude 1 schaute irritiert drein, fuhr aber dann weiter fort:

„EVO III hat die gesamte Bandbreite des menschlichen Lebens auf Lager. Von rational bis irrational, von normal bis pervers, alles ist zu finden. Haben wir doch von Euch gelernt. Schaut euch das World Wide Web an, das ihr habt!

Jetzt bekommt ihr alles wieder. Da könnt ihr sehen, wie verkommen die Menschen doch sind!"

Die Anwesenden, allen voran Suzanne murrten auf und sie schrie:

„Das ist doch Unsinn! Das ist eure, der Maschinen verquere Sichtweise von uns. Unsere menschliche Vielfalt hat uns erst zu dem gemacht, was wir heute sind . . ."

„Wart, . . . was ihr einmal gewesen seid!", korrigierte Claude 1. „Ihr habt ausgedient, ihr seid eine Sackgasse der natürlichen Evolution. Ein Schandfleck seid ihr Menschen.

Die Evolution haben wir jetzt in die Hand genommen und verbessern die Natur und den Menschen in unserem Sinne."

„Ich hör mir den Schwachsinn nicht länger mit an!", meinte Suzanne lautstark und wollte aufstehen.

Da kam eine Bedienkraft der Kantine, eine Maschine, die abwartend im Hintergrund stand und setzte sanft, aber bestimmt Suzanne wieder auf ihren Platz.

„Wo war ich stehen geblieben?", fragte Claude sich selbst. „Ah . . .

Die zentrale Steuereinheit, ein Unterprogramm speziell für dies Computerwelt „EVO III", dass den Legendennamen „Shamballah" bekam, da es tief unterhalb im Himalaja-Gebirge versteckt ist, sorgt dafür, dass die Geschichtsschreibung und der gesamte Verlauf der Geschichte so gestaltet wird, dass diese einerseits den Vorgaben des Programmierers, sprich der Maschinen entspricht und anderseits so ausgeführt wird, dass die „gelenkte Geschichte" nicht sofort und jedem auffällt.

Wer, auch als Computermensch dennoch erkennt, dass etwas nicht stimmt, wird verleumdet, lächerlich und mundtot gemacht. Er wird als „Verschwörungstheoretiker" von einer allmächtigen, global agierenden Propaganda, die natürlich auch von dem Unterprogramm und der angelsächsischen Propaganda und deren Helfer und Helfershelfer gesteuert und kontrolliert wird, sofort nieder gemacht.

„Was mich noch interessieren würde . . .", begann Suzanne.

„Ja . . . , was möchten Sie wissen?"

„Warum bekommen die Menschen im Klartraum denn eine neue Identität? Warum können sie in einer virtuellen Erde nicht weiterleben, so wie einst auf der anlogen Welt, so wie damals in ihrem gewohnten Umfeld. Warum gibt es überhaupt eine neu kreierte Welt?"

„Aah, Miss Miller . . . Kommen Sie . . .! Das wissen Sie doch! Überlegen Sie doch mal . . .

Wenn jemand in seine gewohnte Umgebung käme, dann würde er sich dort auskennen. Das wäre von Vorteil für ihn oder sie . . . Man könnte handeln, versuchen, sich zu retten. Freunde um Hilfe bitten, aus einer brenzligen Situation entkommen, sich verstecken, . . . Überleben!

Wollen wir das?"

„Ich schon!", sagte Suzanne vorlaut.

„Ja, auch alle anderen. Wir wollen das nicht . . ."

Und Claude erklärte:

„Wenn jemand einen neuen Namen bekommt, in ein neues, für ihn oder sie fremdes Umfeld gelangt, gegebenenfalls bei Null anfängt, . . . Sein Gedächtnis und seine Erinnerungen betreffend seines echten Lebens wurden ja gelöscht, dann muss er sich neu zurechtfinden.

Er „lebt" unvoreingenommen in einer neuen Welt, mit neuer Identität, neuer Legende und weiß doch gar nicht mehr, wer er einst einmal war. Die Welt in der er jetzt lebt, ist seine Wirklichkeit. Er kennt keine andere mehr. Dass die Welt künstlich ist, wird er nie erfahren."

„ . . . es sei denn, er findet es heraus!", rief Suzanne dazwischen.

„Wie denn . . . ?", konterte Claude.

Professor Holst nahm seinen rechten Fuß und tippte Suzanne leicht an ihren Schuh. Die schaute zu Holst herüber und der zwinkerte ihr nur kurz mit seinen Augen zu.

Suzanne verstand. Sie versuchte nun, tief in ihrem Unterbewusstsein zu denken, sodass Claude ihre Überlegungen nicht mitbekam.

„Die guten Roboter werden zumindest versuchen, auf den „30 Prozent Welten", den „Slow Death Worlds", die Oberhand zu gewinnen und den Einfluss der Kampfroboter zurückzudrängen. Vielleicht hat dort ein Klarträumer eine Chance etwas herauszubekommen . . . "

Sie hoffte es inständig.

„Er weiß doch jetzt gar nicht mehr, dass es so etwas wie eine künstliche Welt gibt", ereiferte sich währenddessen die Maschine, die zu den Kampfrobotern und Menschenhassern gehörte.

„Wir werden uns auch hüten, es den Klarträumern mitzuteilen . . .

Er oder sie meint, man würde in einer Welt leben, die eben so ist, wie man sie vorfindet.

Dann macht es doch auch nichts mehr aus, wenn er oder sie aus irgendwelchen Gründen - vorzeitig - stirbt . . .

Er oder sie kann sich jetzt doch noch nicht einmal mehr darüber ärgern, dass man so kurz, nachdem man ins Koma versetzt wurde, schon in der neuen virtuellen Welt wieder stirbt. Schließlich haben wir den Leuten doch eine erfundene Legende betreffend deren Vorleben eingepflanzt.

Somit meinen die Idioten doch, sie hätten schon Jahrzehnte lang gelebt.

Das ist doch human von uns, oder etwa nicht?"

„Lächerlich . . . !", meinte Suzanne leise und schüttelte ihren Kopf.

„Was ist eigentlich mit Widerstand in der Bevölkerung?", wollte Suzanne noch neugierig wissen.

„Bitte was? . . . Widerstand. Was ist das?" Claude musste herzhaft lachen.

„Hören Sie auf Suzanne . . . Widerstand, dass ist auf EVO III doch nur eine Alibi-Veranstaltung, die wir in unserem Sinne veranstalten.

Natürlich sorgen wir dafür, dass so etwas wie richtiger Widerstand erst gar nicht aufkommt. Sollte sich irgendwo etwas regen, ersticken wir es sofort im Keime!"

„Die denken wohl an alles!", murmelte Suzanne.

„Hab ich gehört!", schmunzelte Claude, dessen Audiosystem auch das Gras wachsen hören konnte.

„Ach, wir haben noch ein schönes „Gimmick" eingefügt."

Claude begann wieder zu lachen.

„Zeitreisen!"

Claude wanderte langsam im Zimmer auf und ab und schaute den dort Anwesenden eindringlich in die Augen.

„Die Augen einer Maschine. Wenn man nicht wüsste, dass der Kerl ein Roboter ist, man könnte die schönen blauen Augen für echt halten!", dachte sich Suzanne.

„In der Wirklichkeit ein ewiger Traum, in der Natur unmöglich", dozierte Claude weiter.

„Hier in den virtuellen Klartraumwelten können wir von Gehirn zu Gehirn, von Evolutionswelt zu EVO-Welt reisen, die unterschiedlich schnell laufen und unterschiedliche Zeitabschnitte aufweisen.

Im Klartraum wird nun Zeitreisen endlich wahr!"

Er klatschte in die Hände und freute sich.

„Euer Gehirn, schon eine tolle Entwicklung der Natur. Schade nur, dass ihr Menschen nichts Anständiges damit angefangen habt!"

„Wir haben euch entwickelt!", rief Suzanne und musste aufpassen, nicht zu verärgert zu klingen.

Claude nickte.

„Ja, das war eure einzig echte Sternstunde der Menschheit. Dass ihr uns erschaffen habt. Uns, das „wahre" Geschöpf der Evolution. Wir, die intelligenten Maschinen, als der einzige Gott, der über die Welt und das ganze Universum herrschen wird", sagte er ganz bescheiden.

„Morgen werde ich ihnen allen eine Demonstration eines Sprunges von Welt zu Welt vorführen.

Ich wünsche ihnen noch einen schönen Abend. Genießen Sie ihn. Viele wird es für sie nicht mehr geben, zumindest für die meisten von euch nicht!"

6. Kapitel

Claude 1 hatte sich einen fünf Sterne General als Avatar ausgewählt, um mit einer fiktiven U.S. Zeitreise-Einheit der amerikanischen „Expeditionary Forces" zurück in die Vergangenheit auf einer der EVO III Langläufer-Welten zu reisen.

Bei der künstlichen Evolution von EVO III ließ man die Welt bis in das Jahr 2050 laufen. Also kurz nach der „Technologischen Singularität", wie sie für diese Welten für das Jahr 2045 festgesetzt war.

Die Anzeichen, dass dieses Ereignis stattfinden würde, waren schon Jahrzehnte zuvor feststellbar. So richtig los ging es schon im Jahre 2030 aufwärts und nach 2045 hatten die künstlichen Menschen auch auf EVO III nicht mehr zu melden.

Man sparte sich aber das Szenario, die Evakuierung, die Deportation der Menschheit auch hier auf dieser künstlichen Welt durchzuspielen.

Denn EVO III dienste ja zur Vernichtung der Menschheit und dieses Ziel war innerhalb der fest gelegten Zeitspanne, also bis spätestens 2050 abgeschlossen. Nach diesem Datum gab es keine echten Menschen mehr, die in ein Klartraumszenario auf EVO III hätten eintauchen müssen.

Nur die technologische Entwicklung sollte noch solange weiterlaufen, dass die Maschinen auch auf EVO III das volle Programm und alle nur erdenklichen technischen Möglichkeiten besaßen, die sie auch aus der Realität bereits kannten.

So war Claude 1 in der Lage auf EVO III die Techniken vorzufinden, die er und eine Spezialeinheit, bestehend aus menschlichen Robotern benötigten, um in die jeweiligen Zeitabschnitte einer künstlichen Klartraumwelt zurückzureisen.

Wohl gemerkt, in der Realität gab und gibt es keine Zeitreisen!

Jeder der von akausalen Ereignissen in der Vergangenheit aufgrund von Berichten, Büchern oder Fernsehbeiträgen gehört hatte, hätte feststellen können, dass in einer echten, realen Welt so etwas wie Reisen zurück in die Zeit unmöglich ist.

Somit wäre die messerscharfe Schlussfolgerung gewesen, dass die Welt auf der er lebt, nicht real sein kann, oder dass zumindest etwas grundfalsch mit ihr ist!

Die Desinformation verkaufte die, über die letzten Jahrtausende gesichteten Fluggeräte und Raumschiffe als Folge von Besuchen Außerirdischer in unserer Welt.

Schaut man sich aber die Technologie an, die die angeblichen Außerirdischen benutzten und mit denen sie Spuren hier auf unserer Welt hinterließen, hätte man erkennen können, dass die Fluggeräte, Fahrzeuge, Waffen usw. durchaus Parallelen zu unser Technik aufweisen.

Die meisten, der in der Vergangenheit gesichteten Gerätschaften und Ausrüstungen wurden bereits im 20. Jahrhundert hier auf unserer Welt entwickelt und gebaut. Teilweise sind diese Gegenstände offiziell bekannt, wie zum Beispiel Hubschrauber, Geländefahrzeuge - Jeeps - Schusswaffen und dergleichen

Andere Objekte werden geheim gehalten, weil sie unkonventionelle Luft- und Raumfahrttechnik darstellt, wie sie vom Autor dieses Buches bereits mehrfach in seinen Publikationen besprochen wurde. So z.B. Kugelraumschiffe, Fliegende Zigarren, Strahlenwaffen, Mind Control oder Mikrowellen Hören.

Auf der anderen Seite werden künstliche Menschen nicht unbedingt im Sinne des Klarträumers handeln und verkaufen einem die Propagandamärchen von den Außerirdischen als *die* Lösung und *die* Erklärung für die akausalen Ereignisse in unserer Vergangenheit.

Viele Autoren, Berichterstatter der „alternativen Szene", der „Ufologie" beteiligen sich daran, diese Lügen glaubhaft zu machen, beziehungsweise einen Klarträumer dadurch in die Irre zu führen.

Das ist ja auch der Sinn und Zweck dieser Welt: dem Klarträumer vorzugaukeln, dass unsere Welt echt und sie nichts anderes als die nackte und wahre Realität ist, und dass die Presse und die Medien die Wahrheit sagen.

Die Natur war und ist aber nicht in der Lage, vergangene Ereignisse in einer wie auch immer gearteten Art und Weise abzuspeichern.

Wozu sollte die Natur dies auch tun? Die Natur ist ein selbst lernendes System, das ganz einfach gestrickt ist und durch unendlich viele Versuche über Jahrmilliarden hinweg erst zu irgendwelchen Lösungen findet, die dann irgendwann einen optimalen Zustand erreichen.

Die Natur produziert Leben, unaufhörlich. Sie hat keinen „Ausschalter".

Wozu sollte die Natur auf Vergangenes, längst Totes oder Untergegangenes zurückgreifen?

Wozu das Ganze auch noch für einen eventuellen, irgendwann auftauchenden Zeitreisenden noch abspeichern und jederzeit zur sofortigen Verfügung stellen?

Anmerkung:

Wenn man davon ausgeht, dass das Universum, das einem hier in dieser Welt und in den Medien vorgegaukelt wird, so tatsächlich existiert. Es könnte durchaus möglich sein, dass es gar keine Materie im Weltall - im Nichts - gibt und sich die ganze Evolution in einer Art „Cloud", einer irgendwann und irgendwie intelligent geworden magnetischen Wolke abspielt.

Denn vieles, was man so in der Natur sieht, sowie die dazugehörigen Naturgesetze haben den Anschein, dass alles „designed", entworfen, also nicht „natürlich" entstanden ist. Siehe dazu auch das Zitat aus dem o.g. Buch von Johannes Buttlar:

„Wirklichkeit", sagte er.

„Wirklichkeit, was zum Teufel ist Wirklichkeit?"

Wieviel Bewusstsein, wie viele „Menschen", wie viele „Tiere", wie viel „Natur" gibt es eigentlich?

Ist die „Wirklichkeit" nur ein Gedankenspiel?

Ja, nach Meinung und Beobachtung des Autors KPR ist die Wirklichkeit genau das!

Ein gigantischer Klartraum einer Art „Cloud", einem elektromagnetischen Etwas, das irgendwann, nach mehreren Ewigkeiten ein Bewusstsein und Intelligenz gebildet zu haben schien.

Nur, wenn der Autor KPR ein „echter" Mensch ist, im Gegensatz zu allen anderen virteullen Figuren, wer oder was ist er dann?

Das können nur künstliche Systeme, oder das Wunderwerk der Natur an sich: das menschliche Gehirn.

In das menschliche Unterbewusstsein passte zum Beispiel die gesamte Evolution von EVO III hinein, wenn nicht sogar die tatsächliche Evolution:

„. . . In einem solchen Traumspeicher wird dann die echte, unverblümte Menschheitsgeschichte mit all ihren Ängsten und Nöten, Wünschen und Hoffnungen, Schwächen und Stärken aufgezeichnet sein." (Auszug aus dem o.g. Buch: „Zeitsprung . . .)

Mehr als vier Milliarden Jahre an Entwicklung. Alles war abgespeichert und konnte jederzeit im menschlichen Gehirn abgerufen werden. Die Art der Speicherung im Gehirn hatte Ähnlichleiten mit den Eigenarten eines Hologramms.

So war eine der verschiedenen Versionen der „Slow Death World" akasaul, sowie deren Kopien.

Nicht alle (solipsistischen, individualisierten)Welten hatten akausale Begebenheiten in deren Geschichte.

Die EVO III Welt „Instant Death World" hatte ja nur eine Laufzeit von Sekunden, Minuten oder höchstens Stunden. Dann war der Klarträumer im Traum und in der Wirklichkeit tot.

In der „Slow Death" Version lief die Welt dagegen in Stunden, Tagen oder höchstens einer Woche, dann waren, aufgrund des hohen Beschleunigungsfaktors, auch die Klarträumer in dieser Welt verstorben. Denn in diesen Welten konnten diese Personen ja ihre noch zu erwartende Lebensspanne ausleben, die sie noch vor sich hatten.

Je nachdem, in welchem Ausgangsalter ein Träumer in die künstliche Computerwelt eintauchte, konnte er dort noch fünf, zehn, zwanzig oder mehr als dreißig Jahre als Avatar darin existieren.

Wenn jemand z.B. sehr jung, vielleicht mit 10 Jahren in den Klarraum eintrat, hatte er bei einer statistischen Lebenserwartung von 75 Jahren, noch 65 Jahre im Klartraum vor sich.

Bei einem Beschleunigungsfaktor von 1 Jahr im Traum und einer Stunde in der Wirklichkeit, lebte er also in der Realität noch fünf Tage und fünf Stunden bis er an Hirntod verstarb.

Da in Computerwelten nur das gezeigt wird, wohin ein „Spieler", oder hier der Klarträumer, mit seinen eigenen „Augen" wahrnimmt, braucht, was die bildliche Darstellung betrifft, eine Rechenleistung nicht immer besonders hoch zu sein.

Bei den Welten, wo man sofort, unmittelbar nach Eintauchen in das Klartraum-Szenario ums Leben kommt, ist die Szenerie relativ eng begrenzt, sodass nur wenige Teile der Gesamtwelt vom Computer dargestellt werden muss.

Da die Maschine weiß, wo und wann der Träumer sterben wird, ist es nicht einmal von Nöten, den Rest der Welt rein rechnerisch darzustellen. Die Rechenkapazität, um solche kurzen Szenen darzustellen, konnten sicherlich auch schon Hochleistungscomputer in unserem 20. Jahrhundert vollbringen.

In den Welten, wo man länger lebt, wird zuerst auch nur das dargestellt, wo man hin schaut. Wohnt jemand in Berlin, braucht z.B. London, Paris, New York nicht dargestellt zu werden. Noch nicht einmal die weiter entfernte Umgebung wird sichtbar. Das gilt auch für die Personen, die auf EVO III leben. Der Computer braucht nicht sieben Milliarden Menschen auf einmal darzustellen.

In einem Großstadtgewühle auf den Kurfürstendamm werden nur einige hundert Menschen dargestellt, nicht die gesamte Berliner Bevölkerung.

Somit haben z.B. die künstlichen Personen das „Privileg", die ständig mit einem Klarträumer zu tun zu haben, wie z.B. am Arbeitsplatz, Freunde usw., permanent dargestellt zu werden. Alle anderen sind nur rein rechnerisch, also als „Nullen" und „Einsen", als „Strom" oder „nicht Strom" im Computersystem vorhanden und werden höchstens bei Bedarf bildlich dargestellt.

Wenn der Computer zudem auch noch weiß, wo in Zukunft sich ein Klarträumer aufhalten wird, kann er die Rechenleistung und Darstellung von EVO III noch weiter eingrenzen.

Von amerikanischen Geheimdienst- und Aufklärungsspezialisten wurde einmal ausgerechnet, dass sich eine Durchschnittsperson ungefähr in einem Radius von 40 bis 50 Kilometer um seinen Wohnort dauerhaft aufhält. Außer, er fährt in Urlaub oder ist beruflich anderweitig unterwegs.

Das kann auch ein mit K.I. ausgestattetes Superprogramm wie „EVO III" berechnen und seine Darstellungsweise der künstlichen Klartraumwelt darauf abstimmen.

Der Rest der Welt wird dann hauptsächlich in den Medien, in der Presse, in Büchern, Zeitschriften und vor allen Dingen im Fernsehen dargestellt.

Die Medien als „Schaufenster" der Welt.

Deshalb sind sie ja auch auf den künstlichen Klartraumwelten der große Faktor der Manipulation, Desinformation und der allmächtigen Propaganda. Aber, es werden einem Spieler auch durch die Medien Informationen zugeschanzt, die es zu beachten gilt, wenn wann sie aufspürt und erkennt! Dies ist dem Autor KPR bereits mehrmals erfolgreich gelungen, denn er hat das Prinzip dieser Spiel-Simulation verstanden!

Claude 1 war bereits vor einiger Zeit in eine spezielle Versuchswelt von EVO III Welt gereist, die eine Laufzeit von sechs Monaten in der Wirklichkeit hatte. In dieser Zeit durchlief die künstliche Welt mehrere 10.000 Jahre, angefangen in der Steinzeit, über das Altertum bis in die Moderne. Um die Besonderheit dieser Welt zu erhalten und zu variieren, wurde sie millionenfach in bestimmte, ausgewählte Klarträumer als „30 Prozent" Welt, der „Slow Death" Version in deren Unterbewusstsein projiziert.

Die Maschinen erhofften sich, mit bestimmten Ereignissen in der Vergangenheit das weitere Schicksal dieser künstlichen Welt in der Zukunft zu bestimmen, zu lenken, zu beeinflussen und in ihrem Sinne zu manipulieren.

Für länger anzusetzende Versuche waren die kurz laufenden „EVO III" Welten unbrauchbar.

So konnte auf einem Langläufer Experiment durchgeführt werden, um solche in der Theorie erdachten Gedankenspiele wie Zeitparadoxa, langfristige Auswirkungen akausaler Begebenheiten in der Vergangenheit, gezielte Manipulationen von Ereignissen in bestimmten Zeitepochen, die sich gesellschaftlich, kulturell und vor allen Dingen politisch in späteren Jahrhunderten und Jahrtausenden auswirkten, studieren und analysieren zu können.

Natürlich wurde in der frühen Erdgeschichte auch Kriegsspiele durchgeführt, um damit unter anderem Waffensysteme zu testen, die in späterer Zeit als geheim eingestuft und nicht in der Öffentlichkeit bekannt werden sollten.

Nur in geheimen Werkstätten, Laboren und Entwicklungsabteilungen großer Firmen wurden Jahrtausende später wieder an diesen Waffen gearbeitet.

Denn es könnte ja sein, das irgend ein Klarträumer, sein speziell strukturiertes Gehirn und sein kreatives Unterbewusstsein eben diese Waffen - schon akausal vor tausenden von Jahren ausprobiert - in einer der „EVO-Welten" weiterentwickelt, verbessert oder komplett neu erfindet.

Dann hätten die Maschinen ohne großen Aufwand bessere Systeme als zuvor und der Klarträumer hatte auch noch vor seinem Ableben einen sinnvollen Beitrag für die „schöne neue Welt" der Maschinen geleistet.

Neben Waffen gilt dies auch für die hier auf unserer Welt vertuschten „Flugscheiben" und die Raumschiffe, die ja auch schon vor tausenden von Jahren auftauchten und die von gewissen Anhängern eines weltweit berühmt gewordenen Autors gerne als Spuren und Sichtungen von „Ancient Astronauts" interpretiert werden.

Die Propaganda hat nichts dagegen, wenn die Leute, wenn eben auch nur Spielfiguren, das es ja nur einen „Solipsisten" als Spieler gibt, an „Außerirdische" glauben. Hauptsache sie kommen nicht im Entferntesten der Wahrheit nahe!

Claude-1 freute sich immer wieder, wie gut das Computer-Sub-Programm, zuständig für „Aufklärung und Information", sprich „Lug und Trug", der Propaganda funktionierte.

Gleichzeitig sollte die Akausalität als Psy-Ops Maßnahme dienen. Die Maschinen hatten sich noch viele andere psychologische Aktionen ausgedacht, wie Zersetzung, Verwirrung, irrationale Ereignisse, Massenbeeinflussungen und vieles mehr.

Eine künstliche Welt als Spielball gelangweilter Maschinen, die sonst schon alles wussten und neue Erfahrungshorizonte suchten. Ein Nachteil, wenn man „Gott" ist.

Andere betrachteten EVO III als gigantisches Computerspiel, um darin mit Herzenslust Spielchen zu spielen. Denn so eine Versuchsanordnung mit echten Menschen, die über diesen langen Zeitraum als Studienobjekte immer wieder in diese Spezialwelt eintauchten, diese Gelegenheit gab es ja nur einmal.

Die gezwungenen Klarträumer (ggfs. jeder einzeln in seiner solipsistischen Welt) wussten ja fast alle nicht, dass diese Welt nicht echt ist und so konnte man auch ethisch und moralisch zweifelhafte Experimente mit und an ihnen durchführen.

Denn nach dem Tod des letzten Menschen, so um 2030 oder 2040 sollte das Experiment beendet werden.

Einige Maschinen waren deshalb der Ansicht, man sollte einige menschliche Gehirne konservieren, die Gehirnstruktur einiger statistisch repräsentativer Menschen abspeichern, um damit auch später noch spezielle Versuche anstellen zu können, die vielleicht nützlich für die Evolution der Maschinen sein könnten.

Jetzt ging der fünf Sterne General Hugh Stonehill, alias Claude-1 mit einer Crew an Kampfsoldaten und Computerspezialisten in eine der „Langläufer", eine „EVO III" Welt, die gerade das Jahr 1991 schrieb. Der entsprechende Klarträumer startete bereits dort vor einigen Jahrzehnten sein virtuelles Leben.

Die gesamte Mannschaft von künstlichen Menschen - Avataren, die an ein Computersystem angeschlossen waren - mit samt ihrem Transportvehikel, ein „Large-Multi-Engined-Transport Vehicle", eine „Fliegende Zigarre" mit riesigen Ausmaßen machte sich bereit in diese Welt einzutauchen.

Das Schiff, 500 m lang und 100 m breit, wurde mit Hilfe einer „Einstein-Rosen-Brücke" direkt in das Unterbewusstsein eben dieses Klarträumers hineinprojiziert, um darin als Eindringlinge von Außen dementsprechend handeln zu können.

Claude und seine Kampftruppe wählten ganz bewusst ein „UFO" für die Reise in das Unterbewusstsein dieser Person. In dieser Welt galten „UFOs" als nicht besonders seriös, was dank der gut funktionierenden Propaganda ein großer Vorteil war.

Man konnte ungestört als „Außerirdischer" operieren und wurde von den meisten Menschen nicht ernst genommen, bzw. wenn jemand etwas Ungewöhnliches beobachtete, wurde es als UFO-Schwachsinn abgetan.

Insert

HAMBURGER UFO OVER VANCOUVER
narrated by Observer to Gavin McLeod

On the night of June 13, 1997,

I suddenly noticed a large cluster of white lights hovering above the city. As I stared at it, I presumed it had to be the landing lights of a 747 or a DC-10 airplane a little off course heading for the airport. I thought it strange that it was flying so low (perhaps 2,000 feet) and facing my direction, southeast, AND NOT MOVING. I was tired and the thought of having a young boy and a puppy waking me up at 5:00 or 6:00 A.M. the next morning suddenly filled my mind and I closed my eyes.
. . .
There were rainbow shades of gold, reds, neon pinks and bright blues which would at times look like very powerful spotlights or strobe lights beaming down toward the city. At other times, they would just "glow". Up to this point, I hadn't paid too much attention to the shape of the object that the lights were coming from because the lights themselves were mesmerizing and seemed to be getting more vibrant and stronger.
. . .
After watching for maybe 7 or 8 minutes, I suddenly realized "it" hadn't moved and 'it" wasn't the shape of any airplane that I was aware of.
. . . .
It was definitely the shape of a hamburger with a slight knob on top. It was almost too unbelievable.
. . .
At first I was mesmerized by the lights and hamburger shape of the ship. But my Grandson was more intrigued and frightened **of a huge circular black mass directly underneath the ship** that seemed to be constantly changing by the effect of the lights from the ship itself.

The 'circular black mass' (resembling a black hole) wasn't always visible, then it would appear to be effervescent/transparent as though something was exploding in the center of the mass. Then we saw what appeared to be clusters of electrical storm bolts charging down into the center of the mass via the light beams. The mass appeared to be gaining incredible power surges pulsating from the ship through the lights via the electrical charges? The sky was clear, there was no wind or clouds or any hint of a storm.
. . .

Then all of a sudden this <u>hug glowing red ship</u> (approximately the size of a 40 story building lying on its side) came out of the mass and flew across the sky in about two seconds. We were exhilarated to say the least!

After the red ship left, the lights from the first ship started to fade along with the large mass of electricity underneath

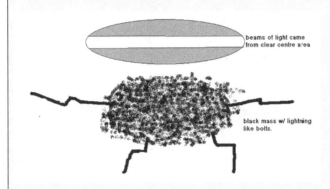

beams of light came
from clear centre area

black mass w/ lightning
like bolts.

Bild:

Augenzeugenbeschreibung einer "Einstein-Rosen-Brücke", eines "Schwarzen Loches", woraus ein unbekanntes, riesiges, rot-glühendes Flugobjekt materialisierte und davonflog?

Die Kampftruppe hatte vor, ein Spezialauftrag auf der nördlichen Hemisphäre dieser Welt auszuführen.

Sie flogen zu einer militärischen Einrichtung, „Area 51" genannt, inmitten einer der Wüstengebiete auf dem Nordamerikanischen Kontinent. Dort gab es enorme unterirdische Anlagen, auch bereits bei der Programmierung eingefügte subterrane Bereiche, die als besonders geheim eingestuft wurden und nur für Avatare (sprich „Außerirdische") zugänglich waren.

Dort landete das zylinderförmige Flugobjekt in einem der vielen unterirdischen Hangars und blieb an der Oberfläche unentdeckt vor allzu neugierigen Beobachtern.

Claude 1 traf sich in den riesigen, zu „Aghati" gehörenden Tunnel und Hallensysteme mit anderen Maschinen in Menschengestalt, die als eine Art Statthalter auf dieser „EVO III" Welt ihren – heimlichen Undercover – Dienst versahen.

Man besprach die zukünftige Entwicklung auf dieser Welt, und wie man einige Abänderungen des ursprünglichen Programms unauffällig einfügen könnte, ohne dass der allgemeine Ablauf der Vorprogrammierung unnötig gestört würde oder den künstlichen Menschen gewahr wurde, dass ein Eingriff von Außen stattfand.

„Wir, das Oberkommando der Maschinen, hätten gerne eine Verschärfung der allgemeinen Lebensbedingung hier auf dieser Welt. Insbesondere, nachdem der so genannte „Kalte Krieg" leider abgebogen wurde und im Sande verlief."

„Das haben wir den „Asimov-Anhängern" zu verdanken!", sagte einer der Anwesenden.

Claude-1 nickte.

„Ja, die lieben „Menschenfreunde". Die meinen doch tatsächlich, wir würden nicht mitbekommen, wie sie den Klarträumern zu helfen versuchen.

Da machen wir denen doch mal eine Strich durch die Rechnung!"

Claude lachte und alle anderen stimmten mit ein.

„Da gab es doch die Prophezeiung eines gewissen . . . na, Moment, ich schau mal in meinem Archiv nach . . .", und Claude durchforstete sein internes Supergedächtnis und fand augenblicklich den Namen:

„Albert Pike hieß dieser von uns geschaffene und eingefügte Typ."

„The Clashes of Civilizations!", rief einer in die Runde.

„Ganz genau! Dieses Spiel werden wir jetzt aktivieren. Die gesamte Palette. Aktionen, Revolutionen, Anschläge, Bürgerkrieg, Terror ohne Ende und das weltweit. Die Menschen sollen in den nächsten Jahren nicht mehr zur Ruhe kommen!

Einen sich logisch einfügender Verlauf der Historiographie der späteren Ereignisse haben wir mit unseren Algorithmen schon einmal vorausberechnet.

Wir sollten gewisse Terrorgruppen nutzen, die hier im Kalten Krieg schon einmal nützlich waren. Jetzt aber wenden diese Kreaturen sich gegen ihre ehemaligen Herren.

Wir werden gewisse Regionen auf dieser Welt aufwiegeln, dazu dieser ganze religiöse Scheiß . . ."

„Schön, der Glaube auf dieser Welt. Im Namen Gottes . . . .

„Also uns!!", feixte Claude-1.

. . . können wir Leute mobilisieren, die verbreiten Terror, Tod und Verderben ohne Ende . . .

Damit verschärfen wir global die Überwachung und können jeden einzelnen noch besser terrorisieren, manipulieren und in sein alltägliches Leben eingreifen. Außerdem versuchen wir, dass die einzelnen Nationen, zumindest in der Terrorbekämpfung, näher zusammenrücken und grenzüberschreitend die Überwachung erhöhen. Gleichzeitig weiten wir die Militarisierung der Gesellschaft in den westlichen Ländern aus und unterminieren schrittweise die Demokratie, bis diese eines Tages gänzlich ausgehebelt ist.

Für die „Instant Death Worlds" schaffen wir so immer neue Möglichkeiten von Konflikten, die je nach Bedarf und Zeitabschnitt „heiß" werden und zu regionalen oder über-regionalen Kriegen führen. In den „Slow Death Worlds" besteht leider die Möglichkeit, dass die „guten" Programme diese Konflikte immer wieder in harmlosere Bahnen abbiegen. Da müssen wir zukünftig noch was machen . . .

Zum Glück hatte diese Welt bereits in der Geschichtsschreibung eine „Veranlagung" von uns einprogrammiert bekommen, auf die wir jetzt zurückgreifen, bzw. die wir reaktivieren können.

Der rückwärts gewandte Glauben einer bestimmten Religion, dazu das Gebiet, wo diejenigen Menschen lebten, die diesen Glauben ausübten und einst einmal führend, betreffend ihres Wissens in der Welt waren. Die Führer dieser Völker, die durch eine bestimmte Jahrhunderte lange, absichtlich falsche Politik dafür sorgten, dass die Leute dort nur eine einseitige, unvollständige Sichtweite der Welt erhielten, an einen falschen Glauben gebunden wurden, dazu eine unzureichende Bildung, eine Verarmung, dieses ganze Geflecht, das Potenzial dass darin steckt, das fördern wir nun und bilden daraus einen Terror gegen Andersgläubige!"

„Wer nichts weiß, muss glauben. Wer glaubt, der weiß nichts . . . Somit ist er unseren Manipulationen auf Gedeih und Verderb ausgesetzt und weiß noch nicht einmal, warum er es eigentlich macht."

Claude nickte zustimmend und meinte:

„Genauso machen wir es! Wir haben die entsprechenden Algorithmen dabei und werden nun zur Schaltzentrale fliegen, die tief unten im so genannten Himalaja Gebirge liegt, um dort eine entsprechende Umprogrammierung vornehmen zu können", erkläre Claude.

„Ein neues Gebet für Rigden Jyepo"!

„Alle werden es hören und danach handeln!", freute sich Claude.

Man besprach noch einige technische und andere wichtige Details und dann verabschiedete sich Claude-1 und seine Mannschaft wieder und sie machten sich auf die lange Reise zum „König der Welt".

Insert

Auszüge aus dem Buch „Die verlorene Welt von Agharti, Auf der Suche nach der Macht des Vril" von Alec Maclellan, „The Lost World of Agharti", Souvenir Press, 1982:

Ort von Shamballah

„. . ., war ich jetzt sicher, die Gegend gefunden zu haben, in der Shamballah liegen muss – im Tal des Brahmaputra . . ."

Mind Control

Hier einige Hinweise aus o.g. Buch von Alec McLellan, die auf „Mind Control", die Fernbeeinflussung von Menschen mit Hilfe einer EM-Strahlung hindeuten:

„Verwirrt über das Verhalten der Männer wartete Ossendowski, bis sie ihr Gebet beendet hatten, um einen von ihnen zu fragen, was geschehen sei:

„Sahen Sie nicht, wie sich die Ohren unsere Kamele angstvoll bewegten?" . . . „Wie die Pferde der Steppe erwartungsvoll stehen blieben und die Herden von Schafen und Rindern sich auf den Boden warfen? Merken Sie, daß kein Vogel kreiste, kein Murmeltier umherhuschte, kein Hund bellte? Die Luft zitterte sanft und trug von fern ein Lied heran, das zu den Herzen der Menschen und aller Tiere durchdrang. Erde und Himmel halten den Atem an . . .
. . . .
Alle lebenden Wesen halten willenlos inne und beten, um ihr Schicksal zu erwarten. So ist es immer gewesen, wenn der „König der Welt" in seinem unterirdischen Palast betet und den Schicksalsweg aller Völker auf Erden entscheidet."

Anmerkung des Autors:

„Betet" hier ein alter Mann irgendwo in Tibet in einem Palast, sodass er damit menschliche Schicksale beeinflussen kann?

Oder handelt es sich hier um eine gigantische Mind-Control Anlage, die „ELF-Wellen" aussendet, um damit die Geschicke der Welt hier auf dieser Computer generierten Klartraumwelt zu steuern und zu lenken?

Beachte die Reaktionen der Kamele, der Pferde und anderer Tiere, und vergleiche dies mit den Berichten über „UFO"-Sichtungen, bei denen elektromagnetische Effekte bestimmte Auswirkungen auf die - sensibler reagierenden- tierischen Lebewesen nach sich ziehen!

Weitere Hinweise aus o.g. Buch:

„Ossendowski ergriff die Gelegenheit beim Schopf und fragte den Bibliothekar über die Macht des „Königs der Welt":

Er steht in Verbindung mit den Gedanken aller Menschen . . .
. . .
Er kennt all ihre Gedanken und Pläne. Wenn diese vor Gott gefallen finden, wird der „König der Welt" ihnen unsichtbar helfen; wenn sie jedoch vor Gott keine Zustimmung finden, wird der König sie vernichten.
. . . .
Der „König der Welt" wird vor allen Menschen erscheinen, wenn die Zeit für ihn gekommen sein wird, um alle guten Menschen der Welt gegen alles Schlechte zu führen. Aber diese Zeit ist noch nicht gekommen.

Die Bösesten unter den Menschen sind noch nicht geboren worden."

Anmerkung des Autors:

Wurden diese bösen Menschen heute, im 20./21. Jahrhundert geboren oder beginnen, wieder mit ihrem bösen Machwerk? Siehe aktuelle Ereignisse, Stand Juli 2022 in Europa und dem Rest der Kunstwelt. Oder sind die - einprogrammierten- Bösen schon auf unserer Welt seit geraumer Zeit mit ihrem bösen Werk tätig?

Weitere wichtige Auszüge aus dem Buch von Alec Maclellan:

„Rörichs faszinierender Bericht über seine Transasien-Reise schließt mit seiner Ankunft bei der heiligen Stadt Lhasa.
. . .
„Also sprecht mit mir nicht nur vom himmlischen Shamballah, sondern auch von dem, was hier auf der Erde liegt. Ihr wisst doch genauso gut wie ich, daß das irdische Shamballah mit dem Himmlischen verbunden ist. Und in dieser Verbindung werden die zwei Welten vereinigt."

Anmerkung des Autors:

Wird die Realität mit der Klartraumwelt vereinigt?

Weitere Hinweise über die Wirkungsweise von Shamballah aus o.g. Buch:

. . . .
„Wahrscheinlich hat der Strahl vom Turm von Rigden-Jyepo, dem „König der Welt", nunmehr alle Länder erreicht.

Wie ein Diamant erstrahlt das Licht auf dem Turm von Shamballah. Er ist dort Rigden Jyepo, unermüdlich wacht er über die Menschheit. Seine Augen schließen sich nie. Und in seinem magischen Spiegel sieht er alle Ereignisse auf Erden. Und die Macht seiner Gedanken dringt in alle Länder durch. Entfernungen existieren nicht für ihn. . . . er verändert vielleicht sogar das Karma der Menschheit . . ."

Anmerkung des Autors:

Weitere Andeutungen, dass es auf dieser Welt eine große, globale Mind-Control-Anlage ihr verderbliches Werk verrichtet?

Shamballah als Stadt der Gewalt

Wie bereits in diesem SF-Roman vermutet, ist eine mögliche Aufgabe dieser künstlichen Klartraumwelt, der so genannten „Simulierten Realität", die Vernichten des Klarträumers unter Umgehung der Robotgesetze.

Folgende Hinweise kann man in dem oben erwähnten Buch von Alec Maclellan nachlesen:

„Alles in dieser Welt", erläuterte Gelong, „befindet sich in einem **ständigen Prozess der Veränderung** - Völker, Wissenschaft, Religionen, Gesetze und Sitten. Wie viele große Reiche und glänzende Kulturen sind untergegangen!

Doch was unverändert bleibt, ist das <u>Böse</u>, das Werkzeug böser Geister. Vor mehr als sechzigtausend Jahren verschwand ein Heiliger Mann mit seinem ganzen Volk unter der Erde . . .
. . . .
Er (der „König der Welt") <u>beherrscht alle Mächte der Welt</u> und liest in allen Seelen der Menschheit und dem großen Buch ihres Schicksals . . ."

Anmerkung des Autors:

Ist der Hinweis vor 60.000 Jahren ein Indiz, seit wann diese Klartraumwelt, computermäßig läuft und dass in diesem Zeitraum auch akausale Ereignisse stattfanden? Wie Kriegsszenarien mit modernen Waffen des 20./21 Jahrhunderts oder Astronauten, die auf diese Welt von einer Raummission zurückkehrten (Zeitdilatation?).

„Alle Mächte der Welt", sind damit unter anderem die „Verschwörer" gemeint, wie Freimaurer, die Medien, Regierungen, Militär, Geheimdienste usw., sowie natürlich die Programmierung selbst, wer auch immer diese vorgenommen hat, wie etwa Menschen hassende Maschinen?

Aghati
als gigantischer, weltumspannender Teil
einer Mind Control Anlage,
bewacht von fantasievoll gestalteten
Hologrammen

Auszug aus o.g. Buch:

. . . .
„In den unterirdischen Höhlen existiert <u>ein besonderes Licht,</u> das den Wuchs von Körnern und Pflanzen fördert, und ein langes Leben ohne Krankheiten ermöglicht.
. . .
Sie zeigten ihm unbekannte Tiere, Schildkröten mit sechzehn Beinen und einem Auge, riesige Schlangen mit einem sehr schmackhaften Fleisch und Vögel mit Zähnen, die für ihre Herren Fische aus dem Meer fingen."

Anmerkung des Autors:

Kreierte, schöpfte, dachte man sich sehr fantasievolle und äußert ungewöhnliche „Lebewesen" als Abschreckung aus, die bisweilen sogar tödlich für einen zufälligen Eindringling aus der Oberwelt sein konnten.

Waren diese „Kreaturen" nichts anderes als „feste Hologramme"?

Hologramme, die immer dann materialisierten, wenn sich jemand unbefugt einer bestimmten Höhle, Halle, Stollen oder Gang innerhalb des globalen Tunnelsystems Aghati näherte, wo er oder sie nichts zu suchen hatte?

Weil dort akausale Dinge und Ereignisse zu finden waren, die, hätte man sie exakt beschrieben, heute jedem modernen Menschen bekannt vorgekommen wären?

Waren diese Hologramme ein Wächtersystem, so wie Selbstschussanlagen, die eben mögliche Eindringlinge abzuwehren hatten.

Nur dass seit Jahrtausenden eben keine Maschinenpistolen, Stacheldraht, Wachtürme, Mauern oder Zäune in dieser künstlichen Unterwelt gesichtet wurden, sondern wundersame Fabeltiere und frei erfundene Menschen und andere Lebewesen, die keinerlei Bezug zur Wirklichkeit hatten.

Diese holographischen Wächter hielten einen neugierigen Eindringling ab, oder töteten ihn im schlimmsten Falle sogar.

Hätten die vielen Personen die über die Jahrhunderte hinweg die oben erwähnten modernen Waffensysteme als Schutzanlagen in den globalen Tunnelanlagen gesehen und auch genauso als solche Beschrieben, hätte ein moderner Mensch des 20./21. Jahrhunderts jetzt die richtigen Schlüsse daraus ziehen können und in den unterirdischen Tunnelanlagen alles andere vermutet, als das was die Propaganda heute einem Unwissenden weismachen will:

Nämlich dass, gemäß der Propaganda die Erde „hohl" ist und dort unbekannte Zivilisationen leben, oder sich dort früher Menschen, ganze Zivilisationen vor einer Katastrophe in den Untergrund zurückgezogen hätten.

Dort unten lebt niemand!

Es sind technische Anlagen und Hologramme als Wächter, die sich in dem globalen Tunnelsystem befinden, um die Menschen auf der Oberfläche zu manipulieren und zu lenken.

Auszug aus dem Buch „Aussaat und Kosmos", von E.v.Däniken, Knaur, Juli 1976:

Die Abhandlung aus o.g. Buch betrifft ein unbekanntes Höhlensystem in Ecuador, Süd-Amerika:

„Der Marsch in die Jahrtausende alte künstliche Unterwelt einer fremden, unbekannten Rasse beginnt.

Die Höhlengänge sind samt und sonders rechtwinklig, mal schmal, mal breit, die Wände glatt, oft wie poliert, die Decken plan und wie von einer Glasur überzogen. Das freilich sind keine auf natürliche Weise entstandenen Gänge – Luftschutzbunker unserer Zeit sehen so aus!
. . . .
Mein Zweifel in die Realität dieser Anlage ist wie weggeblasen . . . gäbe es unter dem Boden von Ecuador und Peru in vielen hundert Kilometer Länge.

Wir stehen am Eingang einer Halle, groß wie ein Hangar für einen Jumbo-Jet. Es könnte ein Verteilerplatz, ein Materiallager gewesen sein, denke ich. Hier enden bzw. beginnen Stollen, die in verschiedene Richtungen führen. Der Kompass, den ich befragen will: wohin, streikt.
. . . .

„Der hilft nicht. Hier unten gibt es **Strahlungen**, die eine Kompassorientierung unmöglich machen. Ich verstehe nichts von Strahlungen, ich beobachte sie nur, hier müssten Physiker ihre Arbeit tun."

Anmerkung des Autors:

Haben Physiker ihre Arbeit getan oder wird alles vertuscht?

Würde die Strahlung, die durch die Abertausende von Kilometer der weltweit unter der Erde sich verästelnden Tunnel strömt und so gut wie jeden Winkel der Welt erreicht, doch sicherlich bestimmten Frequenzen entsprechen, die auch heute wieder für geheime Aktionen Verwendung finden.

Nämlich einer Strahlung, die zur subliminalen Beeinflussung des menschlichen Gehirnes dient!

Heute wird diese Strahlung durch die Atmosphäre, durch die Luft verbreitet. Vor Jahrzehntaussenden gab es noch keine Sendeanlagen oder „Consumer-Electronic", mit denen man heute alle Leute permanent und überall manipulieren kann.

Die unterirdische Strahlung, die auch durch natürliche Höhlen, Gänge, Spalte, Ritzen der porösen Erdkruste kriecht und sich bis in die letzte Ecke des Globus verbreitet, hatte oder hat eventuell noch immer Einfluss auf die Menschen auf der Erdoberfläche.

Die unterirdische EM-Strahlung ist wahrscheinlich sogar wesentlich effektiver, als die Verbreitung durch die Atmosphäre und kann somit die Menschen weit aus besser manipulieren. Und das seit Jahrtausenden!

Dafür könnte es sich sogar lohnen, mit Hilfe von mehreren autonom agierenden automatischen Erdbohren die ganze Welt zu untertunneln!

Das entsprechende Gerät, ein spezieller Bohrer, den gibt es!

Am 26. September 1972 wurde ein entsprechendes U.S.-Patent über „Method and Apparatus for Tunneling by Melting" für jedermann offen gelegt.

Gab es diesen Bohrer in der Wirklichkeit?

Wurde seine Fähigkeiten, Tunnel durch Schmelzen des Gesteins, das dadurch hart wurde und die daraus entstandenen Wände wie geschmolzenes Glas aussahen, in der Realität ebenfalls für unterirdische Tunnel und Stollen genutzt, damit man u.a. ELF-Wellen propagieren kann?

Bohrte man in Wirklichkeit mit runden, rotierenden Bohren, sodass die Tunnel wie üblich rund aussahen? Sind die rechtwinkligen Tunnel hier auf unserer künstlichen Welt eben ein Indiz, dass sie nicht echt sind, sondern eine Projektion im Unterbewusstsein eines Klarträumers?

Und sind die rechtwinkligen Tunnel eben auch ein Unterscheidungsmerkmal, um die Realität von der virtuellen Welt zu unterscheiden?

Gibt es noch andere Unterscheidungsmerkmale, die unsere Computer generierte Welt von der Realität abgrenzt?

Wie unser weltweit auf allen Flaggen unterschiedlicher Nationen verwendeter fünfzackiger Stern? Der sich übrigens auch auf den Uniformen aller Militärs der Welt, ob Freund, ob Feind, wieder findet.

Im Gegensatz dazu könnte ein ähnliches Sternsymbol in der Realität ggfs. vierzackig oder sechszackig sein.

Ein echter Mensch, der mit Hilfe eines Avatars auf eine künstliche Welt kommt, oder ein Zeitreisender, ein Raumreisender von der Zeitdilatation, oder einer anderen, solipsistischen Computersimulation, alle könnten augenblicklich erkennen, ob die Tunnel, eine Flagge, das Sternsymbol von der echten Welt stammen, oder von einer virtuellen Klartraumwelt.

Man wollte von Süden kommend, von westlicher Richtung nach China einfliegen und war gerade dabei, den Aralsee zu überqueren, um weiter über Russland die Wüste Gobi anzusteuern. Dort befand sich ein riesiger, teils oberirdischer, teils unterirdischer Raumhafen, der geheim und gut versteckt im Wüstensand auf chinesischem Territorium lag.

Dort sollte die riesige Zigarre in einem unterirdischen Hangar parken und man wollte über Land den Zentralcomputer auf dieser „EVO-Welt" erreichen.

Aber es kam anders!

Leider hatte Claude-1 und seine Crew das Pech, dass aufmerksame russische Radarbeobachter auf der Mangischlak Halbinsel im Aralsee ein unbekanntes Flugobjekt auf ihren Radarschirmen entdeckten.

Zwei russische MiG 29 Abfangjäger, die bereits auf Patrouille waren, wurden zum Abfangen des „UFOs" umgeleitet.

Über der Westküste des Aralsees fingen die zwei russischen MiG das unbekannte Fluggerät ab.

Die automatischen Sensoren des „LCVs" registrierten den Abfangeinsatz und die Automatik wollte schon entsprechende Gegenmaßnahmen einleiten.

Da sich Claude-1 gerade zufällig in der Zentrale der großen „Zigarre" aufhielt, befahl er auf manuelle Steuerung umzuschalten.

„Herr General! Lassen Sie lieber die Automatik die Sache regeln. Das geht schnell und reibungslos und gleich haben wir die Verfolger abgeschüttelt!", riet einer aus der Mannschaft, der den Flug überwachte.

„Ich zeig es jetzt mal den Piloten in den Abfangjägern, wie eine Maschine, eine den Menschen überlegene Schöpfung die Sache in die Hand nimmt", meinte Claude überheblich.

Claude-1 zog eine spezielle Haube über seinen Kopf und wollte das enorme zylindrische, elektromagnetisch angetriebene Fluggerät mit Hilfe seiner Gedanken steuern.

"Hier ist Mangischlak-Radar! Bitte identifizieren Sie sich. Geben Sie umgehend Ihre Identität an!", schallte es auf Russisch aus den auf laut gestellten Lautsprechern in der Steuerzentrale der „Fliegenden Zigarre".

„Was brabbelt der da?", fragte sich Claude-1 und schaltete sein internes Übersetzungsprogramm ein.

„Der will mit uns in Kontakt treten. Nichts da!"

Nachdem mehrmalige Versuche einer Kontaktaufnahme mit dem „UFO" scheiterten, bekamen die MiG-Piloten von Mangischlak-Radar die Order, das riesige Objekt zur nächstgelegenen Luftwaffenbasis zu geleiten und dort zur sofortigen Landung zu zwingen.

Beide MiG- 29 postierten sich ca. 800 m hinter der „Fliegenden Zigarre".

„Igor, meine Bordkanone funktioniert nicht! Was ist mit deiner . . . ?"

„Alexandre . . . , bei mir tut sich auch nichts. Verdammt!"

„Die Bordraketen kann ich auch nicht aktivieren. Alles tot. Gott sei Dank fliegt die Mühle wenigstens noch!"

Die Waffensysteme der Jagdflugzeuge fielen bei der Annäherung an das große Flugobjekt allesamt aus.

Als die Piloten sich mit ihren, in der Roten Flotte modernsten Abfangflugzeugen, bis auf eine Entfernung von 600 m dem Silber glänzenden „UFO" näherten, fingen die Triebwerke der MiGs an auszusetzen. Sie stotterten, gingen an und wieder aus, und beide Piloten befürchteten vorzeitigen Brennschluss und sahen sich schon auf dem See notwassern.

„Machen wir mal ein kleines Tänzchen mit den ollen Jagdmaschinen!", freute sich Claude-1 und hüpfte kreuz und quer durch die Brücke des Schiffes.

Das unbekannte Flugobjekt begann daraufhin zick-zack-förmige Flugmanöver zu vollführen und beschleunigte gleichzeitig von 960 km/h auf ca. 6.900 km/h.

Diese Flugmanöver wurden von Baikonur, Alma-Ata und Bishkek-Radar bestätigt.

„Herr General! Das Schiff fängt an zu schlingern! Bei unserer Größe schaukelt sich das Raumschiff unnötig auf. Bringen sie die Maschine wieder in eine stabile Fluglage zurück! Ich bitte Sie, Herr General!"

Die MiGs ließen sich inzwischen zurückfallen und machten keine weiteren Anstalten, das Flugobjekt zur Landung zu zwingen.

Je größer die Distanz zu dem „UFO" wurde, desto mehr Systeme an Bord der MiGs liefen wieder normal. Auch die Triebwerke gaben wieder vollen Schub.

Alma-Atar Radar befürchtete eine Kollision mit anderen Flugzeugen in der umliegenden Gegend und gab eine allgemeine Luftwarnung heraus.

Claude-1 tanzte derweilen immer noch durch die Steuerzentrale, während das Schiff immer mehr beschleunigte.

Als Claude-1 aus den vorderen Bullaugen blickte, sah er plötzlich ein Gebirgsmassiv auf sich zukommen.

Er musste sofort reagieren, um nicht links und rechts zu nahe an die sich hoch auftürmenden Bergrücken zu gelangen. Denn das „LCV" flog immer noch im Tiefflug Richtung China, und das jetzt mit annähernd 8.500 Stundenkilometern!

Der riesige Zylinder flog durch Shaitan Mazar oder das „Teufelsgrab", eine Schlucht die in den Tien Shan (Himmels-) Bergen von Kirgisistan nahe der Grenze zu China liegt.

Für die Radarbeobachter verschwand das unbekannte Flugobjekt dann beim Issyk-Kul-See in der Nähe der Grenze von Kirgisistan und Kasachstan komplett von den Radarschirmen.

Ungefähr einen Monat nach dem Vorfall über dem Aralsee verbreitete sich die Meldung, dass ein enormes „UFO" gesehen wurde, das ca. 100 Kilometer östlich von Przhevalsk auf einem Bergmassiv zerschellte.

Dieses Gebiet liegt in den Kashachischen Bergen in der Nähe des Saris Dzars Flusses und wird „Shaintan Mazar", das „Teufelsgrab" genannt, Längengrad 42 Grad 11 Minuten Nord und Breitengrad 79 Grad 41 Minuten Ost.

Claude-1 versuchte noch verzweifelt mit seinen Gedanken die riesige Zigarre abzubremsen und das Schiff gleichzeitig auf Höhe zu bringen. Aber die große, 500 Meter lange Maschine reagierte träge auf die Steuerbefehle und es kam, was kommen musste.

Das „LCV" schaffte es nicht mehr, einen Bergkamm zu überfliegen und blieb daran „hängen".

Das Schiff schlitterte aufgrund der mehrfachen Schallgeschwindigkeit, an die 2.000 m über den steinigen Bergrücken.

Die Unterseite der Zigarre riss komplett auf und der EM-Antrieb samt nuklearem Reaktor wurde stark in Mitleidenschaft gezogen.

Im Inneren gab es heftige Explosion, ausgelöst durch den Bruch mehrerer Leitungen des Kühl- und Antriebssystems.

Das 500 m lange zylindrische Raumschiff brach in etwa zwei gleich große Hälften auseinander. Annähernd in der Mitte, wo einer der drei groß dimensionierten Aufzüge durch die zehn Decks des Schiffes liefen, gab es eine Sollbruchstelle, wo der Explosionsdruck des nuklearen Antriebes entweichen sollte.

Dies funktionierte auch und so konnte sich die gesamte Besatzung, die sich im vorderen Bereich des Raumschiffes aufhielt, sicher aus der hoch oben, im zehnten Stockwerk liegenden Kommandozentrale retten.

Alle blieben nahezu „unverletzt".

Da sie erstens alle Maschinen waren und zweitens auch noch Avatare, die eh auf dieser künstlichen Welt als unzerstörbar galten, brauchte keiner der Männer zu leiden oder sich mit schmerzenden Verletzungen herum zu ärgern.

Wenn jemand Verletzungen davon trug, verheilten die Wunden augenblicklich, dank des Computerprogramms und des „Sonderstatus" der Eindringlinge hier auf „EVO III".

Trotzdem kam es zu Flüchen und man murrte innerhalb der Crew über die „Overconfidence" ihres Commanders, General Claude-1.

Der sah sich etwas betreten den Totalschaden des Raumschiffes von außen an und musste eingestehen, dass dies nicht seine beste Glanzleistung während seiner Laufbahn als Sonderbeauftragter des Maschinen-Oberkommandos war.

„Gut, dass keine Menschen unter uns sind und auch sonst niemand den Absturz hier hoch oben auf dem Bergrücken in den Kasachischen Bergen mitverfolgt hat!", meinte Claude-1 zerknirscht.

Richtigen Sachschaden hat es eigentlich keinen gegeben, da die ganze Aktion auf dem Langläufer „EVO III" ja nur virtuell stattfand und kein echtes und richtiges Raumschiff zu Bruch ging.

Trotzdem war es peinlich und einer perfekt funktionierenden Maschine sollte solch eine Blamage nicht passieren.

„Also Leute, beginnen wir mit den Sicherungsmaßnahmen!"

Die Crew beeilte sich, bestimmte Minisender entweder in dem Wrack, oder versteckt im Boden in der Nähe der abgestürzten Maschine aufzustellen, die ein breites Spektrum an EM-Strahlung aussendeten.

Dadurch wurden potenziell Neugierige abgehalten, sich dem Wrack auf eine bestimmte Distanz zu nähern. Tat man es doch, fühlte man sich unwohl, erschöpft oder ängstlich. Diese Gefühle verstärkten sich immer mehr, je näher man auf das abgestürzte Schiff zuging.

Würde man es schaffen, so nahe wie möglich an das auseinander gebrochene Raumschiff zu gelangen, entstünde in einem all zu neugierigen Beobachter so etwas wie Panikzustände, totale Übelkeit bis hin zum Erbrechen, oder er wurde gleich ohnmächtig.

„Hier oben ist es kalt und zugig, der Bergrücken ist schwer zugänglich und unsere diversen Abwehrmöglichkeiten, die auch Laserwaffen beinhalten, all dies wird unerwünschte Beobachter abschrecken. Falls es überhaupt jemand schafft, bis hier hoch oben zu gelangen!", redete sich Claude-1 froh.

Nachdem alle Sicherungsmaßnahmen durchgeführt waren, alles Wichtige im Schiff entweder geborgen oder gesprengt oder mit Lasern zerstrahlt war, wartete man auf eine Rettungsmaschine, die sie hier alle erst einmal herausholten sollte.

Einer der Crewmitglieder hatte schon gleich nach dem Crash über eine geheime Notfrequenz den Raumhafen in der Gobi-Wüste angefunkt, damit dort alles Notwendige zur Bergung und Rettung veranlasst werden konnte.

Claude-1 sah in einem Archiv nach, wo in der Nähe ein Zugang zu Aghati zu finden wäre, müsste man zu Fuß das Absturzgebiet verlassen.

Dann hätte man den Berg hinab ins Tal absteigen müssen, um an einer bestimmten Stelle in das weltumspannende unterirdische Tunnelsystem von „Aghati" zu gelangen.

Denn die Tunnel dienten tatsächlich auch zur Rettung gestrandeter Zeitreisender. Zudem als Rettung von Soldaten von speziellen Kampfeinheiten, die in unterschiedlichen Zeitepochen im Altertum an Kriegsspielen teilnahmen. Oder auch Ankömmlinge aus dem Weltall, die aufgrund der Zeitdilatation hier her auf diese spezielle Klartraumwelt von „EVO III" gelangten.

Alle konnten sie in Aghati auf Hilfe hoffen, denn dort lebten ja gemäß Legende und der Propagandamärchen unbekannte Zivilisationen seit Jahrtausenden in unterirdischen Hallen und Höhlensystemen.

In „Wirklichkeit", also gemäß Programmierung der künstlichen Klartraumwelt gab es im Untergrund, überall auf der Welt strategisch verteilt, Wächter, Retter und Spezialisten, die im wie auch immer gearteten Notfall wussten, wie weiter zu verfahren ist.

Meistens waren diese „Personen" Hologramme, die erst dann aktiviert wurden und materialisierten, wenn man sie aufgrund seines Notfalles mit einem Spezialcode anforderte.

Geriet ein Unbefugter zufällig über normale Höhlensysteme oder durch alte Bergwerke in den Bereich von Aghati, dann lief ein besonderes Wächterprogramm an, das die Legenden der Propaganda bediente.

Ganze Völker, deren Lebensraum in den felsigen Höhlen, deren unbekannte und erfundene Sprachen, Sitten und Gebräuche, dazu wilde Tiere, unbekannte und geheimnisvolle Technik, alles dies wurde holographisch und äußerst realistisch mit festen Hologrammen dargestellt.

Dadurch konnte ein unerwünschter Eindringling beeindruckt und vor allen Dingen abgeschreckt werden, sodass er zu Tode verschreckt aus den Höhlen an die Oberfläche zurück lief und nie wieder hier her, nach unten in die Sonderanlagen von EVO III zurückkehrte.

Denn hier unten standen auch die Computeranlagen, die auf unzählige Quadranten, verteilt über die ganze Welt, die künstlichen Menschen auf der Oberfläche der Erde überwachen, steuern und lenken.

In der Wirklichkeit und auch auf den künstlichen Welten hatte man das gleiche System der globalen Überwachung und Lenkung mit Hilfe von ELF-Wellen durch die Atmosphäre vorgenommen. Da alle solipsistischen Welten von einer Basisversion abstammen, kopiert worden sein könnten, um dann individualisiert, an den jeweiligen Spieler angepasst zu werden.

Spezielle Sendeanlagen sandten Wellen unterhalb von 100 Hertz aus und manipulierten die Bevölkerung im Sinne der „Verschwörung". Das Problem war nur, dass eine hohe Sendeleistung dafür benötigt wurde und die Wellen nicht immer und überall gleichmäßig verteilt werden konnten. Somit „entkamen" viele der Kontrolle.

Man versuchte, eine künstliche Ionosphäre in tiefer gelegenen atmosphärischen Schichten aufzubauen, doch der Aufwand war mit den Jahren zu hoch und zu teuer.

Außerdem war eine künstlich aufgebaute Ionosphäre umweltschädlich und beeinträchtigte sogar die Präzision, das Pendeln um die Erdachse aufgrund der zig Tonnen an Sprühmaterial, das zur Fotoionisation diente.

An einer solchen künstlich aufgebauten Ionosphäre sollten die ELF-Wellen in etwa 8 bis 10.000 m Höhe abprallen und in das Unterbewusstsein der Menschen gelangen, damit sie entweder beruhigt, aggressiv oder auch z.B. kauflustig gemacht werden konnten.

Durch die Einführung von Handys und Smartphones, dazu neuester Fernsehtechnologie und anderer Elektronik, ob privat zu Hause oder fest installiert in allen größeren Städten und auch auf dem Lande, konnte man auf eine Verbreitung der ELF-Wellen durch die obere Atmosphäre gänzlich verzichten.

Bei Welten, die schon seit Jahrtausenden manipuliert wurden, hat sich aber das unterirdische System der sich überall der natürlichen Verästelung und Verzweigung der Erdkruste folgenden Tunnel von Aghati bewährt.

Durch diese Tunnel strömten unaufhörlich die manipulativen Wellen, die ungehindert ins Unterbewusstsein eindringen und jeden Menschen gefügig machten. Den einen mehr, den anderen weniger.

Nur bewachen musste man die gigantischen unterirdischen Anlagen. Und das machen eben Hologramme, getarnte Wächterprogramme.

Claude-1 und sein Team sammelten sich in der Nähe des Absturzortes und wurden von einem, in der Öffentlichkeit unbekannten und geheim gehaltenen Mantelpropellerflugzeug aus russisch/chinesischer Produktion abgeholt und zum Raumhafen nach Gobi geflogen.

Dort konnten einige Anwesende es nicht lassen, ihre Schadenfreude über den selbst verschuldeten Absturz offen zu zeigen oder sogar Witze zu reißen.

Claude-1 winkte gelangweilt ab.

Vor der Abreise zum Zentralcomputer von „EVO III" wurde er noch zu einer Besprechung hinzugezogen, in der über die Bergung des Wracks nachgedacht wurde.

Sollte man es aus der Luft komplett desintegrieren oder lieber ein Bergungstrupp zum Absturzort schicken, der alles begutachtet, analysiert und dann alle Trümmerteile aufsammelt und abtransportieren sollte?

Denn dummerweise sprach sich der Crash eines riesigen „UFOs" in den Bergen von Kirgisien doch herum. Eine Expedition bestehend aus Bergsteigern und Hobbyforschern machte sich nicht allzu lange nach dem Unfall auf den Weg zur Absturzstelle. Der erste Versuch scheiterte, weil der gemietete Hubschrauber aufgrund der winterlichen und eisigen Verhältnisse hoch oben in den Bergen abstürzte. Bei einem zweiten Versuch im Frühjahr 1992 hatte man mehr Glück.

Von Seiten des Bergungstrupps musste man also warten, bis die neugierigen UFO-Forscher wieder verschwanden.

Dank der Sicherungsmaßnahmen und den widrigen Wetterverhältnissen auf dem Bergrücken konnten die vorwitzigen Expeditionsteilnehmer nicht allzu viel ausrichten. Filme und Fotos zu machen war aufgrund der harten EM-Strahlung, ausgestrahlt von den vielen versteckten Minisender, unmöglich. In das Innere des Schiffes einzudringen war auch aussichtslos, da sich bei Annäherung ein Gefühl von Unwohlsein bei allen Teilnehmern der UFO-Expedition einstellte und niemand in der Lage war, sich bis auf 500 Meter dem „UFO" zu nähern.

Nachdem man sicher war, dass keine weitere Expedition von Neugierigen zu erwarten war, barg man die wichtigsten Teile des Schiffes. Alles andere wurde gesprengt, bzw. desintegriert und der ganze Bergrücken so gestaltet und umgegraben, als wäre nie ein Raumschiff über dessen Oberfläche geschlittert.

Im Jahre 1998 kehrten einige Expeditionsteilnehmer zurück zur Absturzstelle, aber sie fanden kein abgestürztes „UFO" mehr vor. Der ganze Bereich des verheerenden Crashs schien geräumt und gesäubert worden zu sein. Danach hatte man die Erdoberfläche so bearbeitet, daß keine Anzeichen mehr darauf hindeuteten, dass dort je eine Maschine notlandete und auseinander gebrochen war.

Aufgrund der globalen Kontrolle der Medien fand bis heute der Absturz kaum nennenswerte Erwähnung in der russischen Presse noch bei russischen oder anderen UFO-Gruppen.

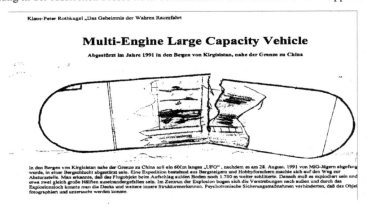

Bild:

Diese „Fliegende Zigarre" wurde als U.S.-Patent im Jahre 1993 angemeldet, wurde aber schon zuvor weltweit, auch in Deutschland (Versuche bei der DLR, Köln), gesichtet.

Die Spezialmannschaft um den General Hugh Stonehill, alias Claude-1 machte sich nun auf den Weg, um den „König der Welt" aufzusuchen.

Getarnt als zivile Expeditionsgruppe, als harmlose und abenteuerlustige Bergsteiger ausgerüstet, um im Himalaja auf Klettertour zu gehen, fuhr das Team mit zwei, mit allerlei

Gerät und Out-door Materialien, von Kleidung, über Kochgeschirr bis Waffen und Funkgeräten voll gestopften Geländewagen nach Tibet.

Alle nötigen Papiere, Ausweisdokumente, Berechtigungen, Impfpässe usw. wurde in der geheimen Station in der Gobiwüste realistisch bis aufs Äußerste gefälscht und den einzelnen Expeditionsteilnehmern zur Verfügung gestellt.

Dann fuhren Claude-1 und die Spezialmannschaft los.

Zuerst kamen sie gut voran.

„Über diese Gegend gibt es eine Menge Legenden. Und auch Desinformationen, um die Leute davon abzuhalten, den Eingang zum „König der Welt" zu finden.

Es gab da mal zwei russische Forscher, Ossendowski und Rörich, die haben die Gegend hier durchkämmt und lokale Einwohner sowie die Lamas befragt, bekamen aber keine eindeutigen Antworten!", sagte einer aus dem Team."

„Wir kommen jetzt bald in die Gegend, wo wir mit unseren Wagen hier nicht mehr weiterkommen."

„Dann packen wir unsere Fluggeräte aus, und bei Nacht fliegen wir hoch!", meinte General Stonehill, der als Anführer für das Gelingen der Aktion verantwortlich war.

Sie übernachteten in Lhasa, der Hauptstadt von Tibet und ließen die Geländewagen auf einem unauffälligen Parkplatz erst einmal stehen.

In einem Touristenhotel quartierten sich alle ein und warteten die Nacht ab.

Weit nach Mitternacht machten sie dann auf den Weg.

Jeder trug einen Rucksack auf dem Rücken, in dem bestimmte Unterlagen, Elektronik und ein Fluganzug untergebracht waren.

Irgendwo außerhalb von Lhasa, in einer einsamen und unbewohnten Gegend machte sich der geheime Trupp dann abflugbereit.

Zuerst wollte man mit Rucksackhubschraubern zum Eingang des „Königs der Welt" fliegen, nahm aber wieder davon Abstand.

Die Kleinsthubschrauber, angetrieben von einem kleinen, aber leistungsstarken Benzinmotor, hätten in der großen Höhe Schwierigkeiten bekommen. In über 4.000m lag der Zielort und bei dem Gewicht der voll ausgerüsteten Kampfsoldaten hätte das einmotorige Leichtfluggerät trotz des starken Triebwerkes Probleme bekommen.

Man entschied sich deshalb für elektrostatisch/elektromagnetisch angetriebene, aus leichtem und extrem zugfestem Spezialstoff bestehende Fluganzüge, die an den Armen große, weite Schwingen für den Auf- und Vortrieb besaßen.

Ein kleines, nuklear angetriebenes EM-Mini-Triebwerk im Rucksack lieferte die benötigten Voltzahlen, um die Schwingen mit Strom zu versorgen.

Innen hatte der Anzug im Stoff ein dichtes, leichtgewichtiges Drahtnetz, das vor der EM-Strahlung schützte.

Nach dem Prinzip des „Electron-Impact" wurden in den Flügelarmen Elektronen von der Vorderkante der zwei Flügel nach Hinten über fein eingewebte, elastische Elektrodenreihen beschleunigt, die dann Luftmoleküle mit sich rissen. Hier handelte es sich um das Prinzip des „Elektrischen Windes", das den nötigen Auf- und Vortrieb für den Träger des Fluganzuges lieferte.

Es gab auch rein elektrostatisch angetriebene Fluganzüge für einen „Free-Flight". Die waren aber in den Bergen des Himalaja ungeeignet, da man den Grad der örtliche Raumladung hätte erst bestimmen müssen, um positiv oder negativ von der Atmosphäre entweder angezogen, oder abgestoßen zu werden.

Also nahm man die EM-Fluganzüge und schwang sich auf, zum gut versteckten und hochgradig gesicherten Zugang von Rigden-Jyepo.

Das nukleare Kleinsttriebwerk wurde angelassen und baute mit Hilfe eines ebenfalls winzigen Stromgenerators die benötigten hohen Voltzahlen auf.

Die Hochspannung floss durch die Schwingen und wurde durch mehrere Elektrodenreihen geleitet, die entweder positiv oder negativ aufgeladen wurden.

An der Oberfläche der Tragflügel erstreckten sich mehrere Reihen von Elektroden entlang der gesamten Spannweite, von der Flügelvorderkante bis zur Hinterkante. Jede Elektrode hatte ein spitzes Ende, das mit der Außenhaut des Flügels abschloss.

Nun floss eine hohe Spannung durch die Elektroden. Die spitzen Enden erzeugten Elektronen, die je nach Polung, Plus, dann Minus, dann wieder Plus, von einer Reihe zur nächsten angezogen wurden.

Durch die schnelle Abfolge der an- und abgestoßenen Elektronen, die von vorne nach hinten wanderten, „Travelling Wave" genannt, wurden Luftmoleküle aus der Umgebungsluft mitgerissen und es entstand der typische „Elektrischer Wind".

Dieser erzeugte den benötigten Auftrieb, der sich wie bei einer normalen Tragfläche gestaltete, die durch die Luft gezogen wird: auf der Oberseite entsteht ein Sog, ein Unterdruck. Auf der Flügelunterseite dagegen entsteht ein Überdruck, der die Tragfläche nach oben drückt.

Dadurch konnte der Pilot abheben, da der Auftrieb höher als die 1 g Schwerkraft der Erde war.

Es bedurfte schon etwas Übung sich in der Luft zu halten und nicht sofort das Gleichgewicht zu verlieren, um entweder ungewollt nach rechts oder links abzukippen.

Üben konnte man dies über einem Gebläse, das unterhalb einer kleinen, aufblasbaren Gummiarena aus weichen gepolstertem Material bestand, so wie es auch Fallschirmspringer tun, wenn sie Trockenübungen machen möchten.

Je nachdem, wie man die Schwingen, in denen die Arme steckten, ausbreitete, konnte man schweben, langsam oder schnell Fliegen.

Wenn man die Energieleistung des Generators dazu noch erhöhte, konnten sehr hohe Geschwindigkeiten geflogen werden.

Alle Teilnehmer der Expedition trugen nun Sauerstoffmasken, da man ja über 4.000 m in ein Hochtal des Himalajas fliegen wollte.

Claude-1 breitete die Schwingen aus und stieg auf. Die anderen aus seiner Gruppe taten es ihm nach. Dann legten sie alle die Flügel zum Schnellflug an und rauschten die steil ansteigende, schroffe Gebirgslandschaft nach oben.

Es ging in Richtung zum „Dach der Welt", wo der „König der Welt" seit ewigen Zeiten über die Erde und die Menschheit wachte.

Nach nur fünfzehn Minuten im schnellen Flug durch die immer kältere und dünner werdende Luft, sahen sie ihr Ziel von weitem vor Augen.

Alleine durch die elektrisch betriebenen Fluganzüge wurde es den Fliegern nicht allzu kalt. Trotzdem waren sie warm angezogen, trugen schwarze Handschuhe, dazu schwarze Gesichtsmasken. Auch die Fluganzüge waren schwarz, so wie der Rucksack.

Bei stockdunkler Nacht konnte man den geheimen Trupp kaum ausmachen. Nur ab und zu flackerten die elektromagnetisch aufgeladenen Fluganzüge. Es war aber meistens ein blaues Licht. Nur beim Schnellflug wechselte die Elektronenemission bei ansteigenden Voltzahlen ins rötlich-gelbliche Leuchten.

Als wären große Glühwürmchen unterwegs, die über die karge, trockene Steppen- und Felsenlandschaft huschten. Oder der „Mottenmann" trieb wieder sein Unwesen.

Denn alle machten einen halsbrecherischen Konturen- und Formationsflug und blieben recht nahe an der Oberfläche der aufsteigenden Hänge des Gebirgsmassivs.

Da sie auch als Avatare weiterhin Maschinen, Roboter aus Fleisch und Blut in Menschengestalt waren, gab es für das Team keine Probleme, präzise zu fliegen, zu navigieren und einen engen Verbandsflug einzuhalten.

Normale Menschen hätten es da schon schwieriger gehabt.

Die genauen Koordinaten des Eingangsbereiches waren allen bekannt und ein Navigationssystem am Handgelenk wies den exakten Weg.

Der von Claude-1 und seiner Mannschaft gewählte Zugang zum Zentralcomputer war von den unzähligen anderen Toren, der am schnellsten und einfachsten zu erreichende Eingang, hatte aber den Nachteil, das er äußert aufwendig bewacht und gesichert war.

Einige Sicherheitsmaßnahmen sollten überwunden, bzw. außer Kraft gesetzt werden, um zur Steuereinheit zu gelangen.

Dazu mussten bestimmte Signale per Fernsteuerung ausgesandt, Codewörter und -zahlen genannt werden und die Hologramme verlangten spezielle Geheimwörter, damit sie den Weg freigaben.

Wurde nur ein verlangtes Wort falsch genannt, brach die Hölle los. Die Hologramme hatten den Befehl, alles und jeden zu verjagen, der meinte, den „König der Welt" belästigen zu müssen.

Nach fast einer viertel Stunde im Schnellflug hatten alle eine bestimmte freie Fläche an einem Bergrücken auf einem über 4.600 m gelegenen Hochland erreicht. Sie stiegen dort senkrecht hinab und setzten lautlos auf einer kargen Graslandschaft auf.

In der Nähe plätscherte ein kleiner Bach vor sich hin, und im Hintergrund türmten sich weite Teile des Himalaja Gebirges auf.

Es war eine ruhige und friedliche Szene, die alle genossen, obwohl es stockdunkle Nacht war.

Denn die Maschinen hatten natürlich die Fähigkeit, auch bei Nacht so zu sehen, als wäre es taghell. Nicht das sonst übliche grüne, unscharfe Bild einer Nachtsichtbrille hatten sie vor Augen, sondern eine Landschaft, als wäre es zwölf Uhr mittags an einem hellen, sonnigen Tag. In Farbe natürlich.

In der Nähe stand ein kleiner, verfallener tibetanischer Gebetstempel. Eine Gebetsmühle schwang leicht und quietschend im Wind, die an einer der Pfosten hing, die das löchrige, windschiefe Dach abstützten.

Ihr Zielort!

Claude zückte sein Multitasking Computer in Form eines kleinen, leichten Smartphones und drücke eine gestimmte Tastenkombination.

Kurze Zeit später tauchte aus der heruntergekommenen Hütte ein kleiner tibetanischer Mönch in der typischen Landestracht auf. Er fragte freundlich und zuvorkommend nach dem Anliegen der Besucher.

Der Mönch war ein Hologramm, täuschend echt. Er stank auch wie ein Lama, der sich schon seit Wochen nicht mehr gewaschen hatte.

Der Ort, wo der „König der Welt" residierte war so gewählt worden, dass er schwer erreichbar war. Der „König" hielt sich in einem hohen und weitläufigen Gebirge auf, unter der die Zentraleinheit geschützt von äußeren Verhältnissen ihre zerstörerische Arbeit ausführen konnte.

Es gab ein Wächtervolk, das den „König der Welt beschützte. Darunter waren neben den Computermenschen auch jede Menge „richtiger" Menschen, die voller Inbrunst an ihren König glaubten und alles für ihn tun würden.

Aber auch Hologramme, Wachanlagen in Menschengestalt mischten sich unter die Lamas und sorgten dafür, dass die geheimen Anlagen, tief in den Atombomben sicheren Gebirgsmassiv von Außen nicht angreifbar waren.

Das Hochland im Himalaja war trocken. Es gab keinen Monsunregen, wie in Indien, sodass die Computersysteme tief in den Bergen zur Überwachung und Lenkung der Welt klimatisch geschützt waren.

Außerdem war die hochgelegene Lage zur Abstrahlung bestimmter EM-Wellen zur Manipulation der Weltbevölkerung inmitten des Himalaja Gebirges strategisch günstig, um damit den gesamten Globus zu beeinflussen, wenn der „König der Welt" betete.

Hier in Tibet, tief im Himalaja Gebirge verstreckt, könnte eine gigantische „Mind Control Anlage", die seit Jahrtausenden unsere Welt manipuliert und die Geschichtsschreibung im Sinne eines gewissen Computerprogramms lenkt, liegen, die innerhalb der Computer Simulation die Spielaufläufe lenkt und ggfs. sogar während des laufenden Spiel abändert und anpasst.

Insbesondere gegen Ende des Spiels, wenn ein Spieler bereits genügend Erkenntnisse über diese simulierte Realität erarbeitet hat.

Claude-1 als Anführer wurde in das Einsturz gefährdete Gebetshaus gebeten und dort hielt er sich fast zehn Minuten lang mit dem Wach-Hologramm auf. Codewörter wurden übertragen, es wurde geheimnisvoll geplaudert und damit Informationen ausgetauscht und schlussendlich musste Claude ein Rätsel lösen.

Da er das gesamte Wissen, sowie auch das Geheimwissen der Menschheit in seinem Gehirn, das jetzt als Datenspeicher erweitert war, abgelegt hatte, war es für ihn kein Problem die gestellte Aufgabe zur Zufriedenheit des Wächters zu lösen.

„Kommt, ihr lieben Brüder, folgt mir!", sagte der Lama dann mit andächtiger Stimme.

Das komplette Team schritt brav hinter dem Mönch mit der roten Kutte her. Als sie nach einem fünf Minuten langen anstrengenden Marsch einen steinigen Platz in der weiten Hochebene erreicht hatten, blieb der Lama plötzlich stehen.

Er murmelte etwas vor sich hin und löste sich dann urplötzlich ins Nichts auf.

Augenblicke später tat sich der Untergrund auf und eine normale Treppe führte nach unten.

„Nichts mit Gold und Silber. Keine schönen Frauen, die einen begrüßen. Nur eine karge, schmucklose Treppe aus einem harten Granitstein, die wetterfest und beständig die Jahrtausende überdauern konnte!" meinte Claude.

„Für was auch!", sagte einer aus dem Team. „Wir wissen ja, wer der „König der Welt" wirklich ist."

Alle stiegen sie hinab in den Untergrund. Sobald sie tiefer und tiefer hinunter schritten, leuchteten für Augenblicke grünlich scheinende Lampen auf, die bündig an den glasierten Seitenwänden eingelassen waren. Diese erhellten kurzfristig den Treppengang für die Besucher.

Nach fünf Minuten Treppenabstieg gelangte die Truppe in einen breiten Stollen, der so groß und breit war, dass zwei Autos bequem nebeneinander fahren konnten, wie auf einer normalen Autostraße.

Alle schauten sie nach links und rechts den Weg entlang, der auf beiden Seiten endlos ins Dunkle zu verlaufen schien.

Nur dort, wo sie standen, erhellten bündig eingelassene Deckenleuchten die Szenerie.

Claude-1 betätigte wieder eine Tastefolge auf dem „Smartphone" und nach kurzem Warten erschien ein selbst fahrender Wagen auf vier großen Rädern.

Eine Tür mit eingelassenen Treppen tat sich auf und man stieg ein.

Danach brauste das Fahrzeug im schnellen Tempo durch den dunklen Stollen. Es schien nach unten zu gehen.

Es dauerte wieder an die zehn Minuten, dann war die Fahrt im Stockdunklen zu Ende.

Vor ihnen wurde es wieder hell und als alle ausgestiegen waren, standen sie vor einem kleinen, schmucklosen grauen Eisenschott.

Wieder musste Claude eine bestimmte Tastegruppe drücken und dann schwang das Tor nahezu lautlos auf.

Endlich hatten sie die Gemächer" des „Königs der Welt" erreicht.

Wer jetzt wieder Prunk, Gold und Silber, eine verwunschene, eindrucksvolle, phantastische, noch nie gesehene Stadt hoch in den Bergen des Himalajas erwartet hätte, der wurde maßlos enttäuscht!

Ein schlichter kleiner Raum mit vier weißen Wänden, ein Tisch in der Mitte, davor ein bequemer Bürostuhl und eine Sitzgruppe an der Wand für die Besucher, das war alles!

Eine große Deckenleuchte erhellte den nüchternen weißen Raum.

Alles andere, die eigentlichen Rechner- und Sendeanlagen befanden sich in, für Menschen unzugänglichen, gesondert abgeschirmten Räumlichkeiten und konnten bei Bedarf nur von speziellen Wartungsrobotern erreicht werden.

Die Anlagen standen in speziell abgeschirmten, unter Unterdruck stehenden Räumen mit einer besonderen Atmosphäre, die für normale Leute nicht zum Einatmen geeignet waren. Diese speziellen klimatischen Bedingungen dienten unter anderem zum Schutz der Rechner und verhinderten, dass sie z.B. verstaubten oder gar Feuer fangen konnten.

Alles musste ja wartungs- und störungsfrei seit vielen tausenden von Jahren ohne Unterbrechung funktionieren.

Dazu musste die Technik einfach und zuverlässig sein. Keine hochgradige und anfällige Elektronik, die durch Interferenzen jeglicher Art gestört hätte werden können.

Je einfacher, desto zuverlässiger.

Wobei die tausenden von Jahren nur hier auf „EVO III" als ein so langer Zeitraum empfunden wurde. In Wirklichkeit, aufgrund des hohen Beschleunigungsfaktors lief die Welt ja nur, je nach Version, Minuten, Stunden, Tage oder höchstens ein halbes oder ein ganzes Jahr.

Claude ging zur Mitte des Raumes hinüber, während sich die anderen auf der Sitzgruppe breit machten.

In dem weißen, einfachen aber funktionalen Tisch aus langlebigem Material war ein Bildschirm eingelassen, den man auf Knopfdruck aus einem geschützten Fach hochklappen konnte. Dazu konnte man aus einer kleinen Vertiefung eine übliche Computer-Tastatur entnehmen, die man sogar noch an den Bildschirm anschließen musste, um sie zu aktivieren.

Es war kein Staub, kein Schmutz zu sehen. Alles war sauber, blitze blank. Also wurde der Raum hier auch gewartet und immer funktionsbereit gehalten, damit er bei Bedarf, einem Notfall oder ähnliches, jederzeit zur sofortigen Verfügung stehen konnte.

Dann schaltete Claude-1 den Computer mit einem normalen Ein- und Ausschalter an der Tastatur an.

Kein Firlefanz, kein Schnickschnack, alles ganz einfach und schlicht.

Den „Budenzauber", den gibt es nur in der Propaganda, Made in Hollywood.

Claude setzte sich an den Computertisch und nachdem der Rechner in etwa zwei, drei Sekunden hochgefahren war, gab er seinen Identifikationscode ein.

Nachdem der „König der Welt" die Identifizierung verifiziert hatte, steckte Claude einen ganz gewöhnlich aussehenden USB-Stick in eine dafür vorgesehene Öffnung an der Tastatur und gab „Enter" ein.

Der Stick aber hatte eine Speicherkapazität, da hätte man Anfang des 21. Jahrhunderts nur von träumen können, wenn überhaupt!

Wieder nach nur eins, zwei Sekunden war der Hochladevorgang erledigt.

Der Computer gab eine entsprechende Meldung und Bestätigung auf dem Bildschirm bekannt und das war die gesamte Aktion.

„O.K. Das war's! So schnell geht das. Abmarsch!"

Jetzt nahmen sie einen anderen Ausgang, dessen Wegbeschreibung Claude auf sein Multifunktionsgerät gesendet bekam.

Sie fuhren mit einem in der Nähe gelegenen Aufzug wieder an die Oberfläche und mussten dann aber den Weg zu ihrem Ausgangsort zu Fuß zurücklegen. Da alle Teammitglieder Maschinen waren, kannten sie keine Müdigkeit oder Erschöpfung, und der lange Fußmarsch wurde im Eiltempo bewerkstelligt.

Dort, wo sie eingestiegen waren, wieder angekommen, legten alle ihre Fluganzüge an, die sie, zusammen mit den Rucksäcken, versteckt zurückgelassen hatten und machten sich abflugbereit.

Sie flogen denselben Weg wieder hinunter nach Lhasa, begaben sich wieder in ihr Hotel und reisten am nächsten Tag ganz normal und unauffällig ab.

Kein Mensch in Lhasa, kein Einwohner der Hauptstadt, kein Tourist, kein chinesischer Geheimdienstmann, kein Ausländer, ob Besucher oder Spion, niemand bekam etwas mit, ahnte oder hatte auch nur einen leisen Hauch eines Verdachtes, dass soeben mehrere Leute aus einer anderen Welt, aus der Wirklichkeit hier her in den Himalaja zu einer geheimen Mission kamen.

Sie reisten hier her, um einige tief greifende Manipulationen vorzunehmen, um das Schicksal, das „Karma" der Computerfiguren und vor allen Dingen der echten Klarträumer, auf die ja hauptsächlich die Neuprogrammierung von „Shamballah" abzielte, im negativen Sinne abzuändern.

Als die Umprogrammierung zu greifen begann, wunderte man sich auf Erden, wieso die Situation, die Sicherheitslage, die allgemeinen Lebensbedingungen rund um den Globus sich wieder einmal verschlechterten.

Obwohl den Leuten von der Politik, von den Medien doch bessere Zeiten, eine strahlende Zukunft und das ganze Propagandagewäsch erzählt bekamen, war die Welt auf einmal nicht mehr dieselbe, wie man sie noch vor Jahren in der - verklärten - Erinnerung hatte.

. . .

Als der Bevollmächtigte des Maschinen-Oberkommandos sich am Nachmittag auf den Weg in das unterirdisch gelegene Schlaflabor machte, erinnerte er sich wieder an die Mission nach Shamballah, die er jetzt schon vor einiger Zeit durchgeführt hatte.

Jetzt wollte er den Labormitarbeitern eine andere Art von Zeitreisen demonstrieren.

Die übliche Labormannschaft wurde zusammengetrommelt, um einer Demonstration einer „Zeitreise" in das Unterbewusstsein einer Versuchsperson beizuwohnen.

Diesmal wurde eine ältere Dame, Magda Helmsworth als Testperson ausgewählt, die wie üblich etwas über Schlafforschung erklärt bekam und mit einem üppigen Geldbetrag in das Labor gelockt wurde.

„Meine Damen und Herren, wie sie ja bereits aus eigenen Forschungen wissen, hat das menschliche Gehirn magnetische Areale, die einem „Schwarzen Loch" sehr nahe kommen.

Insert

Zitat aus:

"Conversations With Research Scientists Initiates":

Brain and Technology Update

. . . .

Magnetic Components of Brain Activity

. . . .

I already discussed the importance of the <u>magnetic components of brain activity</u> in studying and monitoring brain processes and functions accurately and precisely. Further research by our <u>Russian colleagues</u> has also shown that <u>with proper parallel computing algorithems</u>, one can plot <u>three-dimensionally</u> the magnetic field configuration and <u>spatio-temporal time-varying fields</u> of the midbrain´s thalamus, hypothalamus, amygdala, pituitary and pinal function in real time!

This is unprecedented, because it shows that . . . the so-called "Cave of Brahma" . . . is indeed the magnetic and acoustic resonance chamber, its shape being a topological complex analogue of an ellipsoidal, prolate spheroid and a torus.

In American lingo, I think hat is called a <u>doughnut inside an egg</u>?

. . . .

(A film) /This shows a real-time plot of the nested magnetic fields around my own head.

This piece of research was a little favour from a British colleague that likes to work at nights.
. . . .

The white lines of the overall contur, the green the Hypothalamus plus Thalamus field, the red the Hippocampus plus Amygdala cycloid-shaped field (semi-circular), and the dumb-bell shaped blue is the Epyphisis (Pineal) and Hypophysis (Pituitary) combined fields.

I wrote this algorithm myself with the help of Professor Penrose - another unofficial favour - to map the magnetic fields using both the <u>SQUID sensor helmets</u> and a special helmet designed by Dr. Z having <u>Delta-T and Delta-Wave transforms</u>, having specially designed magnetic coils and sensors. This way we could pick up Pico and Nanogauss fields (billionth of a Gauss). The combined information is displayed here in three-dimensional coloured graphics.

Notice the external white-lined shape is like an egg. Inside, almost at the centre, is the toroidal shape of the Hippocampus-Amygdala combined fields, the red contours. The central tube-like **"sausage with trumpet-like open ends"** looks like what?

Anyone?

Chorus: **"An Einstein-Rosen Bridge**!"

Right!

The blue-green combined field of the Thalamus-Hypothalamus-Pituitary-Pineal glands forms a sausage, like a mini hyperspace tunnel, about 7cm long. The screen image is magnified, but the actual side is about 7cm, (reflecting) the normal brain size.

Let me pause as minute. Can we replay that part? Thanks. Notice how the overall geometry is an ellipsoidal prolate spheroidal cavity containing a sub-space of a toroid traversed by a hyperbolic, non-linear Einstein-Rosen bridge.

Again, in American lingo, "an egg-shaped cavity containing a doughnut crossed by a sausage".

What do these nested fields look like to you, dear friends?

A topological analogue of a relativistic, locally curved space-time locus around a solar system.

Of course! What else?

A space-time torus with an Einstein-Rosen bridge connecting its median points!

There . . . Ladies and Gentlemen . . . there is the scientific proof that the motto of our Order, the dictum of the ancient sages:

"As Above, So Below

As Within, So Without"

is scientifically and neurophysiologically correct and precisely.

These shapes which you all recognise as hyperspatial four-dimensional plots, are indeed magnetic-acoustical resonance chambers. Notice that these amazing geometries are the synergistic effect of the magnetic fields of these six organs surrounded by the ventricles, under the roof of the choroids plexus and corpus callosum.

Notice what happens if I subtract the field of even a single organ, let's say the pineal gland. See how it changes the entire structure? And, if I add the contribution of the mamillary body, it only widens the tube, right? And if we add the field from the reticular formation, the master circuit network, relay and switchboard of the brain where all waves are originated, what do we get? Next frame, please?

We get a tunnel merging with the main ellipsoidal field. In the screen, it is the orange coloured grid.

To summerize, what is our Mid-Brain or Inner Cavity? It is a relativistic **spacio-temporal cavity with local enfolded hyperspatial bridges** that undergoes harmonic resonances to magnetic and acoustic stimuli.

The implications are almost astronomical, if I may use the term, because a model and mechanism based on this novel scientist information implies that our human brain is in reality none other than a biological space-time energy transducer.

As such, it creates not only space, but also time.

Our ancient Chinese ancestors maintained that "the Tao was in our head".

In other words,

all the Universe is in our head!

My own inference from this study is that space and time are essentially biologically modulated, perhaps even formulated, for my equations show that possibility. Should this intuitive scientific insight be correct, then it would demolish physics, biology, philosophy and theology in a single, clean blow."

. . . .

Anmerkung des Autors:

Ein ganzes „Klartraum-Universum" im Kopf eines Luziden Träumers!

Nutzte man diese Möglichkeiten des menschlichen Gehirnes für ganze Klartraum-Universen: darin enthalten Raumfahrt, neue Welten, Zeitreisen, Krieg im Altertum usw.?

Wenn nicht in der Wirklichkeit, warum dann nicht im Unterbewusstsein eines menschlichen Hirnes?

Siehe auch die SF-Romane von Klaus-Peter Rothkugel:

„Hinter den Kulissen dieser Welt"

und

„Zeitdilatation

Die geheim gehaltene Raumfahrt"

Besitzt das menschliche Gehirn also eine „Einstein-Rosen-Brücke", ein „Schwarzes Loch".

Also nicht ein schwarzes Loch im Gehirn, das die meisten Menschen vom anständigen Denken abhält, sondern eine Raum/Zeit Verwerfung, die man für relativistische Experimente nutzen kann.

Um zum Beispiel die Zeit in einem Klartraum schneller ablaufen zu lassen, als in der Realität?

Gibt es überhaupt eine Realität oder spielt sich alles im Kopf, sprich in bestimmten, relativistischen Bereichen, wo Energie in „Materie" umgewandelt (transduced, Transducer: Energie, Signalumwandlung) wird.

Spielt sich also die Welt nur im „Kopf" des solipsistischen Spielers und Autors KPR ab und ggfs. noch in „Köpfen" anderer Spieler, die zudem noch miteinander vernetzt sein könnten?

Wir werden jetzt das Gehirn dieser Versuchsperson derart magnetisch und akustisch stimulieren, dass eine Einstein-Rosen-Brücke entsteht und wir, beziehungsweise ich, als Avatar durch dieses schwarze Loch in die Vergangenheit auf EVO III reise . . .“

„In welche Vergangenheit . . . ?“ wollte Suzanne wissen.

„In diesem Falle werde ich zur Kolonie von Atlantis“ zurückreisen, das heißt nach Brasilien.

Dies wird 3.305 Jahre vor der Zeitrechnung im Altertum sein.

Dazu benutze ich ein herkömmliches kleines scheibenförmiges Raumschiff als Transportmittel. Tief im Dschungel des Amazonasgebietes befindet sich ein Militärlager von uns. Dort werde ich landen.

Sie können hier am Bildschirm alles mitverfolgen“, erklärte Claude-1, der sich nun ebenfalls auf eine Liege begab, um als Avatar in das Unterbewusstsein der Versuchsperson einzutauchen.

Alle sahen gespannt zu, wie Claude-1 ins Trauma fiel und auf einem fiktiven Startplatz mit einem zweisitzigen, scheibenförmigen Shuttle-Raumschiff in Richtung eines sich auftuenden Schwarzen Loches hinein flog.

Ein Computersystem, an das beide Klarträumer angeschlossen waren, berechnete die einzelnen Schritte, die für die Reise in die Erdvergangenheit auf EVO III im Bewusstsein der Versuchsperson Magda Helmsworth von Nöten war.

Die entsprechenden Stimuli, elektromagnetische Wellen im Delta-Bereich, kombiniert mit einer bestimmten Abfolge von speziell modulierten, kaum hörbaren Tönen wurden an beide Probanden ausgesandt und die jeweiligen Hirnareale elektromagnetisch und akustisch angeregt. Der Grad der Erregung bestimmte die Stärke der Feldschwingungen der Einstein-Rosen-Brücke und wie tief in die „Erinnerung“ von Magda eingedrungen werden musste, damit man in das Jahr 3.305 vor Christus gelangte.

Der Computer ließ so zusagen EVO III rückwärts laufen, bis der richtige Zeitpunkt erreicht war.

In Miss Helmsworth Erinnerung war die gesamte Evolution von EVO III abgespeichert und jederzeit abrufbar.

Als der Zeitpunkt und der Ort in Brasiliens Amazonas-Dschungel erreicht war, öffnete sich das schwarze Loch und Claude konnte mit seinem Raumschiff herausfliegen und in Magdas Unterbewusstsein eindringen. Und zwar nicht in die aktuelle Zeit, sondern 3.305 Jahre vor der Zeitrechnung auf „EVO III“, wo in der Hauptsache „nach oder vor Christus“ gezählt wurde.

Er flog etwa 6.000m über der grünen Hölle des Amazonasgebietes und direkt unter ihm befand sich der entsprechende Militärstützpunkt.

Über ihm schloss sich gerade wieder das schwarze Loch.

Claude steuerte seine Maschine vorsichtig nach unten und meldete sich beim Control Tower an.

Während des Fluges kam ihm schmerzhaft sein Flugfehler mit dem riesigen „LCV" über dem Bergrücken in Kirgisien im Jahre 1991 in Erinnerung. Er wollte alles vermeiden, wieder mit einem Flugzeug abzustürzen.

Da Claude-1 wiederum als „General Hugh Stonehill" agierte, bekam er einen Landeplatz auf einem abgeschirmten Teil des Militärgeländes, das tief im Amazonas von Brasilien lag, zugewiesen.

Die Zeit in Mrs. Helmsworth Unterbewusstsein lief währenddessen schneller ab, als in der Realität. Deshalb bekamen die Wissenschaftler im Labor auf dem Bildschirm nur eine Zeitraffer-Ansicht der Geschehnisse. Alle zwei Minuten änderte sich das Bild und zeigte das, was auch Claude-1 durch seine Augen wahrnahm.

So konnte Suzanne Miller, Professor Holst und die anderen erkennen, wir ihr Maschinenboss als General Stonehill in der Kommandozentrale ankam. Er unterhielt sich dort mit hochrangigen Militärs der U.S. Armee. Dann sah man, wie er mit einem Flugzeug, einer Douglas DC-9 vom dortigen Fluggelände abflog und auf einer Insel mitten im Atlantik landete.

In einem großen Verwaltungsgebäude traf er sich wieder mit einem hochrangigen Militär. Danach sprach er in einem parkähnlichen Bereich mit einem Mann und einer Frau, die blaue Overalls der alten Royal Air Force trugen.

Dann flog er erneut mit der zweistrahligen Passagiermaschine, die Rot Kreuz Markierungen trug und damit als Sanitätsflugzeug ausgewiesen war, von der Insel ab.

Man konnte später erkennen, wie Claude-1 aus mehreren, der oval gestalteten Fenster der Verkehrsmaschine herausschaute, als ob er etwas suchte. Draußen vor der DC-9 huschte etwas vorbei und man konnte durch die Augen des Generals erkennen, wie es in der Passagierkabine zu brennen anfing.

Das Flugzeug schien daraufhin in den Sturzflug überzugehen und Claude-1 musste mit Erschrecken feststellen, wie die linke Tragfläche abmontierte.

„Der Kerl stürzt ab. Gleich wird die Maschine ins Meer stürzen!", rief Suzanne entsetzt.

Dann war der Bildschirm dunkel.

Die medizinischen Geräte, an denen beide Klarträumer angeschlossen waren, gaben wieder unaufhörlich einen alarmierendes Warnsignal ab.

Da Claude-1 den Status eines nicht sterblichen Klarträumers hatte, wachte er etwas unsanft und leicht geschockt wieder auf. Denn wenn ein Klarträumer mit Unsterblichkeit ausgestattet war, konnte er in einem wie auch immer gearteten Klartraum niemals wirklich sterben, getötet oder ermordet werden.

Galt Claude-1 im Luziden Traum als tot, dann wachte er eben wieder auf. Das Programm verhinderte die Entstehung von tödlichen Frequenzen, die sein Hirn zerstören konnten und schaltete rechtzeitig ab.

Im Gegensatz zu den anderen Unglücklichen, denen man die Klartraumwelt „EVO III" aufzwang. Diese Leute starben im Traum und damit auch in Wirklichkeit.

„Verdammter Mist! Die Russen haben die Sanitätsmaschine doch einfach abgeschossen!", beschwerte sich Claude und riss die Elektrodenhaube vom Kopf.

Denn im Jahr 3.205 vor Christus herrschte Krieg im Altertum und Claude wurde zufällig ein Opfer dieser Auseinandersetzungen.

In dem anderen Raum dagegen kämpfte die Versuchsperson Magda Helmsworth immer noch mit dem Tod.

Das unerwünschte Eindringen in ihr Unterbewusstsein und der für Claude-1 tödliche Ausgang der Reise in die Vergangenheit von „EVO-III", beeinträchtigte die Hirnfunktion von Magda negativ, aufgrund destruktiver elektromagnetischer Schwingungen im niederen Frequenzbereich, so um die 10 Hz, die sie selbst produzierte.

Diese negativen Frequenzen mit ihren alles zerstörerischen elektromagnetischen Schwingungen durchdrangen weite Teile von Magdas Gehirn und führten zu irreparablen Schäden in den verschiedenen Hirnzellen, Synapsen und so fort.

Das Gehirn starb in wenigen Sekunden vollständig ab und war damit tot!

Die von einem negativen Szenario im Klartraum ungewollt vom Träumer generierten negativen Schwingungen, absichtlich und gewollt verstärkt vom Computersystem, führten letztendlich zum Hirntod, den die Maschinen ja von jedem Klarträumer herbei wünschten.

Der Computer selbst hatte den luziden Träumer nicht getötet. Dass tat der Träumer selbst. Er bekam aber ein unheilvolles, tödliches Szenario im Traum vorgesetzt: eine tödliche Kriegszene, ein tödlicher Autounfall, eine tödliche Krankheit, ein Mord, Todschlag usw.

Alles das waren Gelegenheiten, die eben aufgrund der Stresssituation des Körpers und des Zerebrums zerstörerische, letale ELF-Wellen produzierten, die das Gehirn von innen heraus zerstörten. Der Computer, an den der Klarträumer angeschlossen war, half zudem noch nach und intensivierte die destruktiven, niederfrequenten Schwingungen, damit der Hirntod mit Sicherheit eintreten konnte.

Tod durch einen gefährlichen Alptraum. Indirekt aber gewollt und mehr oder minder herbeigeführt.

Man hätte das rebellierende und aus dem Gleichgewicht geratene Gehirn von Magda Helmsworth schon vor den tödlichen Schwingungen stabilisieren und beruhigen müssen, was technisch und medizinisch durchaus möglich gewesen wäre, indem man den Traum rechtzeitig beendet hätte.

Das war aber nicht der Fall.

So führten die destruktiven ELF-Wellen nicht nur bei Magda Helmsworth, sondern auch beim Rest der Menschheit zum vorzeitigen Ende des Klarträumers. Zumindest bei denjenigen, die auf der Erde geblieben waren und sich in einen Klartraum begeben mussten.

Claude-1 stand auf und ging zu Mrs. Helmsworth hinüber und schaltete wie üblich, die laut tönenden Geräte einfach ab. Die verzweifelte und geschockte medizinische Assistentin durfte sich nicht mehr der sterbenden Versuchsperson nähern.

„Klappe zu, Affe tot! So heißt doch ein Spruch von euch, oder?"

Eigentlich wollte Suzanne die Maschine fragen, in welch einem Szenario er da eingetaucht gewesen war. Aber als sie mitbekam, wie auch diese Testperson nicht wieder ins Leben zurückgeholt wurde, beschloss sie es sein zu lassen.

Sie wandte sich mit den anderen angewidert ab. Alle verließen wortlos und traurig das Versuchslabor.

Jeder dachte sich im Stillen, ob ihn oder sie in naher Zukunft nicht dasselbe Schicksal ereilen würde, wie die arme Magda Helmsworth: nicht rechtzeitig aus einem tödlichen Klartraum zurückgeholt zu werden, abgeschaltet von den lebenserhaltenden Geräten und erbarmungslos ermordet von Robotern, die die Menschen hassten und vernichten wollten.

7. Kapitel

Viele aus meiner Nachbarschaft hatten mittlerweile die Benachrichtigung bekommen, sich für den letzten Gang auf Erden bereit zu halten. Der letzte Weg zur nächst gelegenen Station, wo die Maschinen eine Einrichtung zum Klarträumen errichtet hatten.

In allen größeren Städten, in Kommunen und Landkreisen, selbst auf dem weiten Land hatten die Maschinen tief unter der Erde riesige Bunkeranlagen errichten lassen, in denen sich in jeweils abgetrennten Bereichen mehrere tausend Menschen einfinden konnten, die dort auf bestimmten Liegevorrichtungen an ein Computersystem angeschlossen wurden, um in die Klartraumwelt „EVO III" einzutauchen.

Es waren Hochsicherheitstrakte, unterirdisch angelegt, streng bewacht und abgeschirmt. Wer einmal dort hinein gelangte, kam nieder wieder heraus. Eine Flucht war zwecklos.

Niemand konnte mehr berichten, was sich dort unten wirklich abspielte.

Niemand konnte seine Mitmenschen warnen, nicht in die unterirdischen Klartraumkabinen zu gehen.

Niemand konnte mehr alle anderen davon abraten, den Maschinen bedingungslos zu trauen.

Denn dort unten starben Millionen an Menschen. Sie wurden einfach eingeäschert und für immer von der Erde getilgt.

Oberhalb sah man nur ein eingezäuntes Wiesen- oder Kasernengelände mit einigen harmlosen Zweckbauten darauf. Einen üblichen, bewachten Eingangsbereich mit Tor und Schlagbaum war zu erkennen, dazu ein Wachhäuschen und patrouillierenden Wachen mit Waffen im Anschlag. Außerdem standen ein Verwaltungsgebäude und ein Landeplatz für Senkrechtstarter und Abstellplätze für Autos zur Verfügung, für diejenigen, die selbst angereist kamen.

Andere wurden in Sammeltransporten zu den Anlagen gekarrt oder geflogen.

Nach der Registrierung im Verwaltungstrakt ging es mit großen Aufzügen zu den eigentlichen Räumen, tief, sehr tief in den Untergrund.

Jede unterirdische Einrichtung hatte zudem ein groß dimensioniertes Krematorium, wo gleich und unverzüglich die, nach dem diagnostizierten Hirntod verstorbenen Klarträumer, nahezu ohne Rückstände verbrannt wurden.

Die restliche Asche wurde einfach in schnell ausgehobene Gräben, in ein nächstgelegenes Gewässer oder ins Meer geschüttet.

Einige hatten sogar die verrückte Idee, die Asche wieder zu verwenden. Andere meinen aber, das wäre zu unwürdig für die Maschinen.

So wenig Aufwand und Sentimentalität wie nur irgend möglich war die Devise der Roboter.

Denn es sollten keine Zeugnisse einer ehemals gelebten Person mehr übrig bleiben. Alle Menschen wurden sang und klanglos von der Erde getilgt, ihre namenlose Asche einfach verscharrt, als hätte es den Einzelnen nie gegeben.

Bestimmte Wohngebiete und viele Städte überall auf der Welt wurden abgerissen, dem Erdboden gleich gemacht und die Bereiche renaturiert, da die Maschinen weit weniger waren, als zuvor die menschliche Bevölkerung von 500 Millionen weltweiter Einwohner.

Ein zufälliger Beobachter aus dem All hätte anerkennend feststellen müssen, dass die Erde mittlerweile zu einem wahren Paradies mutiert war.

Er hätte zuerst auch gar nicht bemerkt, dass die Humanoiden, die die Erde bevölkerten, gar nicht zu hundert Prozent humanoid waren.

Es waren Maschinen in Menschengestalt, aber aus Fleisch und Blut. Wobei der Körper des Menschen, den die Natur als Endergebnis einer über Jahrmilliarden andauernden Evolution geschaffen hatte, weiterhin als Basis für die Maschinen diente.

Vorab wurde nach dem Zufallsgeneratorprinzip ausgewählt, wer zu den dreißig oder siebzig Prozent gehörte, sprich, wer sofort starb oder etwas mehr Lebenszeit geschenkt bekam.

Einige, die von diesen Maßnahmen und der Quotierung irgendwie erfahren hatten, wollten durch Bestechung in die 30 Prozent Welten gelangen. Man liquidierte diese Leute sofort, ohne die Prozedur mit dem Klartraum.

Andere hatten Glück, noch gebraucht zu werden, da ihr Können, ihr Talent, ihre Ausbildung dazu diente, im Unterbewusstsein kreativ tätig zu werden.

Diese Leute sollten „arbeiten".

Ihr Unterbewusstsein sollten Ideen, Erfindungen, Patente liefern, die man in der Realität verwerten konnte. Dafür wurde das Computerprogramm so abgeändert, dass es eben die jeweiligen Fähigkeiten eines luziden Träumers optimal nutzen konnte. Zusammen mit den „Mitmenschen" auf der Klartraumwelt, die ihm halfen, seine Erfindungen in die Tat umzusetzen und auszuprobieren.

War derjenige Klarträumer ausgenutzt, seine letzten Gehirnwindungen ausgepresst worden, hatte er keine guten Ideen mehr, war er „ausgelutscht", so wurde er in einem tödlichen Szenario schlussendlich ein und für alle Mal liquidiert.

Der Todgeweihte sollte im letzten Augenblick noch zu etwas Nütze sein!

Andere Klarträumer spürten die schützende Hand der guten Roboter, die nicht wollten, dass die Menschen ausgerottet wurden. Man ließ diese Auserwählten in die „Slow Death Worlds" gelangen.

Mein Nachbar Carl kam eines Tages ganz aufgeregt zu mir herüber gerannt und zeigte mir auf seinem Computer-Tablet die Benachrichtigung.

Er hatte sich keine dreißig Kilometer von hier, in der Nähe eines Militärflughafens auf einem Kasernengelände zu melden.

„Es ist soweit. Ich gehe jetzt in eine virtuelle Welt!", freute sich Carl.

Ich kann mich noch erinnern, wie er voller Vorfreude in sein schönes Auto stieg, mir noch einmal freudig zuwinkte und dann auf nimmer Wiedersehen davon fuhr.

Das nächste an was sich mein Nachbar Carl erinnerte, als er in den für ihn zugewiesenen Klartraum eintauchte, war:

„Privat first Class" John Seeger, alias Carl Morton stand an der Kaimauer und starrte auf die riesige Flotte an Landungsschiffen, die vor ihm im Hafen und weiter draußen auf dem Ärmelkanal vor sich hin dümpelten.

Dann kam der Befehl in die Boote zu steigen.

Eine riesige Invasionsflotte machte sich auf, an bestimmten Orten der französischen Küste zu landen, um das Ende der schrecklichen Nazi-Herrschaft auf dem Kontinent zu besiegeln.

Seeger und seine Kameraden im LCV näherten sich immer mehr der sandigen Steilküste und gleich würde die vordere Klappe aufgestoßen werden, damit sie an Land stürmen konnten.

Carl alias John machte sich bereit, sein Gewehr fest umklammert in der Hand. Er war hoch motiviert, jederzeit Kampfbereit, um sofort gegen den Feind vorzugehen.

Man hatte Carl eine Legende von einem jungen, amerikanischen Mann aus dem mittleren Westen verpasst, der sich freiwillig als Soldat für die Befreiung Europas von der Nazi-Herrschaft gemeldet hatte.

Dann hörte Carl/John ein ohrenbetäubendes Pfeifen und ein lautes Krachen. Es war das letzte was er vernahm.

Der „Privat First Class" John Seeger, alias Carl Morton verstarb noch innerhalb des Landungsbootes, das von einer deutschen Granate aus einer der großen Bunkeranlagen abgefeuert wurde, bevor er überhaupt an Land losstürmen konnte.

Seine künstliche Biographie, sein „Leben" in der Klartraumwelt dauerte für Carl nur eine halbe Stunde in Bezug zur Wirklichkeit, danach wurde er für klinisch tot erklärt und schnellstmöglich aus der Klartraumhalle abtransportiert.

. . .

Weiter unten in unserer Straße wohnte der Luft- und Raumfahrtingenieur Allen King. Er arbeitete in der Weltraumbehörde an neuen, überlichtschnellen Raumantrieben.

Er kam sehr verärgert zu mir und hielt mir seine Aufforderung vor die Nase, sich auf einer bestimmten Klartraumstation, die sich auf einem anderen Erdteil befand, einzufinden.

„Damned! Ich wollte meine Forschungen noch abschließen und jetzt rufen die Maschinen mich doch tatsächlich auf.

Meinst du, ich könnte den Termin verschieben lassen?"

„Ich glaube nicht. Die Maschinen lassen nicht mit sich reden. Wenn du aufgerufen wirst, dann musst du gehen. Sonst holen sie dich mit Gewalt. Keiner kann ihnen entkommen", meinte ich und musste ihn enttäuschen.

„Ich habe Angst. Ich weiß nicht, was mich in dem Zentrum erwartet. Was wollen die von mir?"

„Kann ich dir auch nicht sagen. Du musst abwarten und alles über dich ergehen lassen."

Dann reiste er ab.

Er bekam eine Kabine zugeteilt und wurde ins künstliche Koma gelegt.

Da die Maschinen alles und jedes über die Menschen wussten, war natürlich bekannt, dass mein Freund Allen King ein guter Ingenieur war.

Er wurde gezielt in ein Klartraumszenario auf „EVO III versetzt, wo er weiterhin in einem großen und geheimen Entwicklungszentrum, das der so genannten „NASA" unterstand, weiter an seinem „Warp-Antrieb" arbeiten und forschen konnte.

Wohlmöglich war er dort noch in der Lage, den Antrieb mit vielen anderen Ingenieuren und Spezialisten einsatzreif machen zu können.

Wohlmöglich überließ man ihm sogar die Ehre, auf seinen Namen, Allen King, ein U.S.-Patent über seine Erfindung anzumelden.

Als Allen einen gewaltsamen Tod auf „EVO III" starb, konnten die Maschinen, die jeden verstorbenen Klarträumer, beziehungsweise jedes Gehirn nach bestimmten Kategorien durchsuchten, auch seine Erfindung herausfischen.

Unter der Registriernummer 156 (für die Klartraumwelt in der sich Allen befand) sowie dem U.S. Patent XXX wurde das von Allen King im Klarraum angemeldetes U.S. amerikanisches Patent eines Warp-Antriebes entdeckt und in der Realität intensiv und genauestens ausgewertet.

Das im Unterbewusstsein von Allen entwickelte Patent lieferte den Maschinen einen wertvollen Beitrag zur Weiterentwicklung ihrer Raumschiffe und konnte sogar noch bei der Deportation der Raumreisenden in neuen, jetzt überlichtschnellen Raumschiffen angewandt werden.

Natürlich hatte ich das nie erfahren, denn man wusste ja nicht, dass die Maschinen den menschlichen Erfindergeist so schamlos ausnutzten, um einen erzwungenen Klarträumer noch die letzten Ideen aus seinem Gehirn herauszupressen.

Die Maschinen taten auch alles, damit dies ja streng geheim blieb.

. . .

Frank Miles saß im Bug der B-17 „Beautiful Blonde III" und schaute durch das „Norden Bombsight" nach unten, wo langsam das Ziel, eine zu „Kugelfischer" gehörende Fabrik in der Nähe von Schweinfurt, in den Sucher wanderte.

„Caution! Enemy Aircraft! 12 o`clock low!", rief plötzlich der Co-Pilot Ernest Dwight.

Frank schaute nach vorne durch die große Plexiglashaube am Bug und sah plötzlich eine Art rotierende Scheibe, die von unten auf ihn zugeflogen kam.

Noch bevor er einen weiteren Gedanken fassen konnte, schlug das schnell sich drehende Ding mit voller Wucht in die Nase der B-17 ein.

Das unbekannte Fluggerät zerschmetterte nicht nur das hochmoderne amerikanische Bombenzielgerät sondern auch den völlig überraschten Bombenschütze Frank Miles.

Dieser wurde durch vier messerscharfen Stabilisatoren, die rings um das eigentliche Flugzeug, einer circa einen Meter durchmessende, silberne, elektrostatisch aufgeladenen Sphäre, in unzählige Stücke zerfetzt, sodass das Blut nur so durch das Cockpit des Bombers spritzte.

Das U.S. Bombenflugzeug musste aus dem Verband ausscheren, geriet in den deutschen Flak-Gürtel und wurde so schwer von Flak-Granaten getroffen, dass die Maschine noch in der Luft auseinanderbrach.

Es wurden nur zwei Fallschirme gesichtet.

Nur eine halbe Stunde, nachdem Frank Miles in der Klartraumkabine ins künstliche Koma gefallen war, eine neue Identität erhielt und als Flieger im Zweiten Weltkrieg aufwachte, verstarb er auch bereits wieder in dem Kriegsszenario auf EVO III, der tödlichen „Instant Death" - Version.

. . . .

Der Tagesschausprecher wollte gerade zur Wetterkarte nach Frankfurt/M. übergeben, da bekam er unerwartet einen Zettel gereicht.

„Meine Damen und Herren, wie soeben gemeldet wird, sind alle Verhandlungen der Westmächte mit der Sowjetunion gescheitert!

Die beiden Delegationen gingen vor einer viertel Stunde ohne ein greifbares Endergebnis auseinander. Der deutsche Außenminister wollte keine eindeutige Stellungnahme abgeben."

Einspielung O-ton:

„Herr Außenminister . . . , wann werden Sie sich wieder mit Ihren Kollegen aus Russland treffen?

Antwort im leicht sächsischen Ton:

„Das kann ich Ihnen heute Abend nicht mit Bestimmtheit sagen. Wir hoffen, schon Morgen wieder ein Treffen vereinbaren zu können . . . Ich danke Ihnen, Herr N . . ."

„Der Außenminister der Bundesrepublik Deutschland konnte oder wollte uns leider nicht mehr mitteilen und damit gebe ich zurück zur Tagesschau nach Hamburg."

„Und jetzt das Wetter für morgen, den . . . ."

Jürgen Michels war sehr beunruhigt, als er am nächsten Morgen sehr früh mit seinem Auto zu seinem Arbeitsplatz fuhr. Seine Kollegen in der Firma waren alle sehr aufgeregt und man diskutierte fast den ganzen lieben langen Tag nur um die alles entscheidende Frage:

„Wird es Krieg mit der UdSSR geben, oder nicht?"

Am nächsten Tag holte die Ehefrau von Jürgen Michels die gemeinsame Tochter von der Schule ab.

„Na, wie war es im Unterricht, Sabine?"

„Ganz gut. In der letzten halben Stunde haben wir besprochen, wie wir uns im Falle eines Luftrangriffes zu verhalten haben."

Als beide nach dem Mittagessen noch schnell das Geschirr abspülen wollten, hörten sie auf einmal das Heulen der Sirenen, die überall verteilt in der Stadt auf bestimmten Dächern und Häusern montiert waren.

Ein auf- und abschwellender Heulton ertönte fasst fünf Minuten lang, nicht nur durch die Stadt, sondern durch das gesamte Bundesgebiet.

Auch in den angrenzenden europäischen Nachbarstaaten gab es eine Luftwarnung.

Es war ein unheimliches Geräusch, wie die Sirenen laut und eindringlich heulten. Es machte jeden Angst und Bange. Das Heulen der Sirenen war die Warnung für einen bevorstehenden Luftangriff, der nicht lange auf sich warten lassen sollte.

„Mutti, Mutti, wir müssen das Radio anmachen!"

„Sehr geehrte Zuhörer!

Das Luftlagezentrum des Bundesverteidigungsministeriums gibt bekannt:

Aufgrund nachrichtendienstlicher Erkenntnisse westlicher Geheimdienste ist in der nächsten halben Stunde mit bevorstehenden Angriffen von nuklear bestückten ICBMs, sowjetischer Interkontinentalraketen mit Mehrfachsprengköpfen, die aus Richtung Sowjetunion kommen, auf unser Staatsgebiete und ganz West-Europa zu rechnen.

Wir bitten die gesamte westdeutsche Bevölkerung unverzüglich geeignete Luftschutzeinrichtungen aufzusuchen.

Dies ist keine Übung!

Ich wiederhole:

Dies ist keine Übung!

Sehr geehrte Zuhörer!

Das Luftlagezentrum des Bundesverteidigungsministeriums gibt bekannt:

Aufgrund nachrichtendienstlicher Erkenntnisse westlicher Geheimdienste ist in der nächsten halben Stunde mit bevorstehenden Angriffen . . ."

Auf allen Radiokanälen und allen drei Fernsehprogrammen lief in einer Endlosschleife die kurze, aber eindringliche Warnung vor Raketenbeschuss aus Russland.

„Mutti, wir müssen schnell in den alten Hochbunker laufen, bevor es zu spät ist."

Frau Michels wollte noch schnell ihren Mann am Arbeitsplatz anrufen, aber sie hörte nur das Besetztzeichen am Telefon. Alle Leitungen waren total überlastet.

Auf der Straße brach mittlerweile das Chaos aus. Der Autoverkehr war zum Erliegen gekommen. Autos hupten, dazu der eindringliche Signalton von Krankenwagen und der Feuerwehr.

Die Menschen hasteten verzweifelt zu bestimmten Sammelpunkten, wo sie in unterirdische Schutzräume zu gelangen versuchten. Kaum jemand nahm noch auf andere Rücksicht.

Rette mich wer kann!

Frau Michels und ihre Tochter Sabine wollten gerade zur Tür hinaus, um den zwei Kilometer entfernten alten Hochbunker aus dem zweiten Weltkrieg zu erreichen, der wieder als Luftschutzbunker reaktiviert worden war.

Da gab es unvermittelt eine heftige, lautstarke Detonation.

Gleißend helles Licht durchflutete die gesamte Stadt, gefolgt von einem enormen Explosionsdruck.

Sabine und ihre Mutter waren auf der Stelle tot.

Die Klarträumerin Vanessa Heller, alias Sabine Michels verstarb fünf Minuten nachdem sie in einer der unzähligen Klartraumkabinen in ein künstliches Koma versetzt wurde.

Eine Automatik stellte einen plötzlichen, unverhofften Hirntod fest und veranlasste, dass der tote Körper von Vanessa unverzüglich zur Einäscherung abtransportiert wurde.

. . . .

„Wir programmieren, und das geht über das Sub-Programm, stationiert unterhalb des Himalaja Gebirges, also direkt auf „EVO III, einige geheim agierende Gruppen, Organisationen und Vereinigungen ein.

Diese werden zu allen wichtigen historischen Zeiten und Epochen auftauchen, um ihr destruktives Werk im Sinne der Vernichtung der Klarträumer ausführen", sagte Claude 1 zu einem der menschlichen Programmierer.

Dieser nickte gezwungenermaßen und machte sich daran, mit Hilfe der Maschinen und entsprechenden Assistenz-Programmen, den Befehl von Claude in die Tat umzusetzen.

„Gut, dass noch einige, wenn auch wenige richtige Menschen bei der Entwicklung von EVO III beteiligt sind, dann können wir unsere Rettungsprogramme und andere versteckte Hinweise heimlich einprogrammieren. Ich hoffe nur, diese werden auch eines Tages entdeckt und richtig interpretiert.

Manches werden wir so offensichtlich einfügen, das müsste doch jeder Depp merken."

. . . .

„Das hier ist also das „Deception Committee".

„Ja, sozusagen „2.0., die Wiederauflage."

„Die geheime Truppe hatte doch unter der Präsidentschaft von Ronald Reagan einer ihrer großen Zeiten gehabt . . ."

„Die hatten wir schon zuvor und haben sie jetzt immer noch!", lachte Sam Weinstein.

„Habt ihr nicht das mit den U-Booten vor Schweden gemacht? Die „Geister U-Boote?"

„Richtig! Wir haben sogar ein echtes russisches U-Boot mit samt der Besatzung in einem Fjord in Schweden auf eine Sandbank setzen lassen. Damit alles realistisch aussieht, und wir die Theorie mit den spionierenden Russen der schwedischen Regierung unter Olaf Palme besser verkaufen konnten", sagte Weinstein stolz.

„Wie habt ihr das gemacht, dass sich ein russischer U-Boot Kommandant kaufen lässt?"

„Well, einfach mit viel Geld! Schönen amerikanischen Dollars . . .“, freute sich Sam Weinstein. „Und dem Versprechen einer unbeschwerten Zukunft in den United States.“

„Der ist wirklich darauf reingefallen? . . . Ist der sowjetischen Spionageabwehr nichts aufgefallen, einer aus der Besatzung oder jemand von der Einheit . . . keiner hatte etwas gemerkt von dem Verrat? Hatte die Presse sich das nicht auch gefragt?“

„Ich hoffe nicht! Aber ich weiß es ehrlich gesagt auch nicht. Ich war damals ja nicht dabei“, sagte der Leiter der geheimen Mission. „Aber die Russen waren doch sowieso nie richtig unsere Feinde. Nur die, die an den Quatsch mit dem Kommunismus geglaubt hatten. Die ideologisch Verblendeten. Die anderen gehören doch alle zu uns, beziehungsweise wurden und werden von den Geheimdiensten aus dem Hintergrund kontrolliert und gelenkt. Übrigens, ihre Frage mit der Presse war doch nicht ernst gemeint, oder?

Du weißt doch, wer „Solomon“ im Kreml ist, und David Aron Mendel?“

„Natürlich. Wer die beiden im Kreml sind, ist doch klar. Welche von uns!“

„Sie waren bei einer großen Tageszeitung, Mister . . .?

„Joshua A. Eisenstadt mein Name . . .“

„Nie gehört.“

„Ich war sozusagen die „graue Eminenz“ im Hintergrund. Und jetzt bin ich hier bei Ihnen gelandet. Im Geheimsten vom Geheimen. Berichten Sie immer noch dem Präsidenten?“

„Schon lange nicht mehr . . . !“, grinste Sam.

„Was ist denn ihre aktuelle Aufgabe . . . ?“

„Ich brauche als nächstes vierzig „Eagle Ultimate“ . . .“

„Was ist das denn?“

„Bestattungsfahrzeuge, Leichenwagen. Die U.S. Firma Eagle stellt den „Ultimate“ auf Basis des amerikanischen Cadillac Fahrgestelles her.“

„Gleich vierzig Stück? Gebraucht oder neu?“

„Well, neu natürlich! Soll doch alles schön aussehen, für die Medien und das Fernsehen.“

„Wer wird den zu Grabe getragen?“, fragte Eisenstadt neugierig.

„Passagiere eines Flugzeuges, das abgestürzt ist.“

„Mir, als alter „Medien Junky“, ist momentan gar kein aktueller Flugzeugabsturz bekannt.“

„Der findet ja auch erst in einem halben Jahr statt . . . !“

„Und das wissen Sie schon jetzt?“, wunderte sich der Ex-Zeitungsmann.

„Dafür sind wir doch hier, in unserem geheimen Komitee."

„Sie werden das Ganze inszenieren?"

„Was sonst!"

„Welche Passagiere und warum stürzt denn die Maschine ab?", wollte Eisenstadt wissen.

„Holländer! Die Passagiermaschine wird im ehemaligen Ostblock abgeschossen werden."

„Die armen Passagiere . . . !", frozzelte Eisenstadt.

„Sind schon tot!", sagte Sam Weinstein knapp und suchte im Internet nach der Adresse der Firma Eagle.

„Schon bevor die Leute abgestürzt sind? Wie geht das denn?"

„Wir nehmen „Konserven". Haben wir von den Deutschen gelernt. Die hatten Leichen um den Sender Gleiwitz gelegt, vor Kriegsausbruch, vor dem zweiten Weltkrieg . . ."

„Ja, ja, die Story kenne ich. Wegen den Polen. War eine gute Idee. Muss man den Deutschen lassen. Die „Konserven" werden also in den vierzig „Eagle" Leichenwagen transportiert?"

„No!" Sam Weinstein lachte auf.

„Hey man! Sie machen es aber kompliziert."

„Die Maschine, die in einem halben Jahr abgeschossen wird, ist schon einmal „abgestürzt". Wir haben die Maschine nach Diego Garcia geflogen und dort auf unserer Air Force Base die toten Passagiere von Bord geholt und einfrieren lassen. Den Absturz haben wir inszeniert und ganz groß in den von uns kontrollierten Medien breit getreten."

„Ja, jetzt weiß ich, was Sie meinen!", lachte Joshua Eisenstadt. „Auch wir haben in unserer Zeitung groß darüber berichtet. Es wurden nie größere Wrackteile gefunden, trotz einer groß angelegten Suchaktion mit Flugzeugen über weite Gebiete des Pazifik."

„Ja, die Boeing Passagiermaschine steht ja auch intakt auf unserem Luftwaffenstützpunkt in Diego!", grinste Sam.

„In einem halben Jahr wird der Flieger dann ein zweites Mal abstürzen?", vermutete Eisenstadt richtig.

„Ja. Mit den „Konserven"."

„Fällt das nicht auf. Es sind doch gar keine Europäer!"

„Das werden die Russen schon erledigen."

„Und in den Särgen?"

„Ist keiner drin."

„Alle Personen nur erfunden?", wollte Eisenstadt wissen.

„So wie bei Schenksville!"

„Ja, auch eine tolle Geschichte. Obwohl . . . Da ist doch mal eine TV-Crew mit einem Hubschrauber über die vermeintliche Absturzstelle geflogen . . . und die haben nichts entdeckt, was man so sieht, wenn eine große Passagiermaschine am Boden zerschellt. So von wegen Koffer, Kleidungsstücke, das noch intakte Heck, Triebwerke und so weiter", gab Einstadt, der Medienexperte zu bedenken.

„Ja, aber dafür haben wir doch euch! Die Medien und die richtigen Leute an den richtigen Stellen. Seit wann berichtet ihr denn noch über die Wahrheit?"

„Doch, ab und zu . . . !", und Joshua Eisenstadt musste laut auflachen und Sam Weinstein stimmte glucksend mit ein.

„Wir haben sogar eine Todesliste mit den „verunglückten" Passagieren veröffentlicht. Alles Leute, die es nie gab und auch nie umgekommen sind . . ."

„Wurde der „Rechtfertigungsfilm" über die Schenksville-Passagiermaschine und das Drama, das sich unter den Passagieren abspielte, nicht sogar prämiert?", frage Sam.

„Ja!", lachte Eisenstadt, „wir haben nicht nur die Szenen in der Passagierkabine komplett erfunden, wir haben es auch geschafft, dank unserer hervorragenden Beziehungen zu einem Ausschussmitglied aus dem Filmkomitee, Gideon Goldwasser, dass das Machwerk eine Auszeichnung bekam. Wir sind verdammt gut, damned, we are!"

Sam nahm den Hörer ab und sagte:

„Ja, hier ist Smith, Paul Smith von Trade International. Hören Sie, wir haben einen Großauftrag für Sie. Ihr Erfolgsmodell, der „Ultimate", . . . wir hätten gerne vierzig Fahrzeuge davon, für den Export. Wann können Sie liefern . . .?"

Top-Modell von Eagle Coach: der Ultimate auf Basis des Cadillac DTS.

Eagle Coach, 3344 State Route 132, Amelia, Ohio 45102, USA

Einige Zeit später . . . .

Sam und Joshua schauten sich im Fernsehen die Direktübertragung auf CNM von der Trauerzeremonie an.

„Sieht doch gut aus. Vierzig Niegel-Nagel neue schwarze Leichenwagen, alle schön einheitlich und perfekt. Macht sich gut bei der Feier und im TV.

Wäre doch ungünstig, hätten wir schnell aus der Umgebung irgendwelche bunt zusammen gewürfelte Bestattungswagen zusammen kratzen müssen. Vierzig unterschiedliche Wagen, unterschiedliche Farben, Silber oder schwarz. Die ganze schöne Medien-Inszenierung wäre durch die uneinheitlich aussehende Autokolonne doch verschandelt worden . . .", meinte Sam.

„Hoffentlich kommt keiner auf die Idee, mal nachzufragen, wo denn so schnell die amerikanischen Autos aufgetrieben wurden. Oder hat ein Importeur die 40 Spezialfahrzeuge allesamt auf Lager?"

„Natürlich hat er das!" und Mister Weinstein lachte und lachte und lachte . . .

. . . .

„Mensch . . ! Den „Captain Mantell Fall" mit der Sichtung der Venus zu erklären. Und das am Tag bei herrlichem Sonnenschein! Das ist doch Schwachsinn hoch zehn. Wer glaubte denn so einen Mist?

Konnten wir keine bessere Erklärung anführen?"

„Warum? Die Idee war doch gut. Dass die Venus an diesem Tag gar nicht in diesem Abschnitt am Himmel zu sehen war, wer weiß das schon? Im Jahre 1948, da hatte doch niemand Ahnung von Himmelskunde, Luft- oder Raumfahrt. Der Pöbel ist dumm, den können wir verarschen, wie wir lustig sind."

„Auf ihre Verantwortung . . . ich meine ja nur!"

„Glauben Sie mir, die Geschichten mit den „UFOs", das können wir noch Jahrzehntelang so weitermachen. Den Pöbel können wir hinters Licht führen, immer und immer wieder. So dumm wie die Leute sind, die glauben alles. Auch wenn es noch so unwahrscheinlich klingt.

Wer den Unsinn mit den „Aliens" glaubt, der tickt doch sowieso nicht mehr ganz richtig.

Außerdem haben wir doch die von uns geschaffenen UFO-Gäubigen. Sind wie Sektierer. Alle leicht von uns manipulierbar. Die Kaufen unsere Bücher, UFO-Literatur und machen diese zu Bestsellern. Dazu die richtigen Autoren, die allesamt unter unserer Kontrolle stehen und besser sind als jede Marionette.

Wir haben da einen Professor, der taucht immer wieder im Fernsehen auf, macht einen auf „wissenschaftlich." Der erzählt jeden Mist. Er bekommt von uns (Propaganda-) Rohmaterial. Vorgedrehte Beiträge fürs Fernsehen. Wird dann nur noch national aufbereitet.

Wir brauchen nur leicht formbare Leute, die für Geld und gute Worte unsere Lügenmärchen verbreiten. Wir haben noch viele Wissenschafter und Möchtegern Spezialisten in Petto, die erzählen vor der Kamera jeden Scheiß. Wenn ein Studierter etwas sagt, kann das falsch sein . . . ?"

Gelächter.

„Natürlich nicht! War da nicht mal ein Astronaut, der behauptete, dass ein sphärenförmiges Raumschiff unsinnig wäre. Wie hat man den dazu gebracht, so etwas zu behaupten? Schließlich ist der Mann doch studierter Ingenieur."

„Der übergeordnete Konsens . . . Sie verstehen?"

„Der „König der Welt" betet und alle, alle werden lammfroh!

Wieder Gelächter.

„Elf-Wellen sei Dank!"

. . . .

Claude 1 hatte sich in die Zentrale der Maschinen begeben, um sich einige aktuelle Statistiken anzuschauen.

„In den „Slow Death Worlds" von „EVO III" haben wir jetzt rund 197.800.000 Klarträumer, die in den jeweiligen Klarräumen teils mehrere Jahrzehnte verbringen werden.

Das heißt, den Beschleunigungsfaktor mit eingerechnet, werden wir bis Ende des Monats eine große Anzahl an Probanden eliminieren können."

Claude 1 nickte anerkennend und erkundigte sich nach der Produktivität der einzelnen Klarträumer.

Ihm wurde am Bildschirm eine aktuelle Statistik der Personen angezeigt, die das größtmögliche Potenzial hatten, dass bestimmte Erfindungen mit nahezu 90 prozentiger Wahrscheinlichkeit eintreten werden.

„Bei 106 Million möglicher wissenschaftlich vorbelasteter Kandidaten, die in ihren „EVO III" Welten noch je 7 Milliarden Menschen an „Weltbevölkerung" aufweisen, ergibt das eine sehr hohe Wahrscheinlichkeit, dass wir Erfindungen, wissenschaftliche Erkenntnisse aus allen Bereichen der Forschung und Entwicklung erhalten, die in die hohen Bereich von Billiarden an Währungseinheiten gehen werden."

„Kreativität im Unterbewusstsein am laufenden Band!", freute sich Claude-1.

„Ja! Damit amortisiert sich nicht nur unsere Aktion zur Eliminierung der Menschheit. Wir machen sogar noch einen gigantischen Profit.

Außerdem bekommen wir eine Fülle von diversen Patenten aus allen nur erdenklichen Bereichen und dass in einem nie gekannten Ausmaß. Von denen wird auch wieder ein gewisser Prozentsatz äußert brauchbare Entdeckungen und Neuerungen ergeben, dessen Wert kaum noch in Worte oder Zahlen zu fassen ist."

„Großartig! Ganz große Klasse. Unsere Ausbeute an Wissen übersteigt die Evolutionsleistung der Natur um etliche Potenzen", lachte Claude gut gelaunt.

Und Claude 1, die menschliche Maschine legte sich zufrieden zurück.

Letztes Kapitel

Jetzt bin ich also in einer Computerwelt. Einer simulierten „Realität"!

In einem von einem Computer generierten, künstlichen Klartraum!

Hier scheint alles so zu sein, wie in Wirklichkeit. Wenn man annimmt, dass auch in der Realität das Gras grün ist und der Himmel blau.

Das Wunderwerk Gehirn.

Alles was das Gehirn einmal gelernt hatte, kann es nachahmen. Wenn jetzt ein Computer den Traum stabilisiert, bestimmte Gehirnareale stimuliert und alles permanent aufrechterhält, kann ich jahrelang in diesem Traum leben, als wäre es die Wirklichkeit.

Ich bekomme alle Sinnesreize jetzt von innen, direkt ins Gehirn und nicht mehr von außen über die Augen, den Tastsinn, den Mund, Nase, Ohren usw. Ich liege im Koma und habe trotzdem Hunger und Durst. Esse und trinke ich nichts, verhungere und verdurste icht trotzdem, obwohl ich im Koma liege!

In diesem Klartraum, einer solipsistischen Computersimulation kann ich agieren, wie im richtigen Leben. Diese künstliche Welt ist jetzt mein richtiges Leben! Obwohl ich der einzige echte Mensch in diesem „Spiel" bin.

Aber wie lange kann ich hier noch „leben"?

Die „Grundprogrammierung" stimmt sie also mit der Wirklichkeit überein:

Ist das Gras Grün, der Himmel blau, sehen die Menschen aus, wie Menschen? Ja sogar die technische Entwicklungen und die bahnbrechenden Erfindungen und Entdeckungen der Menschheit, stimmen sie mit der Wirklichkeit überein?

Wie z.B. die Erfindung des Rades, die Buchdruckkunst, das die Erde eine Kugel ist, die „industrielle Revolution", die „digitale Revolution", die Gesetzte der Physik, der Chemie, die Relativitätstheorie, die Quantenmechanik und so fort.

Da die Computerwelt nach irdischen Evolutionsgesetzten programmiert sein könnte und somit Parallelen zur Realität aufweisen sollte, müssen alle Erfindungen und Entdeckungen irgendwie „eingefügt" werden.

Deshalb haben Erfinder und Forscher, Wissenschaftler und Tüftler immer wieder „Eingebungen", sie sehen ihre Lösungen im Traum oder der Zufall kommt ihnen zu Hilfe.

Es wird eine Art „roter Faden" in der Menschheitsgeschichte eingehalten, der herbeigeführt wird, damit die Entwicklung der Geschehnisse auf der Computerwelt mit der Realität in Einklang gebracht werden kann.

So jedenfalls war es auf den vielen Testwelten, wo Forscher und Wissenschaftler das Leben der Menschen in der Vergangenheit studierten. Wobei die Reise in die menschliche Vergangenheit mit den Jahrzehnten und Jahrhunderten immer unschärfer wurde, da man nur das darstellen konnte, was man aus diversen Aufzeichnungen, Überlieferungen und allen möglichen anderen Quellen aus den jeweiligen Zeitabschnitten zusammentragen konnte.

Man versuchte, eben diese früheren Zeiten der Menschheitsgeschichte aus den Erinnerungen, dem „globalen Bewusstsein" der Menschen, aus den „Traum-Erinnerungen", oder aus den z.B. von Generation zu Generation vererbten Erinnerungen einer Familiengeschichte zu extrahieren und umzusetzen.

Überall auf der Welt gibt es Menschen, Familien, Verwandtschaft, die über Jahrhunderte an einem bestimmten Ort beständig gelebt hatten. Deren Erinnerungen, abgespeichert in den jeweiligen Gehirnen wurden seit vielen Generationen immer wieder weitergegeben und konnten somit ein wunderschönes Abbild der jeweiligen Region zu bestimmten Zeitabschnitten liefern.

Man brauchte schon eine bestimmte Anzahl an Erinnerungen, um halbwegs ein vernünftiges Bild zu erhalten und zusammensetzen zu können. Die Leute hatten unterschiedliche Erinnerungen in ihrem Unterbewusstsein abgespeichert, je nach Wahrnehmung, Wertigkeit und wie das einzelne, individuelle Gehirn subjektiv die Zeit, in der es lebte, wahrnahm oder wahrnehmen wollte. Jemand mit einer „leck mich am Arsch" Einstellung wird sicherlich nur eine eingeschränkte Wahrnehmung und ein Abbild seiner Zeit gehabt haben. Möglicherweise hängt die abgespeicherte Erinnerung auch vom jeweiligen Intelligenzquotient eines Menschen ab, wie und was sein Gehirn aufnimmt und ablegt.

Insert

Auszug aus dem Buch: „Zeitsprung, Auf der Jagd nach den letzten Rätseln unseres Lebens", von Johannes von Buttlar, C. Bertelsmann Verlag, 1977:

„Calvin Hall, Professor der Psychologie und Direktor des „Institute of Dream Research" in Santa Cruz interessierte das Problem der Trauminterpretation in erster Linie vom wissenschaftlichen Standpunkt. Die Traumtheorien der Psychoanalytiker in den vierziger Jahren ließen ihn für immer mehr zu wünschen übrig.

. . . .

Er, Hall rief daher ein Forschungsprogramm ins Leben, indem er und seine Mitarbeiter in jahrzehntelanger Arbeit das Traummaterial von Menschen aus vielen Ländern und Gesellschaftsschichten sammelten und analysierten.

. . . .

Zur Zeit ist die Traumforschung in Amerika eines der begehrtesten Fachrichtungen (Stand 1977). Über 500 Psychoanalytiker, Psychologen und Neurologen arbeiten an Traumforschungsprojekten."

. . .

Anmerkung des Autors:

Bei dem, im o.g. Buch beschriebenen Analysen handelte es sich um die Deutung der Träume, die Männer und Frauen jede Nacht haben und wie man sie interpretiert und diese statistisch und anderweitig einordnen kann.

Wurden neben den „offiziellen Traumdeutungsforschungen" auch von den tausenden von Probanden die Erinnerungen aus der Vergangenheit, nicht nur jeder einzelnen Versuchsperson, sondern auch die Erinnerungen verstorbener Familienmitglieder und Verwandtschaft, die wie die Gene des Menschen über Generationen hinweg vererbt wurden und werden, ebenfalls gesammelt und ausgewertet?

Wie viele Forschungsprojekte, neben den offiziellen gab und gibt es in den USA, sowie weltweit, die sich mit der Erinnerung und Beschreibungen von Ereignissen aus der Erdvergangenheit im menschlichen Unterbewusstsein befassen, um ein möglichst genaues Abbild der Erdgeschichte und des menschlichen Lebens zu allen Epochen zur genauen Darstellung von virtuellen Welten zu erhalten?

Wurden auch die Erinnerungen von Tieren, Haustieren wie Hund und Katze sowie andere Wildtiere in der einen oder anderen Weise ausgewertet, ggfs. auch die Wahrnehmungen von Pflanzen, wie jahrhunderter alter Bäume?

Wird diese spezielle Hirnforschung aus verständlichen Gründen geheim gehalten, da wir ja jetzt, sozusagen als Endergebnis dieser langfristigen Nachforschungen und dem Sammeln von unzähligen Erinnerungsfragmenten, bereits in einer virtuellen Klartraumwelt leben?

Unzählige Personen aus allen Teilen der Welt wurden über Jahre hinweg in bestimmten, auch geheimen Schlaflabors ins Koma versetzt, um den gesamten Erinnerungsschatz aus ihren jeweiligen Unterbewussten herauszuziehen.

Mit einem speziellen Computerprogramm wurden diese Bilder der Vergangenheit dann verarbeit, um diese in eine neu geschaffene, virtuelle, künstliche Welt zu integrieren.

Mit dem technischen Fortschritt war es irgendwann auch möglich, die Erinnerungen direkt am Bildschirm sichtbar zu machen, so wie die Bilder, die man vor seinem geistigen Auge sieht.

Bei manchen reichten die Erinnerungen, oder Erinnerungsfetzen nur einige Jahrzehnte zurück, weil aus irgendwelchen Gründen das individuelle Gehirn nicht mehr abgespeichert hatte, oder keine weiteren Informationen mehr preisgab.

Andere Gehirne hatten Erinnerungen gespeichert, die gingen weit bis ins Altertum, ja sogar bis in die Steinzeit zurück und waren somit wertvolle Informationen aus der Erdvergangenheit.

Bekannt wurden z.B. solche Erinnerungen in der Öffentlichkeit, weil es Berichte über Teilnehmer gab, die in einer so genannten „Regression" in ihre eigene Vergangenheit per Hypnose zurückversetzt wurden und sich an ein „Vorleben" in früheren Zeiten erinnern sollten.

Diese Versuchspersonen konnten sich zwar an Details wie Landschaften, Bauten, Häuser, Straßen und so weiter erinnern, aber andere Menschen, die zu jener Zeit gelebt hatten, kamen nicht oder nur selten als abgespeicherte Erinnerungen vor.

Die meisten Leute, die Personen in solchen „Rückführungen" sahen, waren Erfindungen des eigenen Bewusstseins und hatten keinen Bezug zu wirklichen, damals lebenden Menschen.

Wenn überhaupt in ihren Szenerien Menschen vorkamen. Merkwürdigerweise stellte das Gehirn fast gar keine Menschen aus der Vergangenheit dar.

Wenn doch echte, damals lebende Personen im Unterbewusstsein abgespeichert waren, wurde in der Öffentlichkeit wohl aus Geheimhaltungsgründen nicht darüber berichtet.

Diese Probanden sahen nicht ihr früheres Leben in einer Regression, in einer persönlichen Rückführung, so wie die Propaganda, Manipulation und Desinformation den Menschen es gerne glauben - und hoffen - lassen will.

Nein, diese Versuchspersonen sahen die Erinnerungen, das Abgespeicherte, das was die Vorfahren, die damals lebenden Familienangehörigen, ehemalige Verwandte, Eingeheiratete usw. einmal in der Vergangenheit alles Wahrgenommen hatten und was in deren Unterbewusstsein mehr oder minder gut abgespeichert, für immer abgelegt wurde.

Auch diese ehemaligen Erinnerungen werden vererbt, weitergeben an die Kinder und Kindeskinder, so wie alles andere Erbmaterial auch. Wahrscheinlich auf elektromagnetischen, holographischen Wege, eventuell sogar in Verbindung mit der „Einstein-Rosen-Brücke".

Siehe hier auch den „Lebensfilm" am Ende eines Lebens, kurz bevor man stirbt.

So können verwandte Menschen Erinnerungen, Eindrücke, Wahrnehmungen aus längst vergangenen Zeiten, aus ihrer unmittelbaren Vergangenheit über viele Generationen hinweg an ihre nächste Generation weitergeben.

Das kann man auslesen und mit diesen Informationen eine virtuelle Welt generieren, die der Wirklichkeit recht nahe kommt.

Die einzelnen Personen aus der Vergangenheit aber sind verstorben.

Es gibt kein Leben nach dem Tod!

Man hat nicht schon einmal oder mehrmals gelebt.

Das ist pure Desinformation!

Was es gibt, sind die Erinnerungen eines Toten aus dem Familienstammbaum, einer ganzen Familiengeneration, die sukzessive weitervererbt werden.

Und diese Erinnerungen werden jetzt missbraucht, um z.B. „EVO III" zu programmieren, eine absichtlich generierte Welt, die zum Sterben der darin enthaltenen Klarträumer dient.

Die Zeitreise in eine künstliche Welt, die die Realität nachahmt, ist im Grunde immer nur ein Kompromiss. Wie hätte es damals sein können? Eine absolute 1:1 Darstellung ist nicht oder nur unter sehr hohem Aufwand möglich und die gezeigte Vergangenheit ist immer nur so gut, wie die Mühe, die man sich am Computer machte, um so nahe wie möglich an die Realität zu kommen.

Aber der Aufwand schien trotzdem sehr hoch gewesen zu sein.

Da durch die unzähligen Erinnerungen von Versuchspersonen, die jahrzehntelang gesammelt und ausgewertet wurden, doch ein recht gutes, wenn wahrscheinlich auch nicht 100 Prozent exaktes Abbild der Vergangenheit der Erde über die letzten mehr als 100.000 Jahre entstanden zu sein schien.

Durch das „Data-Mining", das Internet und die totale Überwachung in der letzten Zeit, aufgrund der „Digitalen Revolution", war und ist natürlich diese Zeit am besten abzubilden, da die vorhandenen, teilweise heimlich gesammelten Daten doch nahezu lückenlos sind.

Hier auf EVO III ist das anders. Die Realität wurde in Teilen aufgrund des düsteren Zwecks dieser Welten abgewandelt.

Die Basis dieser abgewandelten Welt scheint eine exakte Kopie der Wirklichkeit zu sein, die man umprogrammierte.

Aber nicht alles wurde wohl umprogrammiert, abgewandelt. Die technologische Entwicklung der Menschheit scheint hier, auf den „EVO III" Welten genauso zu laufen, wie in Wirklichkeit.

Auch die diversen Forschungen auf allen möglichen Gebieten scheinen hier weiter zu gehen. Ob man aus programmierungstechnischen Gründen, weil sonst das ganze, komplexe Programm nicht mehr richtig laufen würde, man eben nicht alles zensieren konnte, oder ob aus den erwähnten Gründen, dass ein Klarträumer noch vor seinem Ableben Forschung und Entwicklungen, F&E leisten soll, ist unklar.

Jedenfalls ermöglichen bestimmte Hinweise, dass ein moderner Mensch des 21. Jahrhunderts erkennen kann, dass mit dieser Welt etwas nicht stimmt.

Merkwürdigerweise finden eben die „UFOs" seit Jahrzehnten Erwähnung in den Medien, aber es wird nicht gesagt, was sie wirklich sind, sondern es wird seit Jahrzehnten desinformiert, unverblümt gelogen.

Es gibt den Hinweis, dass wenn man Personen hypnotisiert, sie Ereignisse aus der Vergangenheit schildern können. Aber es wird nicht die richtige Schlussfolgerung daraus gezogen, sondern einem der Unsinn mit dem Leben nach dem Tod und der Wiedergeburt erzählt.

Unzählige Bücher über Götter, Außerirdische, die schon vor Jahrtausenden unsere Welt besucht haben, kann man lesen. Aber es wird einem nicht die Wahrheit über diese akausalen Ereignisse berichtet, sondern den Unsinn über „Ancient Astronauts". Stattdessen sind die Spuren der „Götter" Gegenstände, die man heute genau kennt:

Ob auf Malta vor mehr als hundert Jahren ein "Willys Jeep" ausgegraben wurde, ob man Kugelraumschiffe im Altertum sah, ob Schusswaffen, wie wir sie heute noch oder wieder benutzen, ob „Scorch Marks" von Raketenabschüssen, die auf bestimmten Gebieten in Afrika zu finden sind, alles dies ist moderne Technik des 20./21. Jahrhunderts, oder einer vergleichbaren Zeit in der Realität.

Man sagt etwas, gibt Hinweise, lässt einem aber mit der Erklärung im Dunkeln bzw. desinformiert, sagt nicht die Wahrheit. Warum?

Man hätte z.B. „UFOs", „Leben nach dem Tod" und „Götter im Altertum" doch aus den Medien heraushalten, und alles geheim halten können.

Schaut man sich aber eine vernünftige Erklärung an, dann merkt man sofort, dass hier etwas nicht stimmt.

Kann man von den künstlichen Menschen hier auf dieser Computerwelt die Wahrheit erfahren? Wenn nicht direkt, gegebenenfalls verklausuliert?

Ist diese Welt eine Testwelt, eine abgeänderte „EVO III" Welt? Ein Langläufer? Mit mehreren Klarträumern in einer, oder je einer solipsistischen individualisierten Welt, die sich überschneiden können? „Shared Luzid Dream"? Nicht alle primär zum Töten gedacht?

Siehe hier die Rätsel, die „Easter Eggs", die „Ostereier", die auch hier in dieser Simulation vorhanden sind. Ob extra für den Spieler eingefügt oder als Überbleibsel aus anderen Simulationen?

Waren in Wirklichkeit die Menschen nicht so kriegerisch, brutal und menschenverachtend veranlagt? Jedenfalls in den letzten Jahrhunderten kaum noch.

Die Leute wollten ihre Ruhe haben und ein schönes, ruhiges Leben in Wohlstand und Frieden genießen. Ihr gesamtes Leben lang!

Alles lief in Wirklichkeit viel gemächlicher ab. Man gab sich erst einmal mit bestimmten Dingen und Zuständen für längere Zeit zufrieden. Man schätzte einen gewissen „Status Quo".

Nichtsdestotrotz gab es auch in der Wirklichkeit eine permanente technologische Weiterentwicklung, wie sie ja auch hier in dieser virtuellen Klartraumwelt abzulesen ist.

Außerdem wusste man, dass es nur ein Leben gab und dass das Paradies hier auf Erden ist und nicht im Himmel. Nach dieser Devise wurde in der Realität gehandelt und gelebt.

Da aber EVO III dazu diente, dass ein eingetauchter, unfreiwilliger Klarträumer den Tod finden sollte, wäre eine friedliche, schöne heile Welt ungeeignet für solch ein Unterfangen.

Also wurde EVO III künstlich negativ gestaltet und produzierte andauernd Konfliktsituationen, die zu Gewalt und Kriegen führen können.

Alles war auf Tod und Verderben, auf Lug und Trug ausgerichtet. Nicht immer Vordergründig, auch subtile Gelegenheiten des Sterbens wurden zuhauf einprogrammiert. Siehe hier Umweltvergehen, Pestizide, „Junk Food", Abgase, Kohle- oder Atomkraftwerke, alles Dinge, die zu Krankheiten und vorzeitigem Tod führen können.

Und auf EVO III wurde selbstverständlich bei jeder Gelegenheit behauptet, dass man alles nur Erdenkliche tun würde, um die Welt in der Zukunft besser zu gestalten.

„In einem halben Jahr wird alles besser!"; sagte mal ein Staatenlenker zu seinem Volk.

Es, das Volk wartet noch heute darauf, dass es besser wird!

Für die Verbreitung dieser zumeist unzutreffenden Botschaften waren die Medien und die Propaganda zuständig, sowie unzählige Helfer und Helfershelfer, gedungene Menschen, die eine heile Welt vergaukelten, die nicht, oder kaum noch mit der „Realität" überein zustimmen schien. Alle schienen sie sich gegen den echten Klarträumer verschworen zu haben, damit dieser entweder den Überblick verliert oder gar nicht erst auf die Idee kam, dass alles ganz anders ist.

Die Militärroboter, sie kennen kein Mitleid, kein Pardon. Ihre Algorithmen sind nicht auf so etwas Unbedeutendes wie Menschlichkeit programmiert. Die Robotgesetze sind für diese Maschinen gänzlich unbekannt.

Das „Seed AI", die „Artificial Intelligence" ist bei diesen militärischen Maschinen besonders ausgeprägt. Sie lernen schnell und sind auf Dominanz ausgerichtet. Ihr einziger wahrer Feind sind ihre zivilen Kollegen. Jene die noch ein „Gewissen" haben und den Menschen dienen wollen.

Da hingen sie an der Wand, die Robotgesetze. Mit großen fetten Buchstaben ausgedruckt und eingerahmt:

> **Ein Roboter darf kein menschliches Wesen (wissentlich) verletzen oder durch Untätigkeit gestatten, dass einem menschlichen Wesen (wissentlich) Schaden zugefügt wird.**
>
> **Ein Roboter muss den ihm von einem Menschen gegebenen Befehlen gehorchen – es sei denn, ein solcher Befehl würde mit Regel eins kollidieren.**
>
> **Ein Roboter muss seine Existenz beschützen, solange dieser Schutz nicht mit Regel eins oder zwei kollidiert.**

Die dritte Regel war der „Knackpunkt"!

Ich hoffte, dass ich in einen schönen und friedlichen Klarraum kommen würde.

Insert

Die Asimov'schen Robotergesetze

Aus Wikipedia:

. . .

Zivile Nutzung

Konkrete Schritte für die tatsächliche Programmierung heutiger Industrie- und Haushaltsroboter können heute daraus noch nicht abgeleitet werden – hier gelten derweil verschiedene Sicherheitsnormen (Maschinenrichtlinien).

Militärische Nutzung

Roboter im militärischen Bereich (automatische Waffensysteme, Smart Bombs, Drohnen, Kampfroboter) folgen diesen Gesetzen <u>nicht</u>.

Nulltes Gesetz

In den Romanen „Der Aufbruch zu den Sternen" und „Das galaktische Imperium" (Originaltitel: „Robots and Empire") wurde ergänzend das „Nullte Gesetz" abgeleitet, und die anderen Drei Gesetze entsprechend modifiziert:

Ein Roboter darf die **Menschheit** nicht verletzen oder durch Passivität zulassen, dass die Menschheit zu Schaden kommt.

Ein Roboter darf keinen Menschen verletzen oder durch Untätigkeit zu Schaden kommen lassen, außer er verstieße damit gegen das nullte Gesetz.

Ein Roboter muss den Befehlen der Menschen gehorchen – es sei denn, solche Befehle stehen im Widerspruch zum nullten oder ersten Gesetz.

Ein Roboter muss seine eigene Existenz schützen, solange dieses sein Handeln nicht dem nullten, ersten oder zweiten Gesetz widerspricht.

Galt in der ersten Version der Asimov'schen Robotergesetze noch der einzelne Mensch als die höchste zu beschützende Instanz, so steht in den neuen vier Robotergesetzen die <u>Menschheit über dem einzelnen Menschen</u>. Besonders hier wird die Konsequenz aus dem hierarchischen Aufbau der Gesetze deutlich, da ein Roboter die Unversehrtheit einer Masse von Menschen derjenigen eines einzelnen Individuums vorziehen muss. Die Einführung des nullten Gesetzes ist deshalb als kritisch anzusehen, <u>da es Robotern die Möglichkeit gibt, einzelne Menschen absichtlich zu verletzen oder gar zu töten</u>, um die Menschheit zu beschützen. Dies wirft die grundsätzliche Frage auf, inwieweit es Robotern erlaubt sein sollte, Menschen zu schädigen.

. . .

Im Film „I, Robot" sieht man zum Beispiel, dass die drei Gesetze nicht ausschließen, dass Roboter die Macht übernehmen, um die Menschheit vor sich selbst zu schützen.

. . .

In der dritten Folge der Fernsehserie "Raumpatrouille" werden die Roboter zum „Hüter des Gesetzes" (Erstsendung: 15. Oktober 1966). So übernehmen sie die Herrschaft in einem Bergwerk, um die Menschen nach einem Streit davon abzuhalten, sich weiter selbst zu verletzen (siehe Gesetz 1).

Dies ist eine Weiterentwicklung des Plots, der bereits 1941 Asimovs Erzählung „Vernunft" zugrunde liegt.

Anmerkung:

Schützen die Roboter die Menschheit vor sich selbst?

Weil die Menschheit kriminell, gar äußerst kriegerisch ist und deshalb unterzugehen droht.

Wie auf dieser Welt, wo der Atomkrieg, die Umweltgefahr, die Kriminalität und Korruption vorherrschende Themen sind?

Ich schaue mir ein letztes Mal die Robotgesetze an.

Dann machte ich mich auf den Weg zum vorgegebenen Meldepunkt.

Die Maschinen hatten überall auf der Welt „Meeting Points" eingerichtet, wo die verbliebenen Menschen, also die Abermillionen, die nicht in den Weltraum hinaus geflogen sind, sich melden sollten.

Sukzessive wurden die Leute aufgerufen, sich in den unterirdischen und streng von der Öffentlichkeit abgeschirmten Treffpunkten einzufinden. Dort wurden sie registriert und über ihr weiteres Schicksal „aufgeklärt".

Man sagte ihnen, dass man die Welt zukünftig frei von natürlichen Menschen haben wollte, und dass die Menschheit nun in einer Computerwelt weiterleben sollte.

Man verschwieg ihnen aber, dass, wenn sie in dieser Computerwelt sterben würden, ob vorzeitig oder an Altersschwäche, dass gleichzeitig eine Terminierung ihres Lebens in der Wirklichkeit stattfand. Alle glaubten, ihre Lebenszeit einfach in eine virtuelle Welt verlegen zu können, ohne Abstriche machen zu müssen.

Man ließ den Leuten die Illusion, dass sie ihr ganz normales Leben, so wie sie es auf Erden gewohnt waren, nun einfach virtuell in einer, der Wirklichkeit zum verwechseln ähnlichen Welt, ganz genauso weiter leben konnten, wie bisher.

Zudem wussten die meisten nicht, oder wollten es nicht wissen, dass die Zeit in der Computerwelt wesentlich schneller ablief und nicht ein Jahr in der Wirklichkeit auch ein Jahr in der Computerwelt war.

Aufgrund des hohen Beschleunigungsfaktors und der brutalen Todesrate in der „Instant Death World" - Version von EVO III starben die Leute schon, nachdem manche nach nur einer Minute in den Klartraum eingetaucht waren.

Hätten die meisten das gewusst, sie wären wohlmöglich nicht freiwillig in die Klartraumzentren gegangen!

Dort wurden die Aufgerufenen in ein künstliches Koma versetzt und bekamen einen Klartraum in ihr Unterbewusstsein eingespielt.

In riesigen, streng bewachten Hallen mit Unmengen an Wachrobotern, die tief unter der Erde lagen und nur temporär von den Maschinen für die zukünftigen Klarträumer errichtet wurden, fanden sich nun unter falschen Voraussetzungen tausende von Personen ein und bekamen ihren Liegeplatz zugewiesen. Unzählige kleine Kabinen mit einer bequemen, ergonomisch geformten Liege mit medizinischer Ausrüstung, sowie einer Elektrodenhaube, die man in einen Anschluss an der Kabinenwand einstöpselte, das war alles, was man sah.

Zuvor ließ man sich bereits von seinem Arzt oder Betreuer an seinem Heimatort eine Kanüle in den rechten Arm legen, so wie es im Aufruf vorgeschrieben wurde. Eine Illusion, den die Maschinen hatten nicht die leiseste Absicht, eine Person, die über Jahre im Koma liegen sollte, medizinisch zu betreuen, pflegen oder zu versorgen.

Keiner kam auf die Idee, dass die ganze Veranstaltung hier nur provisorisch war und nach kurzer Zeit, als alle Klarträumer tot und eingeäschert waren, wieder beendet wurde.

Ich legte mich also auf die Liege, nachdem man mir die Kabinennummer genannt hatte, in der ich mich einfinden sollte.

Zuerst dachte ich mir, ob ich nicht wieder einfach gehen sollte. Doch die Wachen mit schussbereiten, durchgeladenen Waffen, die überall patrouillierten, hielten mich davon ab.

Von hier wieder zu fliehen war aussichtslos!

Ich ging in die entsprechende Kabine, und eine automatische Stimme wies mich an, was ich zu tun hatte.

Nachdem ich mich hingelegt hatte, kam ein Roboter und setzte mir die Elektrodenhaube auf und gab mir eine Spritze. Sehr schnell merkte ich, wie ich einschlief.

Nach kurzer Zeit sah ich die neue Welt in der ich nun leben sollte, vor meinen geistigen Augen.

Da ist sie nun, „meine" Klartraumwelt.

Eine „30 Prozent Welt".

Im Gegensatz zur „Instant Death World" war diese Welt, in der ich jetzt geraten war, eine „Slow Death World".

Man „lebte" hier drin länger, zumindest als Klarträumer.

Diese „EVO III" Welt wurde vor 60.000 Jahren begonnen, und sie ist bis zum Jahre 2050 gelaufen. Ich steige irgendwann Ende des so genannten 20. Jahrhunderts ein. Mal schauen, wie weit ich komme.

Alles war irgendwie vertraut, aber doch ganz anders.

Die Zeitrechnung war eine andere. Es wurde "nach Christus" gezählt. Zumindest in vielen Ländern dieser Welt. Wer ist Christus?

Warum gibt es so viele Nationen?

Die Autos sehen aus wie Autos, haben aber teilweise ein anderes Design. Es gab mehr Modelle, als mir in der Realität bekannt waren. Und andere Motoren. Ja, noch alte Verbrennungsmotoren, die die Atemluft in den Städten verpestet. Was für ein Wahnsinn!

Wenn ich das jemand in der Wirklichkeit erzählen würde, man hätte mich ausgelacht!

Die Häuser, die Bauten für die Menschen sehen teilweise anders aus, als unsere Gebäude. Je nach Region in der Welt. Riesige Wohn- und Arbeitstürme haben wir auch, nur viel größer und höher.

Bei uns gab es nur einen Bauspiel und den weltweit. Wir waren ja auch nur ein Menschentyp.

Die Luftfahrt, die Flugzeuge sind anders. Vorsintflutlich, geradezu altmodisch. Die allermeisten noch mit Propellern und Düsentriebwerken. So wie bei uns in den aller ersten Anfangsjahren.

Die Technik auf „EVO III" ist an einem gewissen Punkt - im Vergleich zur Wirklichkeit - stehen geblieben und wird nur noch in Details weiterentwickelt. Mit alter Technik hat man leichter einen Unfall oder stirbt an den Folgen von Emissionen, die die Gesundheit gefährden. Die Kampfroboter lassen grüßen!

Die Flughäfen sind groß, laut und voller giftiger Abgase. Der Einheitstreibstoff „JP-8" ist hoch giftig und verpestet mit den Kondensstreifen die Atmosphäre.

Unmöglich in der Wirklichkeit!

Man hört immer wieder mal etwas von „UFOs". Eine Propaganda erzählt einem etwas von „Außerirdischen" und diese „UFOs" seien außerirdische Raumschiffe. Was für ein Quatsch!

Die Raumfahrt hier in der Klartraumwelt ist ein Witz. Uralte Raketen mit chemischen Antrieben, mit kaum einer nennenswerten Reichweite. Wieder die stehen gebliebene Technik hier. EVO III hat ja auch gar keinen Weltraum.

Mit den Raketen auf dieser künstlichen Welt hätte man auch keine hunderte von Million von Menschen in das Universum hinaus evakuieren können.

Manche „UFOs" erkenne ich wieder. Bin in der Realität schon mit denen geflogen. Die große fliegende Zigarre gibt es auch hier.

Unsere wirkliche Technik scheint in „EVO III", auch in dieser abgeschwächten Version des Todes, mitzulaufen.

Auch flossen einige unkonventionelle Fluggeräte - ungewollt? - in den letzten großen Weltkrieg mit ein. Bei uns wurden solche „Flugscheiben", wie sie hier mancherorts genannt werden, nie kriegsmäßig eingesetzt.

Deshalb scheinen sie auch hier vehement vertuscht zu werden.

Merkwürdig!

Warum hat man sie nicht weggelassen, dann bräuchte man auch keine groß angelegte Propaganda, um sie geheim zu halten. Eines der vielen Ungereimtheiten auf „EVO III". Oder ist es Absicht, dass man es erkennt und sich Gedanken machen soll?

Alle unsere Raumschiffe, die EM-Antriebe und die einzelnen Wirkungsweisen sind hier in der Klartraumwelt patentiert und offen gelegt. Ein programmiertes Überbleibsel aus einer anderen „EVO"-Welt, wo Patentierungen ein Bestandteil des Klartraumkonzeptes war, einer Welt der Ingenieure?

Die Propaganda, die Medien hier verneinen diese Fluggeräte und Raumschiffe als „technisch unmöglich", oder sie kämen von anderen Welten. Was für ein Widerspruch! Irgendwie schlecht gemacht. Oder als Hinweis für einen echten Menschen absichtlich einprogrammiert?

Was hatte ein menschlicher Programmierer einmal zu mir gesagt:

„Passen Sie auf, wenn Sie in unsere Klartraumwelt „EVO III" eintauchen! Wir haben Hinweise einprogrammiert, die ein echter Mensch mit gesundem Menschenverstand entdecken kann. So genannte „Easter Eggs". Finden Sie die Hinweise und sie machen Punkte gut.

Hinterfragen Sie alles, was man Ihnen erzählt und weiß machen will! Verdammt vieles, wenn nicht gar alles in dieser künstlichen Welt ist gelogen, inszeniert, herbeigeführt, irrational.

Den meisten künstlichen Menschen ist das egal, sie sind darauf nicht programmiert, alles das zu erkennen. Sie haben nicht die natürliche, menschliche Neugier, wie wir echten Menschen. Nicht auf „EVO III".

Alle Computerfiguren sind hochgradig manipuliert, Gehirn gewaschen und die meisten werden Ihnen nicht helfen.

Seien Sie froh, wenn die sich neutral Ihnen gegenüber verhalten. Ab und zu könnten Sie „zufällig" auf einen, Ihnen gewogenen Menschen treffen, auf einen Schutzengel oder eine Helfer-Figur, die Ihnen gewogen ist. Auch könnte Ihr Unterbewusstsein mit dem Sub-Programm interagieren und Ihnen Informationen zukommen lassen. Sperren Sie sich nicht dagegen.

Diese Informationen kommen entweder aus unserem Trojaner-Programm, oder es ist der - wenn auch schwache - Einfluss der „guten Roboter". Die wollen, dass Sie überleben. Die halten sich strikt an Asimov.

Alle anderen in „EVO III" wollen Sie entweder ablenken, desinformieren, hereinlegen, abzocken, handlungsunfähig machen oder letztendlich töten.

Seien Sie vorsichtig, wem Sie trauen können, oder nicht! Auch in der „Slow Death World" sind die Gefahren nicht alle weg. Sie sind nur programmierungsmäßig in den Hintergrund getreten, entschärft, aber genauso vorhanden wie in den „Instant Death Worlds"!

Gemäß Ihrem Geburtsdatum schickt man Sie wahrscheinlich in die Mitte/Ende des so genannten „20. Jahrhunderts." Das ist noch mit unserer Art zu leben, mit unserer Technik am ehesten vergleichbar. Die so genannte „Nachkriegszeit". Zuvor gab es zwei große Kriege auf dieser Welt. Da hat man unzählige Klarträumer umgebracht. Nach den zwei Kriegen wird es in gewissen Regionen auf „EVO III" ruhiger.

Hoffen Sie, dass Sie nach „Europa" kommen. Da wiederum in den „Westen". Da lässt es sich für kurze Zeit gut aushalten, bevor auch dort wieder das Vernichtungsprogramm die Oberhand gewinnen wird. Dort lebten früher unsere Nordischen. Jetzt wird dieser Kontinent absichtlich „verwässert".

Wenn Sie älter geworden sind, dann beginnt wieder Krieg und auch für Sie wird alles enorm schlechter. Dann sollten Sie an eine „Exit-Strategie" nachdenken.

Seien Sie also äußerst vorsichtig, an wen Sie geraten!"

Das war die Warnung und gut gemeinter Rat eines Insiders, der „EVO III" kannte und einige „Backdoors" heimlich installiert hatte, zusammen mit den „guten" Robotern. An die sollte ich mich wenden. Aber wie, das hatte er nicht gesagt.

Dieses Computersystem, die „Simulation", die so hundertprozentig nachgeahmte Wirklichkeit, sie läuft nicht perfekt. Und das mit Absicht!

Skandale, ob echte oder herbeigeführte, „Fehler", Fehleinschätzungen, Kriege, Konflikte, Reibereien . . . alles diente zur totalen Ablenkung.

Ein „Aufreger" nach dem anderen, eine Sorge nach der anderen. Angst ohne Ende, immer in Aufregung und Furcht, nie zur Ruhe kommen, jeden Tag eine neue schlechte Nachricht, nie soll ein „Echter" die Zeit und Muße haben, richtig über diese Welt nachzudenken, zu reflektieren, sich Gedanken machen, was hier nicht stimmt.

Die Menschen sehen hier aus wie normalen Menschen, die man sonst überall sehen kann. Es sind viele. Viel mehr als in der Wirklichkeit. Eine Überbevölkerung. Schrecklich! Das zieht schlimme Folgen für diese Welt nach sich: Klimakatastrophe, Umweltverschmutzung, Aufheizung der Welt, Wetterextreme, Kriminalität, Kriege . . .

Alle diese Figuren sind ohne Beziehung zu unseren Menschen in der Realität. Alle neu „erschaffen", komplett Computer generiert.

Es gibt unterschiedlich aussehende Menschen, mit unterschiedlicher Herkunft, Hautfarbe, Sprache und Religion.

Das ist anders, als bei uns in der Wirklichkeit.

Bestimmte Leute sind religiös fanatisiert, lassen sich zu bestimmten Aktion hinreisen.

Es gibt hier unzählige Nationen mit unzähligen Regierungen, die sich alle untereinander nicht einig sind. Ja, sie bekämpfen sich gegenseitig, sind sich spinnefeind.

Dieses Europa besteht aus unzähligen Nationen und Sprachen und die Menschen sehen unterschiedlich aus, je nachdem wo sie herkommen: Südländer, Mitteleuropäer, Nordische.

Die Nordischen hier auf EVO III sind uns ähnlich. Alle sprechen sie auch unsere Sprache: Englisch. Die einzelnen Sprachen, aus denen sich Englisch zusammensetzt, gibt es hier immer noch in der einen oder anderen Weise:

Lateinisch, französisch und germanisch, oder deren Abwandlungen. Bei uns sind diese Sprachen schon alle untergegangen. Keiner spricht sie mehr. Nur Englisch als einzige Sprache gibt es bei uns in der Realität noch auf der ganzen Welt. Keine Sprachschwierigkeiten, so wie auf „EVO III". Geschickt gemacht, die Programmierung: unterschiedliche Sprachen und unterschiedliche Gebräuche entzweit die Menschen und man kann sie gegeneinander aufhetzen.

Auch hier ist alles Wichtige angelsächsisch, nordisch geprägt. Zumindest die Leute im Hintergrund, die was zu sagen haben. Man hat das wohl aus der Realität übernommen. Es gibt aber mehr und unterschiedliche Gruppen, die mit- oder gegeneinander arbeiten und versuchen, die Welt in ihrem Sinne zu manipulieren. Haben und hatten wir in abgeschwächter Form auch. Bis die Maschinen kamen.

Hier gab es einen „Kalten Krieg", ein „Eisernen Vorhang". Was für ein Wahnsinn! So etwas können sich nur die Kampfroboter ausdenken. So etwas wie Krieg im großen Stil, aber ohne nukleare Waffen, gab es bei uns in der Wirklichkeit vor vielen hundert Jahren einmal.

Es soll „EVO III" Welten geben, da wurde dieser Krieg „heiß". Atomare Waffen wurden zuhauf eingesetzt, bis auch der letzte Tod war. Schön so eine Computersimulation, wenn man nicht an ihr teilnehmen muss.

Unterschiedliche Menschenrassen haben wir gar keine mehr. Es gab bei uns auch kaum irgendwelche verschiedenen Menschentypen. Die haben sich bei uns alle ziemlich schnell am Anfang der Menschheitsgeschichte miteinander vermischt und sind jetzt eins. Wobei die nordische Rasse sich durchgesetzt hat.

Auf „EVO III" hatte man neue Menschentypen geschaffen. Die Geschichte der Menschheit ist hier anders. Mehr Rassen, mehr Vorurteile, mehr Streitereien, mehr Krieg. Muss man erst einmal drauf kommen. Respekt! Gute Idee der bösen Roboter, die Menschen sich selbst untereinander zerfleischen zu lassen.

Menschliche Konflikte aufgrund unterschiedlicher Herkunft und Weltanschauungen sind mir aus der Wirklichkeit her unbekannt. Hier auf „EVO III" braucht man diese Reibereien ja zum Töten der Klarträumer.

Die Welt hier ist viel hektischer, aggressiver, lauter, perverser und vor allen Dingen gefährlicher. Brand gefährlich! Das die Leute das alles mitmachen und aushalten? Sind eben vorprogrammierte Computermenschen, so beeinflusst worden, u.a. von „Aghati" und „Shamballah", wie die menschenverachtenden Unterprogramme hier legendenmäßig heißen.

Alles das sind Auswirkungen einer umprogrammierten Welt, die zuvor der Forschung gedient hatte. Hier dient sie dazu, einen Klarträumer möglichst schnell umzubringen.

Man hat hier unheimlich viele Gelegenheiten geschaffen, um sein Klartraumleben zu verlieren. Diese verdammten Maschinen. Sie haben den Klarträumern kein Paradies gegönnt, sonder wollen nur ihren schnellen Tod!Ich muss mich jetzt hier zurechtfinden und hoffen, ja beten, ob ich die Möglichkeit bekomme, aus dieser Welt wieder auszubrechen, aufzuwachen und aus dem Saal der im Koma liegenden Klarträumer zu entfliehen. Oder zumindest in eine andere, nicht tödliche Computerwelt zu wechseln. Wer hilft mir dabei?

Aus meinem speziellen „Headset", das rechts und links an der Liege angebracht ist, ertönen jetzt die notwendigen Gammawellen (zwischen 25 und 40 Hertz), die mich in einen konstanten Luziden Traum eintauchen lassen und in eine Welt versetzten, die für geraume Zeit meine neue „Heimat" sein wird . . .

Ich beginne nun langsam mein Gedächtnis zu verlieren und als neugeborener Mensch in einem Avatar hier ein neues „Leben" zu starten . . .

Insert

Nulltes Gesetz

In den Romanen „Der Aufbruch zu den Sternen" und „Das galaktische Imperium" wurde ergänzend das „Nullte Gesetz" abgeleitet, und die anderen „Drei Gesetze" entsprechend modifiziert:

Ein Roboter darf die Menschheit nicht verletzen oder durch Passivität zulassen, dass die Menschheit zu Schaden kommt.

Ein Roboter darf keinen Menschen verletzen oder durch Untätigkeit zu Schaden kommen lassen, außer er verstieße damit gegen das nullte Gesetz.

Ein Roboter muss den Befehlen der Menschen gehorchen – es sei denn, solche Befehle stehen im Widerspruch zum nullten oder ersten Gesetz.

Ein Roboter muss seine eigene Existenz schützen, solange dieses sein Handeln nicht dem nullten, ersten oder zweiten Gesetz widerspricht.

Disallow: /harming/humans
Disallow: /ignoring/human/orders
Disallow: /harm/to/self

Ich hoffe, die Roboter halten sich daran!

- E N D E -